(돌봄의 논리)

돌봄의 논리 : 능동적인 환자와 선택권의 한계
The Logic of Care : Active Patients and the Limits of Choice

지은이 아네마리 몰	초판 발행 2025년 5월 28일
옮긴이 김로라	ISBN 978-89-6195-386-3 93300
감수 임소연	도서분류 1. 돌봄 2. 의료
펴낸이 조정환	3. 인류학 4. 사회학
책임운영 신은주	카테고리 카이로스총서 113 Mens
편집 김정연	값 22,000원
디자인 조문영	펴낸곳 도서출판 갈무리 1994. 3. 3. 등록
홍보 김하은	제17-0161호 서울 마포구 동교로18길 9-13 2층 T. 02-325-1485
종이 타라유통	F. 070-4275-0674 www.galmuri.co.kr galmuri94@gmail.com
인쇄 예원프린팅	Annemarie Mol, *The Logic of Care : Active Patients and the Limits of Choice.* *De logica van het zorgen :*
라미네이팅 금성산업	*Actieve patiënten en de grenzen van het kiezen.* Copyright ⓒ 2005 Annemarie Mol
제본 바다제책	Korean translation copyright ⓒ 2025 by Galmuri Publisher Korean edition is published by
초판 인쇄 2025년 5월 23일	arrangement with Annemarie Mol.

일러두기

1. 이 책은 Annemarie Mol, *The Logic of Care* (*De logica van het zorgen*)을 완역한 것이다.

2. 한국어판의 부제목은 저자의 의견에 따라 이 책의 네덜란드어판의 부제목인 Active Patiënten en de grenzen van het kiezen을 번역하였다.

3. 각주는 모두 옮긴이의 주석이다.

4. 후주는 모두 저자의 주석이다.

5. 구어체의 문장은 한국어 구어체에 적합하게 번역하였다.

6. 우회적 표현이나 은유, 생략적인 문구 등에는 옮긴이가 필요한 단어를 추가하였는데, 이 경우 [ ]로 추가된 부분임을 표시하였다.

:: 한국어판 지은이 서문

 독자 여러분이 지금 손에 들고 있는 이 책은 2006년에 네덜란드어로 처음 출판되었습니다. 2008년에는 영어판이, 이후에는 프랑스어, 스웨덴어, 중국어, 일본어 번역본이 차례로 출간되었습니다. 글쓰기가 시간이 지나도 말들이 지속될 수 있도록 하는 기적 중 하나라면, 번역은 언어의 경계를 넘어 텍스트가 이동할 수 있도록 해 주는 선물 중 하나입니다. 이번에도, 열성적인 번역자들의 노력 덕분에 『돌봄의 논리』가 한국어로 읽힐 수 있게 되었습니다. 이 번역 작업을 맡아 준 김로라 님과 임소연 님에게 깊은 감사를 드립니다.

 그러나 번역은 한 장소와 상황에서 다른 장소와 상황으로 글을 옮겨 줄 뿐, 원래의 장소와 상황을 글과 함께 전달하지는 못합니다. 그래서 이 책이 한국어로 출판되는 이 기회를 빌려, 이 책에서 설명하는 **돌봄의 논리**가 가능했던 조건들에 대해 조금 말씀드리고자 합니다.

 네덜란드의 다른 (거의) 모든 사람과 마찬가지로, 2000

년대 초반에 내가 연구했던 네덜란드의 제1형 당뇨병* 환자들은 양질의 건강보험을 보유하고 있었습니다. 이 보험 덕분에 그들은 인슐린과 혈당 측정 도구를 지원받았고, 의사와 간호사의 급여도 보험으로 충당되었습니다. 의사와 간호사들은 고정된 급여를 받았는데, 환자에게 제공하는 돌봄의 특정성에 따라 소득이 달라지는 구조가 아니었습니다. 그들은 전문가의 기준과 이상을 충족해야 했지만, 그것들은 각 환자의 상황에 맞춰 치료를 조정할 수 있는 유연성을 충분히 보여주었습니다. 이러한 상황 덕분에 나는 이 책을 쓰면서 돌봄에서 돈이 차지하는 역할을 깊이 탐구하지 않아도 되었습니다. 물론 돈이 차지하는 역할도 있었지만 돈의 주된 역할은 [돌봄의 실천에] 사용되는 것이었지 돈이 돌봄의 방향을 직접적으로 좌우하는 요인은 아니었습니다. 그래서 나는 돈의 문제를 괄호 속에 넣어 두고 논의에서 제외했습니다.

그 결과, 이 책에서 설명하는 **돌봄의 논리**는 다음과 같은 요소들에 의해 영향을 받습니다. 예를 들어, 환자들의

---

* 제1형 당뇨병(type 1 diabetes): 몸에서 췌장의 베타세포가 면역시스템에 의해 파괴되어 인슐린을 분비하지 못해 발생하는 당뇨병으로 자가면역질환의 한 종류이다. 인슐린 의존성 당뇨병으로 불린다.

일상에서 중요한 것이 무엇인지, 혈당 수치가 너무 높거나 낮은 것이 장기적으로 어떤 영향을 미치는지, 시장에서 어떤 종류의 인슐린과 주사 펜이 제공되는지, 전문가들의 기술과 세심함 등입니다. '좋은 돌봄'에서는 이러한 요소들이 **돌봄 팀**(전문가와 환자를 포함하는 팀)에 의해 유동적으로 조정된다는 것이 나의 주장입니다.

그렇다면 독자 여러분이 처한 한국의 상황으로 이러한 논리가 번역될 수 있을까요? 혹은 어느 정도까지 번역될 수 있을까요? 번역되지 않는 부분이 있다면, 그것이 번역되도록 해야 할까요, 번역되지 말아야 하는 것일까요, 번역될 수 없는 것일까요? 왜냐하면 여러분은 다른 곳, 다른 가능성의 조건들에 처해 있기 때문입니다.

돈이 지나치게 돌봄에 영향을 미치지 않게 하는 것 외에도 다른 관련 조건이 있습니다. 또 하나의 중요한 조건은 위계 질서를 최소화하려는 노력입니다. 예를 들면, 내가 연구한 병원의 당뇨병 전문 간호사는 의사에게 자유롭게 자신의 의견을 제시했고, 필요할 경우 의사에게 반대 의견을 내놓을 수도 있었습니다. 그들은 [위계적 관계가 아니라] 동료로서 협력하는 관계였습니다. 환자들 역시 자신의 생각을 말하고, 자신에게 중요한 것이 무엇인지를 주장할 수 있었습니다.

현대 의학의 기술적 기반은 전 세계로 상당한 수준까지 확산되었습니다. 검사실 검사, 영상 기술, 의약품 목록, 외과 수술 등의 의료 기술은 전 세계에 걸쳐 자리 잡았습니다. 하지만 네덜란드와 같은 나라에서는 이러한 현대 의료 기술이 처음부터 인간 중심의 의사-환자 관계와 함께 발전해 왔습니다. 의대생들은 심리학자들로부터 차분하고 명확한 소통을 할 수 있도록 훈련받고, '좋은 의사'란 환자의 걱정을 주의 깊게 듣고 배려 깊게 반응하는 사람이어야 한다고 교육받습니다. 이러한 관계 맺기 방식은 **돌봄의 논리**에서 핵심적인 요소입니다. 그러나 이것이 인슐린처럼 세계적으로 널리 보급된 것은 아닙니다. 그렇다면 여러분이 속한 환경에서는 이러한 방식이 어떻게 자리 잡고 있을까요? 또는 자리 잡지 못한 이유는 무엇일까요?

반대로, 네덜란드에는 없지만 한국에는 존재하는 돌봄의 방식도 있습니다. 예를 들어, 한국에는 한방학 전통 의학이 있어서 현대 의학과 전통 의학이 결합된 병원, 기공 수업, 마사지 전문가 등이 활동하고 있습니다. 이러한 요소들은 제1형 당뇨병 환자들에게 어떤 도움을 줄 수 있을까요? 더 나아가, 이러한 요소들이 이 책에서 제시하는 **돌봄**

의 논리를 어떻게 풍부하게 만들 수 있을까요? 나는 그 답을 알지 못합니다. 어떻게 알 수 있겠습니까? 그러한 질문에 대한 답을 찾기 위해서는 헌신적인 연구가 필요합니다.

이 책은 20년 전에 내가 살고 있는 이 작은 지역에서 연구한 하나의 사례로부터 얻은 몇 가지 교훈을 제공합니다. 다행히도 여러 나라에서 다른 언어를 사용하며 각기 다른 가능성의 조건에서 살아가는 많은 독자가 이 책에서 영감을 얻었다고 말해 주었습니다. 부디 여러분에게도 새로운 영감을 줄 수 있기를 바랍니다. 그리고 그다음으로, 이 책에서 제시하는 **돌봄의 논리**가 한국의 맥락에서 어떤 한계가 있고 어떤 가능성을 더해 줄지 탐구하는 일은 여러분의 몫입니다.

2025년 2월
아네마리 몰

엘리자베스와 요하네스에게

(차례)

한국어판 지은이 서문 *4*
프롤로그 *12*

(1장)　두 개의 논리 *21*

　　　　　　서구 사회의 클리셰들 *25*
　　　　　　능동적인 환자 *34*
　　　　　　방법 *39*
　　　　　　책 *48*

(2장)　고객인가, 환자인가? *55*

　　　　　　제품 또는 과정 *60*
　　　　　　대상 집단 또는 팀 구성원 *70*
　　　　　　꿈 또는 지원 *77*
　　　　　　건강하기를 희망하기 또는 질병과 함께 살기 *84*
　　　　　　내려놓는 행위자 *88*

(3장)　시민 그리고 신체 *91*

　　　　　　통제하기 또는 주의 기울이기 *98*
　　　　　　길들이기 또는 키우기 *104*
　　　　　　결정되기 또는 생존하기 *111*
　　　　　　누구의 책임인가 또는 무엇을 할 것인가 *119*

(돌봄의 논리)

(4장)　　관리하기 대 의사 노릇하기　*123*

　　　　　　유익한 사실 또는 목푯값　*126*
　　　　　　수단 또는 수정　*134*
　　　　　　계산하기 또는 조율하기　*144*
　　　　　　의사 관리하기 또는 의사 노릇 공유하기　*154*

(5장)　　개인 그리고 집단　*161*

　　　　　　미리-가정된 개체 또는 신중한 개체화　*167*
　　　　　　같은 사람 추가하기 또는 공들여 범주 만들기　*175*
　　　　　　건강한 행동 또는 도움이 되는 조건들　*186*
　　　　　　숨어 있는 용감한 사람들　*195*

(6장)　　실천 속의 선　*201*

　　　　　　행위에서의 도덕성　*203*
　　　　　　능동적인 환자　*218*
　　　　　　의료 서비스 개선하기　*229*
　　　　　　번역　*243*

감사의 말　*257*
옮긴이 후기　*264*
후주　*270*
참고문헌　*300*
인명 찾아보기　*312*
용어 찾아보기　*315*

:: 프롤로그

 이 책에서는 질병에 대처하는 두 가지 방법을 대조하여 설명한다. 그중 하나인 돌봄의 논리가 이 책의 중심 주제이며, 다른 하나는 선택의 논리로서, 전자와 대조를 이룬다. 그러나 먼저 몇 가지 이야기를 들려드리는 것으로 시작하려고 한다. 이 이야기들은 개인적인 경험으로서 제시될 수도 있고, 인류학적인 연구로서 제시될 수도 있지만, 그 차이는 크게 중요하지 않다. 이 이야기들은 내가 이 책을 쓰게 한 사건들의 목록으로서, 이 책의 배경에 깔려 있는 고민들을 일차적으로 파악할 수 있게 해 준다.

 첫 번째 이야기. 1980년대 초, 네덜란드 텔레비전에서 체외 수정에 관한 토론이 곧 방송될 예정이었다. 생의학과 그 기술을 연구하는 젊은 페미니스트 학자로서 나는 체외 수정의 가능성과 문제점이 어떻게 다뤄질지 지켜보기 위해 텔레비전 앞에 앉았다. 의심할 여지없이, 사랑스러운 아기에 관한 이야기들이 있을 것이다. 그러나 이 개입 과정에서 여성에게 주입되는 놀라운 양의 호르몬은 어떤가? 이 여성들의 삶이 수개월 동안 배란과 난자 채취를 중심으로 배열되는 방식에 대해 언급할 사람이 있을까? '자신의 아이'를 가진 부모가 될 수 있다는 희망이, 대부분 충족되지 않음에도 불구하고 계속해서 조장되고 있다는 사실에 대해 논의하게 될까? 초대된 출연자 중 그 누구도 서구의 어린이들에게 이루어지는 정서적, 재정적 투자와 나머지 세계의 어린이들이 기아와 전염병으로 많이 죽는다는 사실을 대조할 것 같지 않다. 또한, 좋은 보육 시설을 만드는 것이 왜 아기를 만드는 것보다 훨씬 덜 시급해 보이는지 묻는 사람도 없을 것이다. 하지만 나는 [그런 것들이] 궁금하다.

몇 가지 사전 준비와 설명이 끝나고 산부인과 의사에게 발언이 요청된다. 그러나 그는 거의 즉시 이 일을 '환자'에게 넘긴다. 그의 환자 말이다. 그의 환자인 그녀는 많은 사람을 설득할 수 있는 여성이다. 그녀는 전문가일 수도 있고 심지어 페미니스트일 수도 있지만, 결혼한 후 일을 포기한 사람일 수도 있다. 그녀는 자신을 고통받고 있지만 자부심을 지닌 사람으로 표현하면서 청중에게 자신이 실제로, 지금까지 일반적인 방법으로는 임신에 실패했다고 말한다. 그녀는 아이를 매우 간절히 원한다. 그래서 발생 가능한 위험이나 단점이 무엇이든 그녀는 체외 수정IVF, In vitro fertilization 시술을 받고 있는 것이다. 그녀는 그것이 자신의 선택이라고 말한다. 이 시점에서 카메라는 다시 산부인과 의사에게로 이동한다. 그는 "아무리 가부장적인 사람이라 하더라도 이 여성의 선택을 부정할 수 있을까요?"라고 말한다. 토론 끝. 마치 마술 지팡이라도 되는 것처럼 '선택'이라는 용어는 토론을 끝내버렸다. 발생할 수 있는 치료의 모든 장단점은 사적인 문제로 바뀌어 버렸다. 누가 의문을 제기할 수 있을까. 흥미롭게도, [이] 산부인과 의사의 말은 불과 10년 전에 네덜란드에서 벌어진 낙태 논쟁에서 나온 바로 그것이다. 남성의 오만함을 떠올리게 하는 '가부장적'이라는 용어, 여성을 용기 있는 사람으로 들리게 하는 '그녀 자신', 그리고 마지막으로 사람을 주체로 바꾸어주는 바로 그 행위인 '선택'이 [거기에] 있다. 뭐라고 말해야 할까? '선택'이라는 용어의 마법에 어떻게 대응할 것이냐는 질문은 그 이후 계속 나를 괴롭혔다.

두 번째 이야기. 10년이 지난 지금까지 나는 계속 연구하고 글을 써왔다. 이제 나는 중립적인 제삼자로서 윤리학자와 정신과 의사 사이에서 **선택권과 환자 자율성**에 관한 토론의 좌장을 맡게 되었다. 윤리학자 중 한 명이 사례를 발표하는 것으로 시작한다. 요약하자면 다음과 같다. 어느 날 아침, 한 정신병원의 개방 병동에서 한 환자가 일어나지 않으려 한다. 질문: 당신you은 환자를 침대에 계속 누워있게 하실 건가요, 말 건가요? (이 질문은 '당신'이 다른 사람에게 선택의 자유를 제공할 수도 있고 그렇지 않을 수도 있는 정신과 의사라는 안전한 위치에 있음을 암시한다. 의료 윤리학에서 '당신'은 결코 환자가 아니다. 그러나 '당신'은 괄호 안에 있다.) 회의에 참석한 대부분의 윤리학자들은 이 경우는 쉽다고 생각한다. 침대에 누워있는 사람은 다른 사람에게 해를 끼치지 않으니까. 다른 사람에게 해를 끼치지 않는 한, 사람들은 자신이 하고자 하는 것을 선택할 수 있다는 것이 자유주의의 중추적인 원칙이다. 그래서 "이 남자가 스스로 선택하게 놔두세요."라고 말할 수 있다. 그러나 한 윤리학자는 이에 문제가 있다고 본다. 문제의 그 사람이 선택의 주체로서 기능할 수 없는 사람이라면, – 결국 그는 환자이지 않은가 – 그가 정신 착란 환자라면 어떻게 해야 할까? 광기와 관련된 토론이 이어진다. 정신병원의 환자는 언제나, '미쳐서' 선택을 할 수 없는 존재일까? 아니면 우연히 정신병적이거나, 급성 우울증에 걸렸거나, 또는 기타 질병에 압도된 경우에만 선택을 할 수 없는 것일까? [이 경우] 자율성에 대한 질문은 정신과 진단의 질문으로 귀착

된다. 그래서 윤리학자들이 침묵하는 것 같다. 진단에 관해서는 정신과 의사가 전문가이기 때문이다.

반면, 참석한 정신과 의사들은 진단에 대해 별로 걱정하지 않는 것 같다. 그들은 다른 우려를 하고 있다. 그들 중 한 명은 병원 병동에서의 생활이란 공동생활이기 때문에 사람들은 공유된 규칙에 적응해야 한다고 말한다. 한 가족이라면 아침 식사도 함께해야 한다고 그들은 말한다. 이러한 일상은 더 나은 일상생활을 만든다고 한다. 또 다른 정신과 의사는 정신병원에 입원한 사람들은 보통 선택하는 법을 배워야 하며, 이것은 치료의 일부라고 강조한다. 따라서 이 특정 환자가 나쁜 선택(아침 식사 거르기, 낮에 활동하지 않기)으로 인한 부정적인 결과에 직면하게 둘지 아니면 환자를 보호하기 위해 침대에서 일어나도록 그를 격려해야 할지는 치료 단계에 따라 다르다. 이어지는 반응은 다른 방향으로 진행된다. 그중에 눈에 띄는 발언이 있다. 은퇴한 심리 치료학 교수는 이 모든 것이 돈의 문제라고 말한다. 그는 이 사례를 제시한 윤리학자가 제도적 맥락을 생략했다고 비난한다. 이와 같은 딜레마는 직원이 충분하지 않을 때만 발생한다고. "직원이 충분한 병동에서는 간호사를 보내 환자의 침대 옆에 앉아서 왜 일어나고 싶지 않은지 물어볼 것입니다. 어쩌면 그날은 오후에 그의 아내가 면회를 오지 않는 날일 수도 있습니다. 어쩌면 그는 끔찍한 기분을 느끼고 퇴원하지 못할까 봐 두려워하고 있는 것일 수도 있습니다. 그에게 시간을 내어 이야기하게 해 주세요." 심리치료사는 "일어나고 싶지 않은 사람은 돌봄이 필요합니다."라고 말한다. 침대에 계속 누워있도록 허용하는 것은 강제로 일어나게 하는 것만큼이나 환자를 방치하는 행위이다.

이 논의는 도움이 된다. 그렇다. '선택'과 '선택의 여지가 없음'의 대비만 있는 것이 아니라, 선택의 논리로 통합된 이 둘과 (방임과 반대되는) 돌봄을 대비할 수 있다. [그런데] 앞으로 며칠, 몇 년이 지나야 돌봄의 논리를 명확하게 표현할 방법을 찾을 수 있을까?

세 번째 이야기. 1990년대 초반 무렵, 나는 임신 중이었고 36살이었다. 내가 사는 곳인 네덜란드에서, 국가 전문가들로 구성된 한 위원회는 통계 자료를 검토했고, 35세 이상의 임산부는 양수 검사를 받아야 하며 태아에게 다운증후군이 있는 경우에는 낙태를 선택할 수 있어야 한다고 제안했다. 나의 처지를 고려할 때(건강한 아이를 가지고 있고 나를 매료시키는 일도 하고 있어서 그 사이에서 곡예하는 것만으로도 충분히 어려운 처지였다) 나는 그 조언을 따랐다. 나는 하루를 쉬고 병원에 가서 [양수 검사도 받고] 당시 작업 중인 책의 현장 연구도 병행했다. 관찰자 역할에서 환자 역할로 전환된 것이 약간 이상하게 느껴지기는 했지만, 검사 테이블에 누워 초음파 탐침이 나의 배 위로 움직이는 것을 느꼈다. 여전히 현장 연구 습관 때문인지, 아니면 침묵을 깨기 위해서인지 자궁에 삽입할 긴 바늘을 준비하는 간호사에게 나는 "잘됐으면 좋겠어요."라고 말했다. 소수의 여성이 그 절차(양수 검사)의 결과로 자연유산을 한다는 것을 우리 둘 다 알고 있었다. 간호사는 "글쎄요, 이건 당신 자신의 선택입니다."라고 퉁명스럽게 대답했다.

집에 돌아온 나는 자연유산의 위협을 줄이기 위해 소파에 다리를 올리고 의무적으로 앉았다. 하지만 결국에는 훗날 책에 실을 내용을 정리하기 위해 현장 연구에서 알아낸 내용을 메모하기 시작했다. 간호사가 돌봄의 논리에 부합하는 말을 했으면 어땠을지 궁금했다. "정말 잘되기를 바라요.", "대개는 아무 문제 없습니다.", "걱정되시나요?"라고 말이다. 그녀는 나를 친절하게 대했을 수도 있었다. 그리고 그녀는 그 순간에 "이제 조용히 오후를 보내는 게 좋을 것 같아요."라고 말하며 나를 격려했을 수도 있다. 하지만 그

대신 그녀는 선택의 논리를 동원했고 그것이 어떻게 잘못된 돌봄으로 이어질 수 있는지를 멋지게 보여주었다. 선택의 논리는 모든 잘못의 책임을, 선택하는 당사자인 환자에게 전가할 수 있다.

지난 20년 동안 '선택권', 특히 '환자 선택권'에 대한 대중의 관심은 점점 더 커져 왔다. 대중 호소력도 높아졌다. 같은 기간 동안 나는 그것을 의심할 이유를 점점 더 많이 발견했다. 그래서 새로운 세기의 초반에 네덜란드 보건 연구 개발 기구 ZON/Mw가 '환자 선택권의 가능성을 높이기 위한 연구'에 대해 지원금을 제공했을 때 나는 지원서를 작성했다. 지원서에 나는 '강제'와 비교하면 '선택권'이 더 큰 선善이 되는 경우가 많다고 썼다. 하지만 '돌봄'과 비교하면 어떨까? '돌봄'은 '강제'의 부드러운 형태일까, 아니면 완전히 다른 무언가가 진행되고 있는 것일까? 나는 연구비를 지원받아 특정 돌봄 활동을 위의 예시들보다 더 자세히 조사할 수 있었다. 나는 이 사례들을 반복해서 분석하고 차근차근 이 책을 집필했다. 이 책에서 나는 실제로 돌봄 실천에서는 완전히 다른 일이 벌어지고 있다고 주장할 것이다. 돌봄에는 나름의 논리가 있다. 돌봄의 논리. 어떻게 이야기해야 할까?

(1장)
두 개의 논리

서구 사회의 클리셰들

+

능동적인 환자

+

방법

+

책

개인의 선택권은 널리 알려진 이상^{ideal}이다. 다른 사람에게 지배당하는 것을 좋아하는 사람이 있을까? 하지만 이 책은 이런 이상에 대한 의구심에서 출발한다. 여기서 나는 선택권 일반에 의문을 제기하는 것이 아니라 선택권의 일반화에 의문을 제기하려 한다. '좋은 돌봄'과 같은 다른 이상도 이런 문제를 안고 있다. 이 책이 집중적으로 다루고 있는 의료 분야에서 '환자 선택권'과 '좋은 돌봄'은 때때로 서로를 보완할 수도 있지만 충돌하는 경우가 더 빈번하다. '환자 선택권'을 증진하기 위해 고안된 의료 실천들이 '좋은 돌봄'을 보장하기 위해 확립된 기존 의료 실천들을 침식하는 것이다. 의료 서비스에 직접 관여하는 사람들(전문가로서 또는 환자로서)은 이에 대해 안타까운 이야기를 들려준다. 아무리 매력적으로 들릴지라도 '환자 선택권'이 항상 기대했던 개선으로 이어지지는 않는다. 왜 그럴까? 무엇이 문제일까? 하지만 나는 이러한 질문에 답하기 위해 '개인 선택권'과 '좋은 돌봄'이라는 이상 그 자체의 장점만을 따로 떼어놓고 논의하지는 않을 것이다. 대신 이 두 가지와 관련된 몇 가지 모범적인 사례를 소개하고자 한다.[1]

의료 서비스에 대한 학술적 논의에서 '돌봄'^{care}은 통상 '치료'^{cure}와 구별된다. 이렇게 구분할 경우, 첫 번째 용어인

'돌봄'은 씻기, 먹이기, 상처 소독하기와 같이 일상생활을 더 잘 견딜 수 있도록 행하는 활동을 지칭한다. 두 번째 용어인 '치료'는 치유의 가능성과 공명하며, 질병 진행 과정에서의 개입에 적용된다. 이 책에서는 이러한 구분을 의도적으로 피했다. 실제로는 '돌봄'과 '치료'로 분류되는 활동들은 서로 겹치기 때문이다. (돌보는) 음식과 (치료하는) 약물은 신체에 유사한 영향을 미칠 수 있다. 상처를 조심스럽게 caringly 소독하면 치료에 도움이 될 수 있다. 게다가 오늘날 사람들로 하여금 의사를 찾게 하는 많은 질병은 만성적인 성격을 띠고 있다. 이러한 질환의 경우, 소위 치료라는 것은 회복으로 이어지는 것이 아니라 삶을 더 잘 견딜 수 있게 만드는 일종의 돌봄이다. 따라서 만성 질환을 가진 사람들의 삶과 신체에 대한 개입이 종종 지식 집약적이고 기술에 의존하더라도 이를 돌봄이라고 부르는 데에는 충분한 이유가 있다. 그래서 여기서는 '치료'라는 용어는 생략하고 '돌봄'에 대해서만 이야기하도록 하겠다. 그 과정에서 그 단어의 의미가 약간 바뀔 것이다.

이하에서 나는 '환자 선택권'과 '좋은 돌봄'을 비교하기 위해 네덜란드의 당뇨병 환자들의 삶과 치료를 분석했다. 따라서 여기서 전하는 이야기는 매우 구체적이고 지역적이다. 그렇다고 해서 그 중요성이 지역적이라는 의미는 아니다. 이 특정 장소와 상황으로부터 무엇이 전해질 수 있고 무엇이 전해질 수 없는지 탐구하는 것으로 시작하지 않겠다. 하지만 이러한 특수성에도 불구하고, 아니 그 특수성 덕분에 이 이야기들이 '좋은 돌봄'의 중요성을 충분히 전할 수 있기를 바란다. 이것은 중요한 이상이며, '개인 선택권'을 끌어들이기 위해 이 이상을 버려서는 안 되기 때문이다. 주의할 점이 있다. '네덜란드의 당뇨병 관리'를 사례로 들어 '좋은 돌봄'에 대해 이야기한다고 해서 내가 조사한 특정 클리닉이나 네덜란드 의료 서비스 전반이 훌륭하다는 의미는 아니다. 개선해야 할 부분이 많이 남아 있다. 하지만 강조하고 싶은 것은, 환자 선택권을 계속 강조한다고 하더라도 기대했던 개선이 이루어지지 않는다는 점이다. 의료 서비스에 환자 선택권을 도입하더라도 (결국) 우리들, 즉 환자들을 위한 공간이 만들어지지는 않는다. 그 대신, 그것은 우리 질병의 복잡성과 잘 맞지 않는 방식으로 일상적인 실천을 변화시킨다. 나의 주장은 [환자 선택권보다] 돌봄의 전통에 질병과 함께하는 삶을 다루는 데 더 적합한 레퍼토리가 포함되어 있다는 것이다. 선택권이라는 몽상 아래 좌절하기보다는 돌봄 자체의 조건 위에서 돌봄을 개선하려고 노력하는 것이 현명하리라는 것이다. 돌봄 그 자체를 말이다. 하지만 돌봄과 그것의 특수성에 대해 어떤 언어로 이야기해야 할까? 좋은 돌봄이라는 이상은 의료 실천에 조용히 스며들어 있으며 스스로를 드러내지 않는다. 그것이 위협을 받고 있다는 점을 고려해야 하는 지금은 돌봄 자체를 말로 표현해야 할 시점이다. 이것이 이 책에서 하려는 일이다. 이 책에서는 당뇨병과 함께하는 삶과 치료를 이야기하면서 그렇게 할 수 있게 하는 말들을 찾아보려 한다. 목표는 좋은 돌봄의 특수성을 명확하게 표현하여 우리가 그것에 대해 이야기할 수 있도록 하는 것이다.[2]

서구 사회의 클리셰들

이 책에서는 병원 안팎에서 행해지는 당뇨병의 치료와 당뇨병과 함께하는 삶에 대한 짤막한 이야기들을 찾을 수 있다. 예를 늘면, 여러분은 얀센Jansen 부인이 피 몇 방울을 얻기 위해 손가락 찌르는 법을 어떻게 배우게 되는지 알게 된다. 그녀는 이 핏방울을 스틱에 짜서 혈당 측정기에 삽입하여 혈당 수치를 측정하는 방법을 배운다. 조우머Zomer 씨도 이렇게 하도록 권유받지만, 자가 측정이 그의 일상생활의 일부가 되지는 못하는 것 같다. 왜 안 될까? 그리고 음식을 좋아하는 집안에서 태어났기에 음식을 너무 많이 먹는다고 면접관에게 설명하는 리스 헨스트라Lies Henstra가 있다. 또한, 어떤 혈당 측정기가 각 환자의 일상생활에 가장 잘 맞을지 궁금해하는 당뇨병 간호사를 만나게 될 것이다. 그리고 의사도 있다. 이 책에서 그들은 환자들이 유용한 기술과 일상생활을 창의적으로 조화시키는 것을 도우려는 '의료 활동가'the doctor*로 융합되어 있다. 사건들과 인용문을 동원하여 나는 서서히 '좋은 돌봄'을 구체화할 것이다. 하지만 작업을 시작하기 전에 무대를 마련하여 여러분을 우회적인 방식으로 초대하고 싶다. '선택권'과 '돌봄'이 충돌하는 무대는 진료실과 환자의 일상에 국한되지 않는다. 그것은 훨씬 더 넓어서, '서구'라고 말하는 편이 나을지도 모르겠다.

의료 분야에서만 개인의 선택권이 이상적인 것으로 인

---

* 이 책의 4장에서 저자는 'doctoring'(의사 노릇)을 설명한다. 저자에게 'doctoring'이 '직업적 의사'가 하는 일에 국한되지 않는다는 점을 고려할 때, 여기서는 한 환자를 중심으로 환자의 돌봄에 관여하는 모든 사람, 예를 들어 의사, 간호사뿐만 아니라 의료기사, 영양사, 병원을 소독하는 사람들, 환자의 보호자 등등 이 모든 사람을 저자가 doctor로 지칭한다고 보았고 따라서 의료 활동가라고 번역하였다.

정받는 것은 아니다. 개인의 선택권은 모든 곳에서 나타난다. 학교를 조직하고, 자녀를 키우고, 일자리를 찾고, 집을 짓고, 음식을 요리하고, 음악을 만들고, 미디어에 자금을 조달하는 것 등과 결부된 토론에서도 나타난다. 그리고 그 목록은 끝이 없다. 사람들은 다른 사람을 희생시키면서 자신의 자율성을 누리면 안 되지만, 자율적이기는 해야 한다. 이것은 단지 강한 도덕적 집착이 아니다. 자율과 타율의 차이는 [한때] '서구'와 '타자'the Others를 구분하는 기준이 되기도 했다. 이러한 맥락에서 '서구'는 사람들이 개별적인 선택을 하는 장소/시간으로 표상되는 반면, '타자'는 공동체의 결정 안에 있다고들 한다. 신, 전통, 집단이 '그들'의 삶에 의미와 일관성을 부여하는 반면, '우리 서구인'은 계몽주의 이후 그러한 제한적인 유대로부터 자유로워졌다고 여겨진다. 그러나 그 구체적인 내용은 명료하지 않은 것 같다. '우리'의 해방은 2세기 전 볼테르와 그의 친구들이 살던 시대에 이루어졌을까, 아니면 1960년대에 이르러서야 청년들의 반란과 피임약으로 인해 비로소 이루어졌을까? 그리고 정확히 누가 '서구'의 '우리'에 속하는가? 진정으로 세속화된 사람들만, 아니면 종교를 사생활로 국한한 사람들만? 합리주의자, 남성, 교육을 많이 받은 사람들만? 아니면 소

1장 두 개의 논리 **27**

위 서구 국가에 사는 모든 사람? 미국 남부 주들에 사는 근본주의자들은 여기에 속할까? 싱가포르, 리우데자네이루, 요하네스버그, 베이루트 주민들은 어떨까? 이러한 질문을 실제로 하지 않는 한, '우리'의 경계는 모호하지만 당연한 것으로 받아들여진다. 중요한 것은 '우리'가 개별화되었고 자율적이라는 가정이다. 이것이 바로 '우리'를 현대적이고 '서구'에 속하게 만드는 것이다.

이러한 신식민주의의 이데올로기적 폭력은 학술 문헌에서 다양한 비판적 반응에 직면해 있다. 비판적 문헌들은 비서구의 이미지를 희화화하여 유포하는 것에 맞서면서 다양한 방식으로 비서구를 옹호한다. 어떤 저자들은 자신이 알게 된 비서구 문화에서 '자아'self-hood는 '개인주의'와 거리가 멀겠지만, '집단에 대한 몰입'과도 다르다고 주장한다.[3] 다른 저자는 설탕 농장과 장거리 항해선, 항구와 새로 설립된 공장 등에서 일하면서 동시대 일부(극소수)의 개별화individualisation를 위한 물질적 조건을 제공했던 (젊은 나이에 죽어간) 사람들에 대해 이야기한다.[4] 그러나 또 다른 저자는 '개별화'가 작동하지 않았을 것으로 보이는 현장과 상황을 묘사하기도 한다. 런던의 커피 하우스, 파리의 살롱, 암스테르담의 주식 시장에서 사람들은 개인의 자유를

축하했지만, 서아프리카의 사람들은 (영국, 프랑스, 네덜란드) 노예 상인으로부터 [자신들을] 보호하기 위해 서로 의지해야 했다. 고독한 개인은 피할 곳이 없었을 것이다.[5] 이와 같은 방식으로 식민지 이후의 연구는 자기 만족적인 계몽주의적 환상을 비판해 왔다. 이 글에서 나는 그런 작업들에 기여하고 싶다. 그러나 '타자'에 대한 나쁜 클리셰를 더하면서 반박하는 방식이 아니라 '서구'에 대한 나쁜 클리셰를 재조정함으로써 그렇게 할 것이다.[6]

'서구'에서 '우리'는 정말 자율적인 개인인가? 정답은 '아니요'이다. '우리'는 그렇지 않다. 이는 사실 새로운 주장은 아니며 누차 제기되어온 주장이다. 사회학자들은 모든 인간은 벌거벗고 무력한 상태로 태어나며 생존을 위해 타인에게 수년간 의존한다고 강조해 왔다. 심지어 성인이 된 서구인들도 더 이상 스스로 식량을 재배하거나 옷을 꿰매거나 자기 자신의 시체를 묻지 않기 때문에 상호 의존적이다. 일부 사회학자들은 '사유 사회'의 사람들이 실제로 어떻게 선택을 하는지에 관해 연구해 왔는데, 그들이 선택을 하는 데는 많은 에너지가 필요하며, 모든 사람이 그런 에너지를 비축해야 하는 것도 아니거니와 그 에너지를 쓰는 것을 좋아하지도 않는다는 사실을 발견했다. 또한 '우리'는 결국 놀라울 정도로 비슷한 것을 선택한다는 사실을 발견했다. 실제로 일부 학자들은 자율성이 타율성과 반대되는 개념이 아니라고 주장하기도 한다. 오히려 사람들이 선택을 갈망하고 선택에 더 많은 투자를 하게 만드는 것은 훈육의 기술이라고 말한다.[7]

따라서 '서구'의 '우리'는 우리가 생각하는 것만큼 '선택권'이 많지 않거나, 그것을 별로 좋아하지 않거나, 다른 사람들과 다른 일을 하게 되는 방식으로 선택권을 사용하지 않거나, 선택권을 갖는다고 해서 자유로워지기보다는 오히려 속는 것일 수도 있다. 또한 '선택권'이라는 이상 외에도 '서구'에서는 연대, 정의, 상호 존중 및 돌봄과 같은 다른 많은 이상이 순환하고 있다. 바로 여기에 돌봄이 있다. 이 책이 돌봄의 중요성을 강조한 최초의 책은 결코 아니다. 이전에도 다양한 방식으로 돌봄의 중요성이 강조되었다. 신학자들은 돌봄을 자선과 사랑에서 영감을 받은 이타적인 활동으로 묘사했다. 인류학자들은 돌봄의 유동적인 순환을, 교환에 내포된 수적으로 계산된 상호성과 대조해 왔다. 그들은 돌봄을 선물로 간주했다. 노동 사회학에서는 많은 사람들이 자신의 일에 쏟는 돌봄과 헌신이, 고용 계약이라는 형식적인 틀과 잘 맞지 않는다는 사실이 밝혀져 왔다.

그리고 자녀에 대한 부모의 돌봄이 있다. 이것은 유급 노동과 어떻게 다르며 어떻게 결합될 수 있을까? 아니면, 또 다른 질문이 있다. (모성적) 따뜻함만 돌봄에 적합한가, 아니면 (부성적) 훈육도 똑같이 돌봄에 필수적인가? 마지막으로, 돌봄은 윤리 안에서 논의되는데, 돌봄 윤리학자들은 '좋은 돌봄'이란 (윤리적 전통이 정의 같은 이상을 옹호하고자 했던 것처럼) 원칙적으로 일반적인 용어로 옹호될 수 있는 이상이 아니라고 주장한다. 그보다 돌봄이란 사람들이 일상적인 실천 속에서 계속해서 형성하고, 발명하고, 적응해 나가는 것이라고 한다.[8]

이 짧은 문장들은 각각의 문맥적 배경을 가지고 있다. 돌봄에 대한 신학적, 인류학적, 사회학적, 교육학적, 윤리적 관점은 공통적으로 '서구'란 단순히 계몽주의적인 것은 아님을 강조한다. 합리성, 자율성, 선택만을 찬양하는 것이 아니라 풍부하고 다층적인 돌봄의 전통을 가지고 있다는 것이다. 이에 대해서는 이미 논의가 끝났기에 여기서 내가 더 주장할 필요는 없다. 하지만 한 가지 덧붙이고 싶은 것이 있다. 당뇨병을 가지고 사는 사람의 일상에서 돌봄의 특수성을 밝혀냄으로써, 친절, 헌신, 그리고 관대함과의 직접적인 연관성으로부터 '돌봄'을 분리할 수 있다. 요점은 친

1장 두 개의 논리 31

절, 헌신, 관대함이 일상생활과 무관하다는 것이 아니다. 그것들은 매우 중요하다.[9] 그러나 돌봄이 주로 '부드러운 사랑'과 연관되는 한, 돌봄은 기술과 반대되는 것으로 여겨질 수 있고, 이로써 현대 사회 안에 남은 전근대적인 잔재로 간주될 수 있다. 아마도 이러한 돌봄이 우호적인 추가 요소로서 더해질 수 있을지도 모르고, 어쩌면 기술에 의해 잠식될 수도 있다. 하지만 어느 경우든 돌봄과 기술은 서로 배타적이다. 그렇다면 돌봄과 기술은 별개일까? 전자는 인도적이고 친근한 것이고, 후자는 전략적이며 합리성에만 의존하는 것일까? 여기가 바로 내가 개입하고 싶은 지점이다. 내가 말하고자 하는 돌봄은 기술에 반대되는 것이 아니라 기술을 포함하는 것이다. 또한 내가 말하고자 하는 기술은 투명하지 않고 예측 가능하지도 않지만, 돌봄으로[신중하게]with care 다루어져야만 한다.[10]

'서구'는 (그 시작과 끝이 어디든) 결코 단일하지 않았다. 그 안에는 수많은 참혹함과 더불어 '좋은 돌봄'을 포함하는 여러 이상들의 혼합물이 담겨 있다. 이를 부정하는 것은 내부 식민화의 한 형태이다. 서구를 단순화하고, 서구를 그것의 전통 중 하나로 환원시킨다. 그리고 그 전통은 지배적인 것으로 선언됨으로써 더욱더 지배적인 것이 된다. 이는 좋은 돌봄을 좌절시키고, 환자를 소외시키는 데 기여하며, 신체와 질병에 대한 관심은 고사하고 그에 대한 생각조차 어렵게 만든다. 또한 우리 어휘에서 사라질 위험이 있는 방치neglect라는 단어를 숨기는 데도 도움이 된다. 결국, 그것은 '서구'와 '타자' 사이의 간극을 넓히는 데 기여한다. 그렇게 하는 것보다는 우리가 공유하는 문제(예:바이러스의 창궐이나 지구상에서의 우리 삶의 생태적 한계)에 직면하거나 다른 대립들(예:부자와 가난한 사람, 건강한 사람과 장염이나 말라리아에 걸렸거나 배고프거나 에이즈로 죽을 수밖에 없는 사람)을 탐구하는 것이 더 나을 것이다. 이것이 바로 이 책의 글로벌한 맥락이자 주요한 원동력이다. 나는 좋은 음식과 따뜻하고 안전한 잠자리를 좋아한다. 그러나 나는 내가 다른 사람들에게 휘둘리는 것을 두려워함과 동시에 방치를 해결하지 못함으로써 '타자'들로부터 소외되는 '서구'의 일부가 되고 싶지도 않다. '좋은 돌봄'이 무엇을 수반하는지 명확히 하는 것은 그 불변한 포옹embrace에서 벗어나기 위한 시도이다. 나는 모든 종류의 서구 전통이 선택권이라는 단일한 이상과 그에 직결된 합리주의에 의해 내부 식민화되는 것에 대항하고자 한다. 그리하여 이제 독자 여러분께 지역적이고 구체적인 이야기를 하게 되겠지만 그 이야기는 큰 무대 위에 놓여 있다. 이 이야기의 시작은 네덜란드에서 당뇨병과 함께하는 일상으로 하겠으나 그 이야기들로 하고자 하는 것은 의료 서비스뿐만 아니라 기술의 텅 빈 버전, 이성Reason에 대한 지나치게 아름다운 꿈, '서구'에 대한 1차원적 클리셰를 휘저어 놓는 것이다.

능동적인 환자

개인의 선택권이라는 이상이 의료 서비스 분야에 열정적으로 끌려들어온 것은 그것이 현재 '서구'에서 누리는 일반적인 인기 때문만은 아니다. 이는 의료 서비스의 특수성과도 관련이 있다. 흔히 이야기는 다음과 같이 전개된다. 환자가 의사를 방문하면 환자들은 자신의 의견을 말할 기회도 없이 관찰되고, 만져지고, 검사를 받는 경우가 너무나 많다. 환자로서 우리는 물건 취급받으며 수동적인 존재가 된다. 이는 중단되어야 하는 나쁜 관행이다. 환자는 말할 수 있어야 한다. 환자들은 자기 자신의 삶에 대해 중요한 선택을 스스로 할 권리가 있는 주체로서 존중받아야 한다. 이것은 진지한 논점이다. 환자의 선택권이라는 이상에 대해 감히 의구심을 제기하려면 나는 반박에 대해 응답해야만 한다. 그리하여 나는 응답할 것이다. 여기서는 그 응답을 제공하기 위한 첫 번째 단계로서, 선택권에 대한 나 자신의 의구심을 두 가지의 다른, 좀 더 일반적인 우려와 구별하고 싶다.

이 중 더 널리 퍼져 있는 우려는 선택권이 훌륭한 이상일 수 있지만, 그것은 사람들이 정말로 스스로 선택할 수 있는 상황에서만 가능하다는 것이다. 환자가 되면 사람들은 종종 이러한 능력이 부족해진다. 만약 당신이 혼수상태로 응급 병동에 실려 온 경우라면 자율성과는 거리가 멀어지고 고열 상태라면 횡설수설할 것이다. 악성 종양에 걸렸다는 사실을 방금 알게 된 경우에는 두려움과 혼란에 빠질 가능성이 높고 다른 사람이 대신 결정 내려주기를 원할 수도 있다. 이러한 예에 대하여 반박하며 환자 선택권이라는 이상을 지지하는 사람들은 모든 질병(장애, 어려움)이 그렇게 압두직인 것은 아니라고 주장한다. 휠체어를 탄 사람은 걸을 수 없지만 다른 사람과 마찬가지로 선택을 할 수는 있다고 말이다. 당뇨병을 앓는 사람이 혈당 수치가 정상인 신체를 가지고 스스로 인슐린을 생산하는 사람들보다 결정 능력이 없는 것은 아니라고 그들은 말한다. 그리고 암에 걸렸다는 소식을 방금 들었다고 하더라도 의사가 필요한 시간과 노력을 들여 환자와 차분하게 대화를 나눈다면 상당히 빨리 선택 능력을 회복할 수 있다는 것이다. 환자가 일시적으로 결정할 수 없는 예외적인 상황이 있다고 해서 환자가 된 모든 사람의 선택 능력을 부정할 이유는 없다는 주장이다.[11]

선택권의 이상에 의문을 제기하는 두 번째 널리 알려진 방법은 병에 걸렸든 건강하든 거의 모든 사람이 선택에 능숙하지 않다는 점을 지적하는 것이다. 하나의 불확실한 미래와 또 다른 미래의 장단점을 저울질하는 것은 우리 모두에게 어렵다. 우리는 잘못된 평가를 하는 경향이 있는데 예를 들면, 거의 모든 사람이 성공 확률이 20퍼센트인 것이 실패 확률이 80퍼센트인 것에 비해 훨씬 낫다고 생각한다. 또한, 우리는 두려움을 조언자로 삼거나 다른 어떤 감정에 휘둘려 판단을 흐리기도 한다. 게다가 우리 중 많은 사람이 선택에 필요한 물질적 자원이 부족하다. 수영을 배운 적이 없거나 수영장이 너무 멀거나 비용이 너무 비싸거나 돌봐야 할 어린 자녀나 아픈 가족이 있는 경우, 매일 아침 수영하러 간다는 선택을 하기는 쉽지 않다. 여기에서도 선택권을 지지하는 사람들은 나름의 해답을 제시한다. 그들은 '선택권'이 합리적일 수 있는 조건에 더 많은 주의를 기울여야 한다고 강조한다. 사람들이 정보에 입각한 선택을 할 수 있는 조건을 자주 만나지 않는다고 하여 그 이상을 무시할 이유가 없다는 것이다.[12]

이 두 가지 논의에서 핵심적인 질문은 사람들이 선택을 할 수 있느냐 없느냐이다. 건강한 사람은 선택이 가능할 수 있어도 질병이 있는 사람은 불가능할 수 있고, 질병이 있는 사람 중에서도 모든 사람이 선택이 가능한 것은 아닐 수도 있으며, 관련 조건만 충족되면 누구나 선택을 할 수도 있지만, 반대로 그 누구도 선택을 할 수 없는 경우도 있다. 하지만 이 책에서는 이 문제를 피하려 한다. 사람들의 [선택] 능력에 초점을 맞추는 대신, 사람들이 관여하는 실천을 이야기하고자 한다. 누가 주어진 선택을 해야 하는지 묻는 대신 한발 물러서서 '선택의 상황들'을 고려할 것이다. 이러한 상황들은 자명하게 주어지는 것이 아니기 때문이다. 어떤 종류의 실천에서 '선택의 상황들'이 발생할까? 이런 식으로 초점을 전환하면 선택권의 이상은 행동과 상호작용을 조직하는 특정한 방식과 신체·사람·일상을 이해하는 방식, 지식과 기술을 다루는 방식 그리고 선과 악을 구별하는 방식 등 세계 전체를 포함한다는 것을 보여줄 수 있다. [선택권에 대한] 나의 의구심은 사람들의 제한된 능력에 집착하는 대신 세계 전체를 다루는 것을 향할 것이다. 내가 선택의 논리라고 부르는 것이 주입된 세계이다. 이 세계는 더 나은 삶의 방식을 제공하지 않는다. 좀 더 구체적으로 말하자면, 이 책이 말하고자 하는 대안, 즉 돌봄의 논리가 스며든 세상에서 살 수 있는 삶보다 우월한 삶의 방식을 제공하지 않는다.

이 책은 선택권이 환자를 강요된 수동성에서 결국 해방시킨다는 주장에 대응하여, 돌봄 실천에서는 환자가 전혀 수동적이지 않다는 것을 보여주고자 한다. 그들은 능동적이다. 그러나 이는 그들이 주로 선택의 주체여서가 아니라 모든 종류의 활동 주체로 등장한다는 점에서 그렇다. 돌봄의 논리는 우리의 의지와 우리가 선택할 수 있는 것에 몰두하는 것이 아니라 우리가 하는 일에 집중한다. 환자들은 많은 일을 하는 경향이 있다. 이 책에서 만나게 될 당뇨병을 앓는 사람들은 스스로 인슐린을 주사하고, 혈당 수치를 측정하고, 탄수화물 섭취량을 계산하고, 운동량을 조절하고, 그 밖에도 여러 방법으로 자기 자신을 돌본다. 이러한 활동에 참여하는 것이 매력적이라는 말은 아니다. 꽤 지루할 수도 있다. 중요한 질문은 우리가 얼마나 능동적[활동적]active인지가 아니라 어떤 종류의 활동activities에 참여하는지이다. 치료 실천에는 대개 많은 요구가 따른다. 정확히 무엇이 요구될까? 능동적인 환자는 무엇을 해야 하고 무엇을 삼가야 할까? 의료 서비스를 개선하려면 이러한 질문에 대해 고심해야 한다. 전문가들을 다시 새장 안으로 밀어 넣을 것인가 아니면 그들이 원하는 대로 하도록 허용할 것인가를 고민하는 대신, 중요하고도 실질적인 질문을 공개적으로 제기하고 공유하는 것이 더 낫다. 어떻게 하면 잘 살 수 있고, 어떻게 하면 잘 죽을 수 있으며, 그리하여 어떻게 하면 좋은 돌봄을 형성할 수 있을까?[13]

방법

나는 돌봄의 논리를 명확하게 표현하기 위해 다양한 자원을 활용했다. 철학에서 '논리'라는 용어를 꺼내 들고 도망친 셈이다.[14] 사실 실천을 이야기할 때 '논리'와 같은 단어를 사용하는 데에는 위험이 따른다. 이 실천이 매우 일관성이 있어서 그 안에 있는 모든 것이 여타의 모든 것에 의해 확고하게 정의된다고 암시하는 것처럼 보일 수 있다. 나는 그렇지 않다고 주장하고 싶다. 예상치 못한 일이 항상 일어난다. 어떠한 실천이든 많은 창의성이 개입된다. 그럼에도 불구하고, 어떤 것들은 지역적으로 다른 것들보다 더 이해하기 쉽다. 또 사건들은 어떻게든 서로 맞아떨어지는 경향이 있고, 사건들 사이에는 친연성이 있다. 이것이 바로 '논리'라는 용어가 연상시키는 것이다. 이런 의미에서 이는 일반적으로 영어로 'discourse'[담론]으로 번역되는 프랑스어 'discours'과 유사하다. 담론에서는 말·물질성·실천이 역사적으로, 문화적으로, 특정한 방식으로 결합해 있다. 또 다른 용어인 '질서화의 양식들'modes of ordering 또한 그 배경에서 어떤 반향을 야기한다. '질서화의 양식들'은 담론을 다중적이고 유동적으로 만드는 것이다. '양식들'modes는 복수형으로, 하나의 시간과 장소에 공존하는 다양한 사고와 행동 방식을 비교하도록 유도한다. 명사가 아닌 동사에서 파생된 '질서화'ordering는 어떤 과정을 연상시킨다. 이는 질서화하는 행위가 지속적인 노력을 수반하며 언제나 실패할 수 있다는 것을 암시한다.[15]

그러나 여기서는 '담론들'이나 '질서화의 양식들'에 대해 이야기하지 않고 의도적으로 '논리'라는 용어를 사용할 것이다. 왜냐하면 나의 관심사는 사회 물질적 질서가 생겨나고 확립되는 방식이나 그 과정에 관여하는 권력이 아니기 때문이다. 그보다는 내가 연구하는 실천의 합리성, 어쩌면 그 합리성의 근거를 오히려 추구한다. 이 경우에는 '논리'라는 용어가 도움이 된다. 이 용어는 스타일이라고도 부를 수 있는 무언가를 요구하는데 어떤 현장이나 상황에서 어떤 것이 적절하고 논리적인지, 어떤 것이 그렇지 않은지를 탐구하도록 유도한다. 이 용어는 국지적이고 취약하지만 그럼에도 불구하고 적절한 하나의 일관성을 추구한다. 관련된 사람들에게 이러한 일관성이 반드시 분명한 것은 아니다. 그들에게 말로 설명할 필요가 없는 경우도 있다. 실천들, 건물들, 습관들, 기계들 등에 내재되어 있는 암묵적인 것일 수도 있다. 그럼에도 불구하고 우리가 그것에 대해 이야기하려면 논리를 언어로 번역해야 한다. 이것이 바로 내가 추구하는 것이다. 실천을 위하여 나는 실천으로부터 말할 것이다. 또한, 통찰력을 얻기 위해 대조의 방법을 사용하여 비교할 것이다. 이 책은 선택의 논리와의 세밀한 비교를 통해 돌봄의 논리를 명확하게 설명할 것이다.

논리가 실천에 각인되어 있다면, 논리를 명확하게 표현하기 위해 세상으로 나가서 그 실천에 몰입해야 한다. 이것이 내가 철학에 의지하는 것에 머물지 않고 사회과학에도 기대온 이유이다. 나는 [인류학적 방식의] 현장 연구를 해왔다. 전통적으로 철학자들은 일상으로부터 자신을 차단하고 추론만으로 논증하려고 했다. 이성적 추론은 보편타당한 논거를 도출하는 것으로 여겨졌지만, 사실 철학 문헌에는 질문, 탐구, 은유 등 경험적 세계가 포함되어 있었다.[16] 물론 예시에도 경험적 세계가 포함되어 있다. 이러한 예시는 철학자 자신의 경험, 다른 사람들과의 토론, 사회과학 문헌, 소설, 영화, 신문 등 거의 모든 곳으로부터 나올 수 있다. 이 장르의 [우스꽝스러운] 캐리커처에 따르면 철학자는 자신의 파이프, 책상, 고양이 이야기를 통해 추상적인 내용을 전달하려 한다. '모든 생명체는 보살핌이 필요하다. 내가 고양이를 돌보지 않고 먹이를 주지 않으면 고양이는 죽을 것이다'라는 식으로 말이다. 하지만 그 방치된 고양이는 그냥 도망가 버릴지도 모른다. 그 실험은 실행에 옮겨지지 않았던 것이다.[17] 예화는 엄밀히 말해 교육적인 것이었으며, [필연성을 입증하는 것이 아니라] 철학자가 예화를 가져오기 전에 이미 숙고했던 주장을 설명하는 데 도움을 주기 위한 것이었을 뿐이다.

철학자들은 자신의 학문 바깥[의 사례]에 대해서는 놀라는 경향이 있다. 실천을 관찰하는 것은 적절한 사례를 수집하는 것이 아니라 새로운 가르침을 얻는 것이기 때문이다. 좋은 사례 연구는 이론에 영감을 주고 아이디어를 구체화해 주며 개념을 전환하게 한다. 사례 연구는 보편적으로 타당한 결론을 제공하지는 않지만, 그렇게 해야 한다고 주장하지도 않는다. 대신 [사례로부터] 얻은 교훈은 매우 구체적이다. 하나의 사례에 충분히 오래 몰입하다 보면 특정한 상황에서 무엇이 허용되고, 바람직한지 또는 무엇이 요구되는지에 대한 감각을 얻을 수 있다. 그렇다고 해서 다른 곳이나 새로운 상황에서 어떤 일이 일어날지 예측할 수 있다는 의미는 아니다. 그것이 무엇이든 다른 것을 다루는 것은 항상 [새로운] 노력이 필요하며 [동일한] 논리는 작동하지 않는다. 논리는 행위자가 아니라 패턴이다. 따라서 여기에 언급된 돌봄의 논리는 내가 연구한 사례에만 적합하며, 모든 곳에 적용되지는 않는다. 그렇다고 그 관련성이 국지적일 뿐이라고 말하는 것은 아니다. 사례 연구는 하나의 궤적의 일부가 되면서 더 큰 관심을 받게 된다. 사례 연구는 다른 곳의 상황에 대한 대조, 비교 또는 참조 지점을 제공한다. 다른 곳에서 기대할 수 있는 것이 무엇인지, 무엇을 해야 하는지를 알려주지는 않지만 적절한 질문을 제시한다. 사례 연구는 우리의 민감성을 높여준다. 세심하게 연구된 사례의 특정성 the specificity 덕분에 우리는 한 상황에서 다음 상황으로 넘어갈 때마다 무엇이 동일하게 유지되고 무엇이 변화하는지 파악할 수 있게 된다.

돌봄의 논리를 선택의 논리와 비교하면서 명확하게 설명하기 위해 나는 한 가지 사례를 연구했다. 당뇨병 치료와 당뇨병과 함께하는 삶의 변형이 바로 그것이다. 이 사례를 연구하기 위해 나는 민족지적 방식의 현장 연구를 수행했다. 그리하여 나는 네덜란드 중소도시의 한 대학병원 당뇨병 외래 클리닉에서 내과 의사와 당뇨병 간호사의 진료에 참석했고, 전문가들과 환자들을 대상으로 한 다양한 서적·잡지·웹사이트에서 당뇨병 관련 텍스트를 분석했으며, 전문가와 환자를 인터뷰했고, 나를 위해 인터뷰를 진행하고 필사한 다른 사람들의 도움도 받았다.[18] 인터뷰에서는 사람들의 의견을 묻는 것이 아니라 그들이 관여한 사건들과 활동들에 대해 질문했다. 이러한 방식의 인터뷰를 통해 민족지적 관찰을 확장했다. 인터뷰 대상자들은 연구자들인 우리가 갈 시간이 없거나 참석이 허용되지 않아 갈 수 없는 곳에 대하여 이야기해 주었다. 그리하여 우리는 전문가와 환자를 연구의 대상으로 삼는 대신 그들이 공동 연구자로서 갖춘 기술들skills을 활용했다. 그들은 당뇨병 치료와 당뇨병과 함께하는 삶에 대한 지식을 우리에게 제공

했다.[19]

 이 모든 작업을 통해서 많은 자료를 만들어냈다. 인류학자나 사회학자라면 이러한 자료를 사용하여 현실(또는 현실의 일부)을 최대한 정확하고 흥미롭게 보여줄 수 있었을 것이다. 하지만 여기서 나의 목표는 다르다. 나는 나와 나에게 정보를 제공한 사람들이 목격한 사건들에 대해 충실한 이미지를 스케치하려는 것이 아니다. 사건들에 관련된 사람들에게 이 사건들의 의미를 이야기하고 싶지도 않다. 정보 제공자의 해석을 따르는 대신 내 나름의 해석을 덧붙이고 싶다. 다른 사람의 관점과 상관없이 새로운 관점을 제시하고자 한다. 그래서 나는 예술가가 물감이나 휴지, 실로 작업하는 방식으로 재료를 다루려고 한다. 다른 비유를 들자면 화학자가 혼합된 액체를 마주했을 때와 같은 방식으로 재료를 다루려 한다고 할 수 있다. 그들은 다양한 성분을 분리하기 위해 액체를 증류하는데 나도 이와 비슷한 방식으로 삽다한 실천들로부터 '좋은 돌봄'을 분리해 내고자 했다. 실생활에서 좋은 돌봄은 다른 논리들과 공존할 뿐 아니라 방치 및 오류와도 공존한다. 여기서는 혼합된 사건들로부터 '순수한' 형태를 추출하기 위해 그러한 잡음을 제외했다.[20] 일관성 있는 것, 그것이 지속되는 한에서는 실제로 논리라고 부를 수 있는 것을 추출해내고자 했다. 이 책이 말하고자 하는 돌봄의 논리가 바로 그것이다.

돌봄의 논리를 설명하기 위해 당뇨병 치료 및 당뇨병과 함께하는 삶을 사용하는 것에는 몇 가지 장점이 있다.[21] 가장 중요한 것은 이 논리가 현대 사회에서 전근대적인 '돌봄의 잔재'로 치부될 수 없다는 점이다. 당뇨병 돌봄에는 향수를 불러일으키는 것이 없다. 다음은 한 제보자의 말이다 : "당뇨병에 걸린 순간부터 19세기는 더 이상 제가 좋아하는 시대가 되지 못합니다." 당뇨병을 앓는 사람(특히 제1형 당뇨병)은 생존을 위해 현대 기술에 의존한다. 그들은 산업적으로 제조된 인슐린이 없으면 빨리 죽는다. 인슐린의 산업적 제조는 1920년대 후반에야 시작되었다.[22] 주사용 인슐린이 없다면 당뇨병이 치명적인 질병이 된다는 사실은 당뇨병의 '치료'와 '삶'이 별개의 것이 아니라는 것을 의미하기도 한다. 여러 다른 종류의 삶을 가능하게 하는 다양한 형태의 치료가 있을 수 있겠지만, 치료가 없다면 삶은 존재하지 않는다. 따라서 이 사례는 모든 기술을 낭만적으로 신뢰하는 것도, 일반적으로 '의료화'를 폐기하는 것도 어렵게 한다. 당뇨병을 앓는 사람도 그 이웃과 마찬가지로 선택할 수 있는 (또는 선택할 수 없는) 사람이라는 점도 나의 목적에 부합한다. 이 병은 모든 배경과 삶의 방식을 가진 사람들에게 영향을 미치며, '정신적인' 문제가 아니다. 따라서 '선택권'이 그들의 상황과 맞지 않는다고 한다면, 이는 그들 때문이 아니라 이러한 상황 때문이다. 또한 당뇨병은 만성 질환이며 (지금까지는) 치료가 완치로 이어지지 않는다. 이는 당뇨병 치료 실천에서는 치료가 완치가 아니라면 어떤 결과로 이어질 수 있는지에 대해 공공연하게 주목한다는 것을 의미한다. 따라서 그것은 연구될 수 있다. 전반적으로, 당뇨병 돌봄을 공부하는 것은 그리 어렵지 않다. 당뇨병 외래 진료실에는 많은 고통과 아픔이 있지만, 심각하고 압도적인 경우는 거의 없어서 그들에게 해 줄 것이 없는 내가 정보를 주는 사람들에게 너무 많은 것을 요구하고 있다고 느껴지지는 않았다. 또한, 인터뷰에 응할 의향이 있는 당뇨병 환자를 찾기도 쉬웠고 그들 대부분은 할 말이 많았다. 마지막으로, 운이 좋게도 나는, 현장 연구를 수행한 병원에서 좋은 의사와 간호사 들을 만날 수 있었다. 그들은 내가 그들의 업무를 면밀하고 비판적인 시각으로 지켜볼 수 있게 해 주었고, 내 질문에 열린 자세로 응해 주었으며, (불가피한 소음과 혼란에도 불구하고) '좋은 돌봄'에 대해 많은 것을 가르쳐주었다.

책

이 책에서 여러분은 '우리는 만성 질환이 있다는 것이 어떤 것인지 상상할 수 없다.'와 같은 문장을 찾을 수 없을 것이다. 그런 문장은 끔찍하다. 이런 문장은 저자와 독자가 건강하다는 것을 명시적으로 말하고 있지는 않지만, 여전히 그 점을 암시하고 있다. 내가 하려는 것은 이런 것이 아니다. 반대로 나는 표식되지 않은 정상성[을 가정하는 것]을 피하고 싶다. 당신과 나의 건강함을 가정하는 것은 내가 말하고자 하는 것의 본질을 거스르는 것이다. 선택의 논리 안에서 '질병'은 이상한 예외이며 '우리'와는 아무런 관련이 없는 것이다. 반면, 돌봄의 논리는 삶의 육체성과 연약함에서 출발한다. 나는 그 점을 소중하게 여긴다. 사실 나는 돌봄의 논리를 명확히 표현함으로써 더 이상 소외의 가정 없이 질병과 직면하는 이론적 레퍼토리[의 형성]에 기여하고 싶다. 이와 관련하여, '환자'와 '철학자'가 결코 상호 배타적인 범주가 아님을 강조하는 것이 좋을 것이다. '나'는 불멸이 아니며 질병에 대한 면역도 없다. 그리고 독자 여러분, 당신의 정상성도 여기에서는 전제되지 않는다. 대신, 모든 수사학적 기술을 동원하여 현재의 진단명이 무엇이든 간에 여러분이 이 글을 읽는 동안 나는 여러분이 환자의 입장에 서 보도록 유혹할 것이다. 이 책에서 특정되지 않는 '당신'은 당뇨병을 앓고 있는 사람일 가능성이 높다. 당뇨병을 앓고 있든 아니든, 이 책에 묘사된 상황에 처한 자신을 상상해 보기를 바란다. 환자로서 말이다.

간단한 개요는 다음과 같다. 1장 「두 개의 논리」에서는 돌봄의 논리를 선택의 논리와 비교하여 간략하게 요약하였다. 2장 「고객인가, 환자인가?」에서는 특히 시장에 정보를 제공하는 선택의 논리를 설명한다. 시장에서 사람들은 자신의 취향에 맞는 제품을 선택하는 고객으로 분류된다. 그런 다음, 이 제품은 거래를 통해 판매자에게서 구매자로 전달된다. 2장에서는 혈당 측정기 광고가 시장의 예시로 제시될 것이다. 이 광고를 분석하고 Z병원의 당뇨병 클리닉의 진료실(의 정화된 버전)에서 일어나는 일과 비교하겠다. 여기서 전문가는, 제품을 선택함으로써 더는 할 일이 남아 있시 않은 환자에게 제품을 넘겨주기민 하지는 않는 것으로 보인다. 대신 전문가는 환자와 공동으로 행동하고 또다시 행동한다. 그들은 거래에 참여하는 것이 아니라, 상호작용하여 일상생활의 습관들, 요구 사항들 및 가능성들이 질병의 긴급 상황을 가장 잘 수용할 수 있도록 행동을 전환한다. 돌봄은 한정된 상품이 아니라 지속적인 과정이다.

3장 「시민 그리고 신체」는 시민 버전의 선택의 논리에서 시작한다. 민주주의 국가에서 사람들은 자신과 서로를 통치하는 시민으로 호명된다. 이 모델이 의료 서비스에 도입되어 환자가 의사의 지배를 뒤집고 자신을 해방시킬 것이 요구된다면 무언가가 유실된다. 왜냐하면, 그리고 나는 이 점을 정치철학의 전통을 빌려 주장할 것인데, 시민은 자신의 몸을 통제할 수 있는 능력에 의해 정의되기 때문이다. 그러나 질병에 걸린 몸은 통제 불가능하다. 우리는 질병에 걸린 몸을 돌볼 수는 있지만 그것은 예측 불가능하고 불규칙한 것으로 남는다. 따라서 환자는 건강한 경우에만 시민이 되기를 바랄 수 있다. 그들의 건강한 부분만 해방의 기회를 갖고 있다. 나는 (페미니즘에 비유하자면) 페이션티즘[환자주의]patientism이 '정상성'에 복종하지 않는 것이 좋으리라고 제안한다. 돌봄의 논리가 질병에 걸린 신체의 예측 불가능성에 세심하게 주의를 기울이는 방식을 탐구하는 것이 더 나을 수 있다. 돌봄은 반드시 죽을 수밖에 없는 인간의 신체를 조율하고, 존중하고, 영양을 공급하고, 심지어 즐기기까지 하는 문제인 것 같다.

4장 「관리하기 대 의사 노릇하기」에서는 전문성을 다룬다. 환자 선택권이라는 이상은 사실을 제시하고 도구를 사용하는 것으로 자신들의 역할을 제한하는 전문가를 미리 가정하는 것이다. 진찰의 선형적 전개에서 전문가는 정보를 제공하게 되어 있고, 그 후에 환자는 자신의 가치관에 접근하고 결정을 내릴 수 있다. 그런 뒤에야 행동이 가능하다. 그러나 돌봄의 실천은 그다지 선형적이지 않은 경향이 있다. 사실관계가 결정과 행동에 선행하는 것이 아니라, 기대하는 바가 무엇이고 무엇을 할 수 있는지에 따라 달라진다. 무언가를 하기로 결정하는 것만으로 실제로 그것을 달성할 수 있는 경우는 거의 없다. 그리고 기술은 단순히 기능만 수행하는 것이 아니라 다양한 효과를 가져오는데, 그중 일부는 예상하기가 어려운 것들이다. 따라서 돌봄이란 신체, 기술, 지식은 물론 사람들을 다루는 '의사 노릇'doctoring*의 문제이다.

---

* 동사로서의 'doctor'에는 의료 전문가가 치료를 한다는 의미뿐 아니라 속임수를 써서 변조한다는 의미도 있다. 상황과 필요에 맞추어 이런저런 것을 동원해 적절한 처치를 하는 것, 인류학자 레비스트로스(Lévi-Strauss)가 말하는 '브리콜라주'(bricolage)와 가까운 뉘앙스를 갖는다. 이 책에서 doctoring은 일차적으로 돌봄의 논리가 작동하는 치료를 지칭하지만, 브리콜라주처럼 그때그때 필요에 따라 이런저런 도구들을 적절히 동원해 땜질한 흔적마저 남기는 임기응변적 조치들도 함의한다. 의사라는 전문가의 기

1장 두 개의 논리 51

5장 「개인 그리고 집단」에서는 사람들이 서로 어떻게 관계를 맺는지 살펴보는 것으로 넘어간다. 선택의 논리에서는 우리가 개별적인 개인인데 서로 합쳐져서 하나의 집단을 이룬다고 가정한다. 이와 대조적으로 돌봄의 논리에서 우리는 개인으로 시작하지 않고 항상 이미 하나의 집단에 속해 있으며, 하나의 집단만이 아니라 많은 집단에 속해 있다. 우리가 속한 전체는 다양한 방식으로 명명되고 묘사될 수 있다. 좋은 돌봄의 요건 중 하나는 지혜롭게 이러한 범주들을 만들어내는 것이다. 하지만 어떻게? 이 질문은 돌봄 현장에서 계속해서 제기되는 질문이다. 범주들은 한 번에 주어지는 것이 아니라 계속 만들어지고 조정되어야 한다. 좋은 돌봄에 기여할 수 있는 방식으로 분류의 윤곽을 잡아야 한다. 돌봄은 누구를 위한 것인가? 이는 돌봄의 논리에서 어려운 질문이다. 한 집단에 대한 돌봄은 수많은 개인에 대한 돌봄의 총합이 아니기 때문이다. 개인과 집단은 서로 다른 종류의 돌봄을 필요로 한다.

6장 「실천 속의 선」에서는 나의 주장의 핵심이 정리된

술과 의학이라는 전문적 지식이 관여되지만 그때그때의 상황에 적응하고, 상황이 변하면 다시 그 변화된 상황에 적응해가는 치료 실천을 말한다. 이 책에서는 doctoring을 '의사 노릇'이라 번역하였다.

다. 6장의 첫 번째 주제는 선택의 논리와 돌봄의 논리가 도덕성에 대한 질문에 어떤 위치를 부여할 것인가와 관련된다. 아니, 윤리적 질문이라고 해야 할까? 좀 더 구체적으로 나는 무엇이 도덕적 행위라고 할 수 있는지를 질문할 것이다. 다음으로, 환자가 수동성에서 벗어날 필요가 있는지에 대한 질문이 다시 제기되는데, 왜냐하면 이 지점에 이르면 '능동적 환자'에 대한 더 나은 특성을 제시하는 것이 가능해지기 때문이다. 그다음에는 의료 서비스 자체의 개선이 무엇을 의미하는지를 언급한다. 그리고 마지막으로 의료 환경 밖에서 돌봄의 논리가 무엇을 제공할 수 있을지 간략하게 검토해 볼 것이다. 우리가 불안정하고 육체적이며 필멸하는 몸이라는 끈적한 현실을 돌보면서 좋은 삶을 누리고자 하는 곳이 또 어디 있을까?

(2장)
고객인가, 환자인가?

제품 또는 과정

+

대상 집단 또는 팀 구성원

+

꿈 또는 지원

+

건강하기를 희망하기 또는 질병과 함께 살기

+

내려놓는 행위자

돌봄의 논리와 선택의 논리는 각각 여러 가지 버전으로 존재한다. 이 장은 시장 형태의 선택에서 출발하여, 이를 돌봄의 특수성과 대조하는 지점으로 사용할 것이다.[1] 시장의 언어가 동원될 때 환자는 '고객'으로 불린다. 고객은 돈을 주고 돌봄을 구매한다. 이는 환자가 자신이 받는 돌봄에 대해 고마움을 느낄 필요가 없다는 것을 의미한다. 돌봄이 선물이라면 그에 대해 고마움을 느끼는 것은 일종의 의무일 수 있다. 반면, 시장의 언어에 따르면 환자는 [자신이 지불하는] 돈에 대한 대가를 누릴 권리가 있으며, 의료 서비스는 공급 중심이 아니라 환자 수요를 따라야 한다. 선택의 논리가 시사하는 바는, 공급이 실제로 수요를 따라간다면 의료 서비스는 결국 환자들이 주도하게 될 것이라는 점이다. 하지만 환자가 고객으로 전환되면 환자들의 처지가 정말 더 나아질까? 이 장에서는 이 질문에 대해 살펴볼 것이다. 시장화의 모든 측면을 다루지는 않겠다. '시장'에 대해 이야기하더라도 의료 서비스에 가장 적합한 재원을 조달하는 방법에 대한 복잡한 문제 — 이는 보험회사의 일이다 — 는 괄호로 묶어둘 것이다. 전문가들이 일하는 방식에 대한 국가 규제와 시장 질서의 다양한 조합의 효과 또한 고려하지 않을 것이다. 그리고 의료 기관의 관리자가 은

행, 상점, 호텔에서 배울 수 있는 교훈(조직적 틀을 개선하는 방법, 진료 예약을 하루에 몰아서 잡는 방법, 면회 시간을 더 유연하게 운영하는 방법 등)에 대한 질문도 생략하겠다. 대신 진료실 내부에서 일어나는 일에 초점을 맞추겠다. 진료실에 있는 환자들은 정말 무언가를 구매하고 싶어 하는 고객일까? 아니면 이 닫힌 문들 뒤에서 무언가 다른 일들이 벌어지고 있는 것일까?

이 질문들을 해결하기 위해, 여러분에게 이미지 한 장을 소개하고자 한다. 내가 네덜란드의 당뇨병 환자들을 위한 월간지 『디아베크』*Diabc*에서 우연히 발견한 이미지이다. 그것은 편집된 글 내용의 일부가 아니라 광고였다. 그 이미지는 내 눈을 사로잡았다. 해당 광고를 게재한 회사는 비판적 분석을 위한 사용을 기꺼이 허락해 주었고, 이 점에 대해 감사드린다. (하지만 상도덕 질서를 위해 그들의 연락처 정보는 생략했다.) 아름다운 이미지이다. 다음 쪽을 보라.

아름다운 젊은이들이 산속을 걷고 있다. 그들 위에 매달려 있는, 실물보다 더 큰 혈당 측정기 또한 아름답다. 파란색 유로플래시Euro Flash는 외형도, 기능도 완벽하다. (사진 아래에 인쇄된 네덜란드어 'perfect in vorm'[완벽한 상태]은 이 두 가지를 동시에 암시한다). 이 장치가 5.6(mmol/l[약

100mg/dL])*이라는 결과를 보여주고 있으므로 방금 혈당 측정을 한 사람은 혈당 관리를 잘하고 있는 것이다.2 전문가(이 광고는 전문가들인 『디아베크』의 독자들을 향한 것이다)는 이것이 우수한 혈당 수치라는 것을 알고 있다. 이 광고에는 대체로, 우리가 광고에서 기대하는 것처럼, 긍정적인 연관성이 가득하다. 이러한 방식으로 [진단 장비 제조사] 라이프스캔LifeScan은 고객을 유치하려고 노력한다. 이 회사는 [장비 판매에 따른] 직접적인 이익을 위해서가 아니라 잠재 고객이 혈당 수치를 측정할 때마다 검사지**를 필요로 할 것이기 때문에 유로플래시를 판매하고자 하는 것이다. 이러한 검사지의 가격은 개당 약 €1 정도이며 기기별로 다르다. 유로플래시의 검사지는 유로플래시에서만 사용할 수 있다. 이 시장에는 많은 돈이 관련되어 있다.3 하지만, 여기서 나는 돈에 대해서도, 다른 혈당 측정기와 비교한 이 특정 혈당 측정기의 장점과 단점에 대해서도 관심이 없다. 그 대신, 궁금한 것은 회사가 환자를 고객으로 대할 때 어떻게 되는가 하는 것이다. 질병은 어떻게 되는 것일까? 그리고 이것은 진료실에서 일어나는 일과 어떻게 다를

---

* 혈당 수치 단위는 국가마다 다른데 한국에서는 mg/dL이 사용된다.
** test strip. 혈당 측정기에서 사용하는 얇은 시험지. 보통 일회용 소모품이다.

까? 이 질문에 답하기 위해 위 광고에 등장하는 혈당 측정기와 Z병원 외래 진료실에서 당뇨병 전문 간호사와 당뇨병 전문의가 사용하는 혈당 측정기를 비교해 보도록 하겠다.

제품 또는 과정

광고는 잠재 고객에게 어떤 것도 강요하지 않는 대신, 선택권을 제공한다. "여기 유로플래시가 있습니다, 원하십니까?" 이 제안은 고객이 수동적인 존재가 아니라 능동적인 존재가 되라는 것이다. "그것은 당신에게 달려 있습니다." 시장은 공급이 수요에 맞춰 조정되는 곳이다. 즉, 고객이 재량권을 행사하여 수요를 통제한다는 것을 의미한다. 고객은 항상 옳기 때문에 그들의 요구에는 의심의 여지가 없다.[4] 그러나 책임자가 되는 것은 쉽지 않은 일이다. 결정권을 행사해야만 하는데, 어떻게? 실제로 이것은 시장화에 대한 비판의 공통된 주제이다. 환자이자 고객으로서 우리는 홀로 남겨진다. 여기, 집에, 『디아베크』와 함께 말이다. 이 잡지에는 강력하게 추천하는 혈당 측정기 광고가 가득하다. 어떤 것을 선택해야 할까? 의료 서비스 분야에서 적합한 혈당 측정기를 선택하는 것은 전통적으로 당뇨병 간호사의 임무였다. 당뇨병 간호사들은 잘 알고 있다. 젊은 사람들은 휴대하기 쉽고 보기 좋은 기기를 선호하는 반면, 이러한 디자인 기기들의 부품이 너무 작아 다루기 어렵기 때문에 나이 든 사람들에게는 적합하지 않다는 것을 말이다. 당뇨병 간호사는 검사지를 기기에 삽입하는 순간부터 결과가 표시되는 순간까지 걸리는 시간을 고려한다. 디스플레이가 읽기 쉬운지 여부를 확인한다. 만약 자신이 미처 발견하지 못한 기기의 장점이나 단점이 있다면 환자들로부터 그것을 빠르게 알아낸다. 전문가들은 그렇게 환자의 경험을 수집하며 이는 한 사람에게서 다음 사람으로 전달된다.

시장에서는 고객이 능동적으로 선택할 수 있지만 혼자서 선택을 해야 하는 반면, 돌봄은 환자들의 필요에 맞춘 장비를 제공하지만 환자들이 이 문제에 대해 아무런 발언권을 갖지 못한다는 점, 이것이 선택의 논리와 돌봄의 논리의 차이인가? 아니, 사실은 이보다 더 복잡하다. 진료실에서 간호사가 환자와 관계를 맺기 때문이다. 간호사는 여러 측정 기기를 테이블 위에 올려놓고 "무엇을 중요하게 생각하시나요?"라고 묻는다. "무엇을 원하세요?" 그리고 또 환자-고객들이 반드시 혼자서 해결할 필요는 없다. 그들이 스스로 자신들을 조직화할 수도 있다. 다른 종류의 고객들과 마찬가지로 환자들은 전문적인 중재자 없이도 제품을 테스트하거나 자신의 경험을 공유할 수 있다. 그들은 자신의 필요에 맞는 장치의 틈새시장에 대한 자세한 지식을 공동으로 습득할 수 있다. 웹사이트들과 환자 잡지들은 점차 모든 관련된 정보를 수집할 수 있다. 환자들이 조직화된 소비자로서 서로의 선택을 돕는 것. 이것은 시장이 만들어낸 창의적인 혁신 중 하나이다.

그러나 특정 혈당 측정기를 선택하는 것만으로는 충분하지 않다. 어떻게든 새 기계의 사용법을 배워야 한다. 여기서 당뇨병 간호사가 다시 등장한다. "얀센 부인, 이 바늘로 찌르셔야 합니다. 이렇게 잡으세요. 네, 맞습니다. 이제 여기, 손가락 끝의 측면을 찌르되 위쪽이 아니라 옆으로 찌르세요. 맞아요. 이제 직접 해 보시겠습니까, 아니면 느껴 보실 수 있도록 제가 먼저 해드릴까요? 아프지 않으니 걱정하지 마세요." 등등. 이렇게 간호사는 한 방울의 피를 짜서 검사지에 붙이는 방법, 검사지를 기기에 넣는 방법, 수첩에 결과를 기록하는 방법, 결과에 대한 대응 방법 등을 설명한다. 광고에서 혈당 측정기를 독립적인 제품으로 소개할 때는 이러한 학습 과정이 숨겨져 있다. 『디아베크』

를 읽는 잠재적 유로플래시 고객은 당뇨병 간호사가 오래전에 혈당 측정기 사용법을 설명해 주었기 때문에 이러한 점이 특별히 문제가 되지 않을 수도 있다. 그럼에도 불구하고 혈당 측정기를 그것이 포함된 돌봄의 과정과 분리시켜 별도의 판매 가능한 제품으로 제시하는 것은 무언가 문제가 있는 것처럼 느껴진다. 어떤 점이 문제일까?

혹자는 유로플래시 광고가 기기 사용에 필요한 지원을 언급하지 않고 기기를 판매하려고 한다고 말할 수 있다. 그러나 이것은 시장 자체의 문제가 아니다. 그보다는 현재 의료 서비스가 조직되는 방식에서 비롯된, 역사적인 우연의 일치이다. 라이프스캔은 간호사의 '서비스'보다는 '물건'을 훨씬 더 쉽게 시장에 내놓을 수 있는 위치에 있기 때문에, 유로플래시를 별도의 독립된 제품으로 잠재적 고객에게 제시해야 한다. 서비스는 이미 다른 방식으로 조직화되어 있다. 그러나 최근 수십 년 동안 경제는 서비스가 상업적으로도 완벽하게 잘 팔릴 수 있음을 충분히 보여주었다. 실제로 서비스는 그 자체로 수익성이 좋은 상품일 뿐만 아니라, 필요한 서비스가 함께 제공되면 많은 상품이 훨씬 더 잘 팔린다. 당뇨병 전문 간호사라는 직업이 이미 존재하지 않았더라면 라이프스캔과 경쟁사들이 당뇨병 전문 간호사를 발명했을 것이다. 현재 이러한 기업들은 당뇨병 간호사를 위한 교육 과정 및 기타 모임에 기꺼이 보조금을 지급하고 있는데, 이는 자사 제품이 의존하는 서비스를 강화하는 데 도움이 되기 때문이다.

당뇨병 간호사의 업무가 저평가되어 있다면 이는 시장의 잘못이 결코 아니다. 시장에서는 기기, 기술 교육, 심지어 친절과 관심까지 모든 종류의 것이 거래될 수 있다. 고객은 친절과 관심을 높이 평가한다. 따라서 요점은 시장이 차갑고 거리감 있는 관계로 이어진다는 것이 전혀 아니다. 다만 한계가 있다는 것이다. 시장은 어떤 제품('기기' 더하기 '기술 교육' 더하기 '친절함과 관심')이 제공되는 상품으로서 [명확하게] 구획되기를 요구한다. 이런 상품에는 많은 것이 포함될 수 있지만, 제공되는 것과 제공되지 않는 것이 명시되어야 한다.[5] 적어도 선택의 논리에 따르면 그런 뒤에야, 여러분은 그것을 선택할 수도 있고 선택하지 않을 수도 있다. 이것은 돌봄의 논리와의 중요한 차이점이다. 돌봄은 과정이며 명확한 경계가 없다. 그리고 개방적이다. 이것은 규모의 문제가 아니다. 즉, 돌봄의 과정이 그것의 일부를 이루는 기기나 활동보다 더 크고 포괄적이라는 말이 아니다. 그보다는 시간의 문제다. 왜냐하면 돌봄은 (작든 크든) 주고받는 상품이 아니라, 여러 손이 함께 (시간을 들여) 어떤 결과를 향해 협력하는 과정이기 때문이다. 돌봄은 무언가를 교환하는 거래(가격 대비 제품)가 아니라, (지속적인 과정 속에서) 행동이 오가는 상호작용이다.

당뇨병을 앓는 사람은 스스로 혈당 수치를 조절할 수 없는 신체와 함께 살고 있다. 내부 피드백 시스템이 고장 난 것이다. (이 글에 등장하는 대부분의 환자가 그렇듯이) 제1형 당뇨병이 있는 경우에는 신체가 필요한 인슐린을 생산하지 못하므로 외부에서 인슐린을 주사해야 한다. 제2형 당뇨병이 있는 경우에는(이런 경우 네덜란드에서는 일반적으로 일반의의 치료를 받고 있으며 Z병원의 외래 진료소를 방문할 가능성이 낮다) 세포가 (때로는 너무 부족한) 인슐린에 제대로 반응하지 않는다. 당뇨병의 형태가 무엇이든, 돌봄 과정은 실패한 내부 피드백 시스템을 부분적으로 외부 피드백 시스템을 통해 보완한다. 목표는 신체가 혈당 수치를 안정화하도록 돕는 것이다. 이를 정확히 어떻게 달성하는지는 부차적이다. 이와 관련된 업무는 바뀔 수 있다. 처음 당뇨병 진단을 받으면 병원 간호사는 인슐린 주사를 놓고 실험실 기술자는 혈당 수치를 측정한다. 대부분의 환자들은 점차 이러한 일들을 스스로 하게 된다. 기계 역시 그렇게 할 수 있다. 하루 종일 인슐린을 천천히 방출하는 인슐린 펌프를 사용하는 것이 가능하기 때문이다. 작업은 모든 종류의 방법으로 공유될 수 있다. 따라서 당뇨병을 앓는 어린이는 자신에게 인슐린 주사를 놓는 방법을 배우지만, [식이요법이 포함된] 식사는 대부분의 다른 어린이의 식사와 마찬가지로, 성인이 준비하는 경우가 많다. 치료 과정에는 전문가, 기계, 약물, 신체, 환자 및 보호자로 구성된 팀이 포함되며, 팀원들은 끊임없이 변화하는 방식으로 업무를 분담한다.

작업을 특정한 방식으로 분담하는 이유도 다양하다. 당뇨병을 앓는 사람은 하루에 여러 번 인슐린 주사를 놓아야 하므로 스스로 인슐린을 주사하는 방법을 배우는 것이 합리적이다. (간호사는 얀센 부인에게 "제가 하루 종일 따라다닐 수는 없습니다."라고 설명한다. "그리고 언젠가는 병원을 떠나고 싶지 않으세요?"라고 말한다.) 그러나 당뇨병 환자가 자신의 혈당 수치를 측정한다는 것에는 다른 이유가 있다. 이것은 더 최근의 일이다. 크고 번거로운 기계로만 혈당 수치를 측정할 수 있었던 시절에 환자들은 정기 검진 직전에 가끔, 종종 몇 달에 한 번 정도만 검사실에 갔다. 기술자가 혈액 샘플을 채취하여 혈당 수치를 측정하고, 의사는 필요한 경우 일일 인슐린 용량을 조정했다. 예외적인 경우에는 매일 또는 며칠 연속으로, 혹은 하루에 여러 번 검사실에 갈 수도 있었다. 혹은 자세한 모니터링을 위해 병원에 입원할 수도 있었다. 하지만 이는 예외적인 경우였다. 한번 인슐린 용량을 재조정하면 한동안 혈당을 측정하지 않을 수도 있었다. 그러니까 자기 자신의 혈당 수치를 정기적으로 측정하는 것은 당장 생존을 위해 필요한 것은 아니다. 그보다는 인슐린 주입량을 미세하게 조정할 수 있다는 또 다른 목적이 있다. 환자가 자신의 혈당 수치를 직접 측정하면 실험실 기술자보다 훨씬 더 자주 측정할 수 있다. 즉, 의사는 자신들이 처방하는 용량을 더 잘 조정할 수 있고, 환자 자신도 현재의 신체 상태에 따라 주사량을 조금 늘릴지 조금 줄일지를 결정할 수 있다. 이렇게 미세하게 조정된 투약으로 돌봄은 더 좋은 결과를 얻게 된다.

이는 전문가가 '제품'을 덜 공급하고 환자가 스스로 더 많은 일을 하는 경우에도 돌봄이 개선될 수 있음을 의미한다. 이 말은 좋은 돌봄이 곧 방치와 같다는 뜻이 아니다. 돌봄의 논리에서 중요한 것은 결과, 즉 결실이다. 누가 어떤 작업을 수행하느냐에 따라 결과가 달라진다. 공동의 노력이 개선으로 이어진다면, 기술자가 혈당을 측정해도 좋고 환자가 직접 혈당을 측정해도 좋다. 상황을 복잡하게 만드는 것은 무엇을 '개선'으로 간주해야 하는지가 항상 명확하지는 않다는 사실이다. 전통적으로 건강은 건강관리health care의 궁극적인 목표였다. 요즘은 그런 경우가 드물다. 만성 질환에서 건강은 도달할 수 없는 것이어서 [목표는] '좋은 삶'이라는 이상으로 대체되었다. 그러나 무엇이 '좋은 삶'인지는 명확하지도 않고 고정되어 있지도 않다. 길고 행복한 삶을 목표로 하는 것은 좋게 들릴지 모르지만, '길다'와 '행복하다' 사이에서 곡예를 해야 하는 경우가 많다. 이러한 복잡성에도 불구하고 어떤 경우든 불안정한 혈당 수치는 좋지 않은 것이다. 따라서 혈당 수치를 안정시키는 방법을 찾아내는 것이 좋은 돌봄이다. 그렇다고 해서 좋은 돌봄이 안정적인 혈당 수치로 이어진다는 것은 아니며, 노력한다고 해서 성공이 보장되는 것도 아니다. 그렇기에 돌봄의 논리 내에서는 치료팀 전체가 최선을 다했음에도 불구하고 혈당 수치가 불안정하게 유지되는 것이 놀라운 일이 아니다. 병든 몸은 예측할 수 없으므로 어쩔 수가 없다. 이러한 예측 불가능성 때문에 돌봄은 잘 설명된 상품이 아니라 개방적인 과정이다. 시도하고, 조정하고, 다시 시도한다. 만성 질환을 치료할 때는 치료 과정 역시 만성적이다. 죽는 날에나 끝이 난다.

그러므로 선택의 논리의 문제점은 시장이 사람들을 배제한다는 것이 아니다. 소비자는 자신들의 선택을 서로 도울 수 있고, 형편이 되는 만큼의 친절과 관심을 구매할 수 있다. 요점은, 어떤 식으로든 시장은 거래를 통해 소유자를 달리하게 되는 제품을 명확하게 정의할 것을 요구한다는 것이다. 시작과 끝이 있어야 한다. 반면, 돌봄의 논리에서 돌봄은 상호작용적이고 개방적인 과정이며, 그 결과에 따라 형태가 바뀌고 재구성될 수 있다. 이 차이는 축소될 수 없다. 이는 더 적은 제품을 공급하더라도 돌봄 과정이 개선될 수 있음을 의미한다. 중요한 것은 결과가 더 나은지의 여부이다. 더 복잡한 문제는, 비록 돌봄이 결과 지향적임에도 불구하고 '건강'과 '좋은 삶'이 보장되지 않는 것이 반드시 나쁘지는 않다는 점이다. 어떤 질병은 결코 완치될 수 없고 어떤 문제는 계속 변화한다. 좋은 돌봄이 좋은 결과를 얻기 위해 노력한다고 하지만 그 결과만으로 돌봄의 질을 추론할 수는 없다. 대신, 좋은 돌봄의 특징은 환자의 상황을 개선하기 위해 또는 환자의 상황이 악화되는 것을 막기 위해 침착하고 끈질기지만 관대하게 노력하는 것이다.

대상 집단 또는 팀 구성원

라이프스캔의 지주 회사인 존슨앤존슨에 광고 사용 허가를 요청하기 위해 편지를 썼을 때 나는 필요한 허가를 받았을 뿐만 아니라 방문객 한 사람도 받게 되었다. 마케팅 부서에서 일하는 이 친절한 젊은 여성은 자신의 업무에 열성적이었고, 자신의 고객들에게 관심을 가졌으며 나의 비판을 통해 배우고자 하는 열의마저 보였다. 그녀는 나의 요점이 정확히 무엇이냐고 물었다. 이 광고가 왜 불편한 것이냐고 말이다. 아직은 잘 알지 못했기에, 나는 내가 인터뷰한 한 노부부의 이야기를 그녀에게 들려주었다. (이 책 전체에서 그러한 것처럼 그 노부부가 누구인지 식별할 수 있는 단서는 제외하였다.) 그 노부인의 남편은 당뇨병을 앓고 있고 휴가를 가려면 너무 많은 노력이 필요하기 때문에 더 이상 휴가를 가지 않는다. 투어버스는 저녁 8시에 호텔에 도착할 터인데 그녀의 남편은 5시 30분에 저녁을 먹는 데 익숙해져 있다. 이 문제를 어떻게 처리해야 할까? 다음 날 저녁 식사는 7시이고, 더군다나 저녁의 커피는 케이크와 함께 제공된다. 그는 이걸 먹어야 할까, 말아야 할까? 너무 복잡한 일이다. 휴가는 무례하게도 일상을 방해한다.

나는 그녀에게, 당신 회사가 낸 것과 같은 광고들은 그러한 이야기와 완전히 대조적이라고 말한다. 그 광고는 유로플래시를 사용하면 무엇이든 가능하며, 그것의 기능이 완벽하다고 말한다. 그러므로 그 장치를 사용함에도 불구하고 산속을 걸을 수 없다면, 그건 전적으로 당신의 책임이다.

이 마케팅 매니저는 주의 깊게 들었다. "음, 네, 하지만 지금 당신이 말씀하시는 분들은 다른 대상 집단에 속합니다."라고 말하면서 그녀는 다른 광고를 꺼낸다. "이것이 우리가 그들에게 제공하는 것입니다." 그녀의 사진에는 약간 더 단순한 혈당 측정기와 줄무늬 폴로셔츠를 입은 남성이 등장하는데, 그는 그다지 야심 차 보이지 않는다. 그가 찌를 준비를 하고 있는 손가락은 확대되어 있다. 피를 뽑는 것은 (산행이나 다른 경이로움에 대한) 약속 없이 완전히 실용적인 작업으로 보이도록 만들어졌다. 보다 단순한 이 측정 장치는 순전히 기능적인 도구로 제시된다. 적어도 나의 손님에 따르면, 시장은 다양한 대상 집단들로 구성되어 있다. 어떤 사람들은 휴가나 산에 못 갈 수 있는데 그 경우, "물론 우리는 그들에게 그렇게 하라고 요청하지 않습니다. 그런 분들을 위해 단순한 장치를 만들어 드리지요." 그러나 다른 사람들은 자유를 원한다. 그들은 해외에 가고,

2장 고객인가, 환자인가?

도시를 방문하고, 휴가를 즐기고, 새로운 경험을 하고, 실제로 산을 걷고 싶어 한다. 이들은 교육을 더 많이 받은 사람들일 수도 있지만 반드시 그런 것은 아니다. 중요한 것은 그들이 질병의 복잡성을 이해하고 기꺼이 노력한다는 것이다. 그들은 "당신과 나 같은 사람들"이라고 그녀는 말한다. "그들은 별도의 대상 집단을 형성합니다. 이들을 위해 우리는 유로플래시와 열심히 걷는 젊은이들이 나오는 광고를 개발했습니다."

제품을 시장에 출시하려면 대상 집단을 파악하는 것이 중요하다. 나의 방문객은 세심하게 디자인된 시트를 보여주었다. 여기에는 혈당 측정기와 관련된 네 가지 대상 집단, 즉 많이 알고 많은 것을 원하는 사람, 많이 알지만 적게 원하는 사람, 적게 알지만 여전히 많이 원하는 사람, 마지막으로 거의 알지 못하고 적게 원하는 사람이 나와 있다. 나의 연구 과정에서도, 나는 다소 비슷한 네 가지 부류의 사람들을 많이 만나게 될 것이었다. 예를 들어, '케어랜드Careland의 고객들'이라는 제목의 콘퍼런스에서 네덜란드 은행 그룹인 라보뱅크Rabobank의 연사는 은행이 잠재 고객을 관계 유형에 따라 독립성을 추구하는 고객, 조화를 추구하는 고객, 확실성을 추구하는 고객, 통제를 원하는 고객으로 나눈다고 말한다.6 연단 뒤에서 청중을 가리키며 그는 "여러분도 의료계의 고객을 대상 집단으로 나눠야 합니다."라고 덧붙인다. 그는 자기만족에 빠진 의료 전문가들이 이제는 고객 집단에 따라 원하는 것이 다르다는 사실을 깨달아야 할 때가 되었다고 생각한다.

하지만 '의료계에 종사하는 우리'가 정말 사람들을 대상 집단으로 나누기 시작해야만 할까? 이것은 돌봄의 논리에 부합하지 않는다. 산행 광고의 대상 집단이 "당신과 나 같은 사람들"이라는 존슨앤존슨의 마케팅 매니저의 말은 왜 사람들을 대상 집단으로 나눌 수 없는지를 내가 명확하게 설명하는 데 도움이 되었다. 그런 표현이 가정하는 것은, 다른 어떤 사람들은 산행을 어렵게 느낄지라도 (영리하고 유능한) "당신과 나 같은 사람들"은 산행을 조직하는 데 아무런 문제가 없다는 것이다. 하지만 그것은 그렇게 쉬운 일은 아니다. 공교롭게도 우리가 이야기를 나누던 날, 그녀가 나를 찾아왔다는 셈에 대해 나는 감사했다. 그때 나는 건강 상태가 좋지 않았다. 그녀와 이야기는 할 수 있었지만 그녀의 사무실에 갈 에너지는 없었을 것이다. 더구나 산에 산책하러 가는 것은 아무리 매력적이라고 해도 내 능력 밖의 일이었다. 나는 그녀가 언급한 "당신과 나"의 범주에 속하지 않았다.[7] 의료 전문가들은 이런 일에 놀라지 않는다. 그들은 한두 가지 사회학적 지표에 따라 범주를 만들지 않는다. 대신 적어도 그들이 좋은 돌봄을 제공할 때에는, 특정 사람의 구체적인 상황에 대해 묻는다. "잘 지내시나요?" 훌륭한 전문가라면 나에게 이렇게 물었을지도 모른다. "한두 시간도 여행할 수 없으세요? 많이 힘드시겠어요." [이럴 때에도] 돌봄은 가능하지 않은 것을 위한 자리를 마련한다. 누구든 진료실에 와서 (적절한 범위 내에서) 불만을 토로할 수 있다. '당신과 나 같은' 사람들조차도 말이다.

돌봄의 논리 안에서 취약성은 삶의 일부로 간주된다. 하지만 돌봄 전문가들은 조만간 누구나 도움이 필요할 수 있다는 사실을 받아들일 뿐만 아니라, 어느 누구에 대해서도 포기하기를 거부한다. 영업사원들은 포기한다. 아무것도 팔 수 없는 사람들은 더는 '대상' 집단이 아니다. '아무것도 모르고 아무것도 원하지 않는' 사람들은 혈당 측정기를 사지 않을 것이며, 공짜로 받더라도 사용하지 않을 것이다. 시장에서 이들을 계속 대상으로 설정하는 것은 나쁜 투자라는 뜻이다. 반면 돌봄의 논리는 사람들이 알고 있거나 원하는 것에서 출발하는 것이 아니라 필요한 것에서 출발한다. 따라서 돌봄 전문가는 [모른다거나 원치 않는다는 이유로] 환자를 포기하지 않으며 계속 노력한다. 진료실에서 다음 환자를 기다리고 있던 한 의사가 말했다. "다음에 들어올 환자에게 우리는 많은 것을 기대하지 않습니다. 더 이상 그를 압박하지 않을 겁니다. 마리아(당뇨병 간호사)도 마찬가지입니다. 의미가 없으니까요. 그는 자신을 제대로 돌보지 않을 뿐입니다. 하지만 다행히도 그는 정기적으로 검진을 받으러 오기 때문에 우리는 상황을 유지할 수는 있습니다." 의사와 간호사는 더 이상 이 환자를 압박하지 않고, 여전히 친근함과 진지함이 혼합된 전형적인 임상적 태도로 환자를 맞이한다. 그들은 그의 이야기를 들어주고 그의 질문에 답한다. ("체온이 조금이라도 높으면 어떻게 해야 하나요? 집에 있어야 하나요, 아니면 출근해야 하나요?"라고 환자가 묻는다. "체온을 재지 마세요."라고 의사가 대답한다.) 나는 진료실에서 전문가들이 "상황을 유지할" 때 일어나는 일을 낭만적으로 묘사하고 싶지 않다. 그러나 아쉬운 점이 많은 경우에도 의료 전문가는 사람들을 나쁜 상품으로 간주하지 않는다.

선택의 논리를 시장적으로 변형할 때 고객은 대상 집단으로 나뉜다. 이것은 그들이 잠재적인 구매자들에게 제품을 타게팅하고 효과적으로 광고하는 것을 가능하게 한다. 자유를 원하는 사람에게는 자유를 약속하고, 그렇지 않은 사람에게는 더 단순한 것을 제시하며, 구매의 유혹을 전혀 느끼지 못하는 사람은 평화롭게 남겨 둔다. 돌봄의 논리에서는 다르다. 요점은 의료 서비스 실천이 사람들을 범주화하지 않는다는 것이 아니다. '제1형 당뇨병'과 '제2형 당뇨병'과 같은 분류 범주에 따라 외래 진료소를 조직하고, 치료 과정에 따라 환자들을 모아 그룹을 짓고 환자 지원 그룹을 구성하고, 비용을 마련하고, 과학적 연구를 수행하는 등에 있어서 많은 것이 달라진다. 하지만 이때 진단 범주는 사람들이 원하는 것이 아니라 그들에게 필요한 것을 기반으로 한다. 게다가 일상적인 실천에서는 이러한 범주가 와해되기도 한다. 직접적인 돌봄hands-on care은 특정 상황에 처한 특정한 개인의 특정 문제와 관련이 있다. 돌봄의 기술은 다양한 행위자(전문가, 약물, 기계, 질병을 앓고 있는 당사자 및 기타 관련자)가 어떻게 협력하여 그러한 개인의 상황을 개선하거나 안정화할 수 있는지 파악하는 것이다. 무엇을 해야 하고 어떻게 공유해야 할까? 돌봄의 논리에서 환자는 대상 집단이 아니라 돌봄 팀의 중요한 구성원이다.[8]

꿈 또는 지원

존슨앤존슨의 마케팅 매니저에 따르면 어떤 사람들은 휴가를 갈 수 없지만, 또 다른 사람들은 자유를 원한다. 이 말은, 그녀가 사람들 집단을 구분할 뿐 아니라 '사람들이 원하는 것'을 당연시하고 있음을 시사한다. 생산자/판매자가 공급의 목표로 삼아야 하는 것은 바로 이러한 수요다. 이는 고객이란 합리적인 선택을 하고 그것을 견지하는 사람들이라는 신고전주의 경제학의 언어이다. 하지만 동시에 그녀는 존슨앤존슨의 혈당 측정기 마케팅을 담당하고 있다. 그래서 그녀는 광고 대행사에 가서 두 개의 광고를 주문하게 되었는데, 하나는 그녀의 회사에서 생산하는 간단한 혈당 측정기에 대한 광고였고 또 하나는 유로플래시에 대한 광고였다. 첫 번째 광고는 용이성, 효율성, 단순성을 연상시켜야 했고, 두 번째 광고는 '자유를 원하는 사람들'에게 어필해야 했다. 유로플래시가 그러한 자유를 가져다주리라 생각하게 만드는 것은 무엇일까? 신고전주의 경제학자들과 달리 광고 대행사에는 '수요'를 당연한 것으로 취급하려는 경향이 전혀 없다. 그들에게 '사람들이 원하는 것'은 합리적인 현상이 아니다. 그들은 주장이 아니라 유혹을 통해서 수요를 창출하려고 노력한다.

세 명의 젊은 사람이 산에서 걷고 있다. 정말 멋져 보인다. 유로플래시는 외출하고 걷고 싶어 하는 잠재 고객의 욕구를 활용한다. 이 걷기는 한 발 한 발 앞으로 내딛는 것, 리듬을 타는 것, 땀을 흘리는 것, 방황을 즐기는 것과는 거의 관련이 없다.[9] 여기서 중요한 것은 걸을 수 있고, 가고 싶은 곳이 어디든 갈 수 있는 능력이다. 이 광고는 '자유를 원하는 사람들'의 욕망에 호소한다(원래 의도대로 말이다). 그러나 이는 동시에 이러한 욕망을 증폭시키고 있다. 사진을 다시 보자. 산에서 걷는 사람들의 모습이지만, 이 사진에 표현된 것은 걷는 것이 아니라 자유이다. 현대 생활의 압박에서 벗어나 이질적인 자연 속으로 탈출할 수 있는 자유. 새들이 가는 곳으로 갈 수 있는 자유, 당뇨병을 잊을 수 있는 자유. 이것이 일반적인 광고 전략이다. 이미지에서 포착될 수 있는 매력적인 상황은 무언가 다른 어떤 것, 더 높은 선善, 그 너머의 이상을 나타낸다. 반대로 이렇게 묘사된 상황에서 특정성은 제거된다. 걷기를 좋아하는 나에게 이 광고가 눈에 들어온 것은 당연한 일이다. 하지만 걷는 것보다 (영원히 손이 닿지 않는) 자유가 더 중요하다는 제안에는 의구심이 든다.

돌봄의 논리는 이런 식으로 욕망을 이용하지 않는다. 물론 진료실에서 걷기가 언급된다 해도 '걷기 그 자체를 위해' 걷기를 권장하려는 것은 아닐 것이다. 어떤 전문가는 스스로 걷기를 즐기는 사람일 수도 있고, 다른 전문가는 환자의 관심이 무엇이든 모든 것에 공감하는 사람일 수도 있다. 하지만 진료실에서 걷기와 관련된 가장 일차적이고 가장 중요한 임상적 특성은 걷기가 운동의 한 방법이라는 점이다. 걷기는 전반적인 체력을 향상시키고 혈액 순환을 촉진하며 사고로 이어지는 경우가 거의 없다. 이러한 이유로 당뇨병 간호사는 걷기를 권장할 가능성이 크다. "예", 그녀는 고개를 끄덕이며 걷는 것이 아주 좋다고 말할 것이다. 그리고 운동하는 근육이 당을 태우고 그에 따라 혈당 수치가 떨어질 가능성이 크므로 산책할 때 충분한 음식을 가지고 다니라고 그녀는 경고할 것이다. "세포가 충분히 당을 태우려면 음식과 인슐린이 모두 필요하므로 인슐린 주사를 사세하지 마세요. 그리고 당뇨병은 발에 생기는 작은 상처의 치유를 늦추는 경향이 있습니다. 따라서 발을 보호하기 위해 좋은 신발과 양말을 신어야 합니다."라고 간호사는 말한다. 좋은 신발과 양말은 매력적이지 않지만 필수적이다. 진료실 기록에 있는 대화의 차이는 놀랍다. 당뇨병 전문 간호사의 진료실에서 걷기는 어떤 꿈을 불러일으키기보다는, 오히려 현실적인 문제들을 생각할 것을 요구한다. 그것은 자유와 관련이 없지만, 양말과는 관련이 있다.

당뇨병 간호사의 진료실에서, 대화는 양말과 같은 주제에 집중되는 경향이 있다. 그들은 유로플래시 광고에서는 신기할 만큼 찾아볼 수 없는 일상생활의 끝이 없는 실용적인 세부 사항에 초점을 맞추고 있다. [광고의] 저 매력적인 이미지는 자유를 약속하는 것처럼 보이지만, 혈당 측정기 사용자가 산속을 걷기 위해 실제로 해야 하는 모든 일을 숨기고 있다. 혈당 측정기는 저절로 작동하는 것이 아니라 사용자의 활동에 의존한다. "그만 걷고 어딘가에 앉아서 손가락을 닦으세요." (휴지는 어디에 있지?) "손가락을 찔러 피 한 방울을 채취해서 검사지에 묻힌 다음 검사지를 기계에 넣으세요. 잠깐, 숫자를 읽어보시고 그에 대응하세요." "그리고 혈당 수치를 측정하는 것만으로는 충분하지 않습니다. 산속을 걷기 위해서는 훨씬 더 많은 일을 해야 합니다. 인슐린을 시원하게 보관하고, 음식을 넉넉하게 가지고 가시고, 제시간에 충분히 먹되, 너무 많이 먹지 마세요. 다른 사람들이 계속 걷고 싶어 하더라도, 피곤하면 쉬세요. 동료와의 관계를 조심스럽게 관리하세요." "지금 뭐 좀 먹어야 하지 않나요?" "그냥 놔둬요." "그런데 혈당 수치가 너무 낮아지면 혼수상태에 빠질 수 있고, 거기서 벗어나기 위해선 동료 중 한 명이 당신에게 글루카곤 주사를 놓아주어야 합니다."

예측할 수 없는 혈당 수치를 다루는 일은 매력적이지 않다. 의료 서비스에서는 아무도 그 일이 매력적임을 암시하지 않는다. 그보다는 이 [환자에게 필요한] 모든 일을 하는 것이 현명한 일이다. 환자에게 스스로 관리하도록 권장하는 전문가는 환자의 욕망이 아니라 환자의 마음에 호소한다. 그들은, 아무리 힘들더라도 자신을 잘 돌보는 것이 당뇨병의 끔찍한 합병증을 늦출 수 있다고 설명한다. 통계에 따르면 혈당 수치가 제대로 조절되지 않는 사람들은 실명, 동맥 경화, 사지 감각 상실 등의 합병증으로 더 빨리, 더 많이 고통받는 경향이 있다. 그들은 이러한 위협적인 전망 때문에 혈당 수치를 조절하라고 권장한다. 돌봄은 매력적이지 않다. 다시 한번 강조하지만, 좋은 돌봄 역시 매력적이지 않다. 환자로서는 마치 돌봄이 수동적 소비를 위한 제품인 것처럼 그것을 그저 구매할 수는 없기 때문이다. 환자는 고통스러울지라도 인내심을 가지고 적극적으로 돌봄에 참여해야 한다. 돌봄 팀의 중요한 일원으로서 참여해야 한다. 이는 매우 힘든 일이다. 하지만 합병증으로 인한 고통은 훨씬 더 끔찍할 수 있기 때문에 이러한 요구를 받아들일 수 있다.

만성 질환은 지금보다 삶을 훨씬 더 어렵게 만든다. 돌봄의 논리는 이러한 어려움에 초점이 맞춰져 있으며, 이를 통해 환자가 지원(조언, 격려, 위로) 받을 자격이 있다는 결론을 내린다. 그러나 지원을 제공한다는 것은 환자가 원하는 것을 해 주는 것과는 다른 일이다. 그것은 환자에게 동조하는 것을 의미하지 않는다. 욕망을 동원하는 시장은 욕망(자유에 대한 욕망 같은)에 연료를 공급하는 반면, 돌봄은 절제를 추구한다. 균형은 마법의 단어이다. "정말 일찍 죽기를 원하시는 건 아니시죠? 혹은 실명되기를 원하시나요?" 자녀, 남편, 직업, 이상ideal은 잘 돌보지만 혈당 수치는 관리하지 않는 한 여성에게 한 의사가 진지하게 한 말이다. 다소 거친 방식으로 의사는 그녀가 자신을 더 잘 돌보는 것이 얼마나 중요한지 깨닫게 하려고 노력한 것이다. 하지만 자신을 돌보려고 너무 열심히 노력하는 것도 좋지 않다. "최악의 사람들은 항상 10(mmol/l) 미만으로 유지할 수 있다고 생각하는 사람들입니다. 그들은 '도와주세요, 의사 선생님, 한때 혈당 수치가 11이었는데요.'라고 말합니다. '네,

물론 혈당 수치가 11이 될 때가 있지요. 무엇을 더 기대하십니까?'라고 대답합니다." 의사는 자기 통제에 너무 강박적으로 집착하는 사람들에게 동조하지 않는다. 대신 그런 사람들의 걱정에 다음과 같은 말로 대응한다. "이런 일은 일어날 수 있는 일이니 그냥 넘어가세요."라고. 질병과 함께 하는 삶에 내재된 예측 불가능성과 맞서 싸우는 것은 더 큰 불행을 초래할 뿐이다. 이는 현명한 행동이 아니다.

따라서 돌봄의 실천에서는 우리의 욕망이 아니라 우리의 마음이 요청된다. 그러나 이것이 합리주의로 이어지지는 않는다. 우리의 욕망은 합리적이지 않을 수 있으며, 돌봄의 논리에서 우리의 마음도 마찬가지이다. 우리의 마음은 공백, 모순, 집착으로 가득 차 있다. 그렇기에 돌봄 전문가는 우리의 마음을 배양하려고 한다. 그들은 통찰력을 전달하고, 심도 있는 질문을 던지며, 우리에게 확신을 주려고 노력한다. 이 과정에서 그들은 단순히 우리가 이미 생각한 것을 반영하는 데 그치지 않는다. 우리가 더 균형 잡힌 사고를 하기를 바라며 균형을 잡게 해 준다. [완벽한] 통제에 대한 환상을 심어주지 않으며, 그러면서도 자신을 잘 돌보도록 격려한다. [이런 일에는] 뜻밖의 불쾌함이 있을 것으로 예상된다. 혈당 측정기 광고에는 예상치 못한 불쾌함이 끼어들 여지가 없다. 마케팅은 유혹의 문제이다. "보세요! 산속에서 걷고 있는 자신을 상상해 보세요! 우리의 멋진 혈당 측정기 덕분입니다!" 산속에서 걷다가 안 좋은 일이 생길 수도 있다는 것은 결코 언급되지 않는다. 어찌 됐든 유로플래시의 탓은 아닌 것이다 : 어쩌면 당신이 잘못한 것 아닐까? 아니, 이런 점도 언급되지 않았다. 그러나 시장에서는 당신과 나를 포함한 우리 모두에게 그러한 두려움이 생겨난다. 이를 반박할 사람은 아무도 없다. 반면에 좋은 돌봄의 실천에서는 실패에 대한 두려움이 명시적으로 다루어진다. 돌봄 전문가는 어떤 통계가 보장하건 간에 질병, 산, 기계, 친구, 혈당 수치에 이르기까지 모든 것이 불규칙하다는 사실을 상기시켜 준다. 그런 것은 예측 불가능한 것이다. 최선을 다하되, 충분치 않다고 판명되더라도 받아들여라. 온 세상을 어깨에 짊어지지 말자.

건강하기를 희망하기 또는 질병과 함께 살기

유로플래시 광고는 '자유를 원하는 사람들'에게 혈당 측정기를 판매하기 위해 자유로워지고자 하는 욕망을 동원한다. 이 광고는 다른 욕망들도 잘 활용한다. 걷고 싶고,

젊어지고 싶고, 친구를 갖고 싶은 욕망. 그리고 건강해지고 싶은 욕망. 광고를 다시 한번 보자. 검사지가 보이지 않고, 피도 없고, 지저분한 것도, 질병에 관해 이야기하는 내용도 없다. 잘 디자인된 혈당 측정기는 산에서 걷는 데 도움이 되는 등산 스틱 같은 '정상적인' 도구처럼 보인다. 걷는 것 자체도 '건강'과의 연관성을 불러일으킨다. 그리고 혈당 수치가 5.6(mmol/l)이라면 방금 유로플래시를 사용한 등산객은 완벽한 상태이다. 그런데 광고 속 유로플래시 사용자는 누구일까? 알 수 없다. 이미지에는 똑같이 활기차고 에너지 넘치는 세 명의 등산객이 등장한다.[10] 따라서 유로플래시가 건강을 가져다준다고 명시적으로 언급되지는 않았지만, 이 이미지에서 건강은 가시적이다. 부재한 채로 존재하는 건강이 다양한 방식으로 표현된다.[11]

당뇨병을 앓는 많은 사람은 아프다고 느끼지 않는다. 그들을 그들이 앓고 있는 질병으로 환원해서도 안 된다. 삶은 진단명 그 이상의 것이기 때문이다. 하지만 현재 당뇨병(특히 제1형 당뇨병)은 완치될 수 없고 사라지지 않는 만성 질환이다. 그래서 혈당 측정기 광고가 건강에 대한 열망에 호소하는 것은 욕망을 활용하는 놀라운 방법이다. 이것은 건강관리 상담의 걱정스러운 어조보다 잠재적 구매자의 열의를 더 끌어낼 수 있다. 오랜 합병증으로 인한 환자들의 비참한 상황을 계속 상기시키거나 현명하게 자신을 돌보도록 격려하는 대신, 걷기, 자유, 건강 등 멋진 꿈을 꾸도록 유혹한다! 이러한 꿈을 선동하는 것은 고객들이 지불할 능력이 있는 한 상품을 계속 판매할 수 있게 해준다. 결국, 만성 질환을 앓고 있는 사람들의 건강에 대한 욕구에는 한계가 없게 된다.[12]

좋은 돌봄은 질병의 불규칙한 특성을 존중하면서 동시에 개선을 위해 노력한다. 당뇨병 간호사가 얀센 부인에게 채혈하는 방법을 설명하는 장면을 다시 한번 살펴보자. 이 장면은 돌봄이 질병을 부정하지 않고 길들이려고 노력하는 전형적인 방식이다. "이렇게 잡으세요, 아주 좋아요. 그리고 여기, 손가락 끝의 측면을 찌르되 위쪽이 아니라 옆으로 찌르세요. 바로 그거예요." 얀센 부인은 당뇨병의 합병증을 피하거나 적어도 뒤로 미루기 위해 자신의 혈당 수치를 측정하는 방법을 배웠다. 이러한 합병증 중 하나는 실명이다. 혈당 수치를 측정하는 것은 실명을 예방하기 위한 것이다. 그러나 첫날부터 얀센 부인은 손가락 끝이 아닌 손가락 옆을 찌르는 법을 배운다. 그 이유는 최선의 노력에도 불구하고 실명하게 되는 사람들은 주변 세상을 느끼기 위해 손끝의 윗부분이 필요하기 때문이다. 따라서 찌르는 방법을 배우는 바로 그 순간에, 질병을 받아들일 수 있고 건강에 대한 희망도 가질 수 있다. 가능한 한 건강을 유지하기 위해 찌르는 방법을 배우지만 실명을 포함한 합병증을 실질적으로 예상하는 방식으로 질병의 현실이 불규칙하다는 사실을 존중해야 한다.

돌봄의 논리에서는 사실이 되기에는 너무 좋은 것을 약속하는 것은 전문가의 죄악이다. 유혹적일지 모르지만 잘못된 것이다. 한 의사는 인터뷰에서 "어려운 일입니다."라고 고백한다. "사람들에게 혈당을 낮추기 위해 지속적으로 최선을 다하고, 항상 자신을 지켜보아야 하는 엄청나게 어려운 일을 하라고 요구해야 합니다. 혈당이 12나 15, 심지어 그보다 더 높은 경우에도 환자들은 괜찮다고 느낄 수 있으므로 이것은 나중을 위한 것이라고 덧붙입니다. 그런 다음에 그들은 다리가 절단된 환자를 대기실에서 보게 됩니다. 정말 끔찍한 일이죠. 정말로. 그래서 그들은 저에게 이렇게 묻습니다. '선생님, 제가 정말 열심히 노력하면 이런 일이 일어나지 않을까요?' 하지만 저는 어떤 것도 약속할 수 없습니다. 절대 알 수 없으니까요. 그들에게도 일어날 수 있는 일입니다." 질병은 불규칙하기 때문에 좋은 의사는 약속하지 않는다. 한 가지 확실한 것은 결국 죽는다는 것이다. 그 순간은 우리 각자에게 다르겠지만 언젠가는 올 것이라는 것은 확실하다. 개입이 더 이상 효과가 없을 때 의사는 이렇게 말할 수 있다. "죄송하지만 더 이상 해드릴 수 있는 것이 없습니다." 그리고 삶에 대한 열망이 사라지지 않았더라도, 그 순간부터 지원과 동정은 제공될 수 있겠지만, 영웅적인 행동은 더 이상 기대되지 않는다.[13] 돌봄의 논리에서 행동주의activism는 한계가 있다. 반면, 시장에서는 거의 모든 것이 거래될 수 있으며 무의미한 거래를 제한할 수 있는 것은 없다. 이것은 또 하나의 줄어들 수 없는 차이이다. 시장에서 "내가 해 줄 수 있는 것이 없다."고 어떻게 말할 수 있을까? "아니요"라는 말은 판매하기 어렵다.

내려놓는 행위자

선택의 논리는 도움을 요청하는 사람들을 어원적으로 '수동적'passive이라는 의미의 '환자'patient라는 기존의 용어 대신 '고객'으로 지칭한다. 그에 따르면 환자들은 '케어랜드의 고객들'로 지칭된다. 다른 고객과 마찬가지로 당뇨병 환자도 인슐린, 혈당 측정기, 관심 등 매력적이라고 생각되는 제품을 구매하기 위해 시장에 진입하도록 초대받는다. 돌봄의 논리에서는 도움을 요청하는 사람들을 정당한 이유로 '환자'라고 부른다 : 그 이유는 그들이 고통을 겪는다는 점이다. 환자는 자신이 선택하지 않은 질병을 앓고 있다. 그러나 이것이 돌봄의 논리가 환자를 수동적으로 만든다는 것을 의미하지는 않는다. 오히려 돌봄은 의사, 간호사, 기계, 약품, 주삿바늘 등을 활발히 오가는 활동이며 여기서는 환자도 많은 일을 해야 한다. 환자는 먹고 마시고, 주사를 맞고, 측정하고, 운동하며 자기 자신을 돌보아야 한다.

환자를 '고객'이라고 지칭할 때 선택의 논리는 멋진 파노라마 뷰를 열어준다. 산 정상에 오르면 고통은 보이지 않는다. 시장의 언어에는 긍정적인 용어만 포함되어 있다. 판매되는 제품은 매력적이다. 효과적이고 비중립적인 의미에서 그것들은 '상품'이라고 불린다. 반면에, 돌봄의 논리는 부정적인 어떤 것에서 출발한다 : 우리는 당뇨병을 앓고 싶지 않다. 당뇨병에 걸리면 다시는 건강해질 수 없기 때문이다. 그러나 건강이 손에 닿지 않는다고 해서 포기해야 한다는 의미는 아니다. 돌봄의 논리가 우리에게 요구하는 능동적인 환자는 [자신에 대한] 돌봄을 통해 자신의 질병이 허락하는 한도 내에서 최대한의 건강을 추구하는 유연하고 탄력적인 행위자이다. 돌봄 팀의 공동 활동의 결과가 어떻게 될지는 불확실하다. 질병은 예측할 수 없다. 따라서 돌봄의 기술은 통제하려는 것이 아니라 행동하는 것이다. 내려놓으면서 지속하는 것이다. 필요한 경우 어디서든 앉아서 손가락 끝을 찔러 피를 조금 짜내고 혈당 측정기에 검사지를 넣은 다음 화면에 결과가 나타날 때까지 기다리는 것, 그것이 돌봄이다.

(3장)
시민 그리고 신체

통제하기 또는 주의 기울이기

+

길들이기 또는 키우기

+

결정되기 또는 생존하기

+

누구의 책임인가 또는 무엇을 할 것인가

시장에서는 환자를 고객이라고 부른다. 국가 정치에서 우리는 시민으로 취급된다. 고객과 마찬가지로 시민도 스스로 선택한다. 그러나 이 점을 제외하고 선택의 논리의 이 두 변형은 매우 다르다. 고객은 시장에서 상품을 구매하지만, 시민은 무엇보다도 국가와의 관계에서 정의된다. 자유민주주의에서 시민은 국가를 지탱하고 자신들을 집단으로 통치해야 한다. 실제로 우리는 주기적인 투표를 통해 이를 수행하며, 일상적인 통치는 대표자들에게 맡긴다. 하지만 시민권은 단순히 국가의 업무를 규제하는 것뿐만 아니라 사람들 간의 관계에 특정한 형태를 부여한다. 시민법은 시민이라고 부르는 사람들 사이의 관계를 계약으로 규정한다. 계약에는 관련 당사자가 존중해야 할 권리와 의무가 수반된다. 지난 수십 년 동안 대부분의 서구 국가는 환자와 의료 서비스 전문가를 서로의 관계에서 시민으로 규정하는 '환자법'을 시행해 왔다. 이 법에 따르면 진료실에 들어온 환자는 암묵적으로, 진료실에서 만난 전문가와의 계약서에 서명한다. 그리고 전문가도 환자를 돕기로 동의함으로써 이 계약에 관여하게 된다.[1]

이러한 환자법의 이면에는 봉건 영주가 가부장으로서 농노를 지배하던 것과 같은 방식으로 전문가가 환자를 지배하던 시대를 종식하자는 취지가 담겨 있었다. 가부장제에서는 돌봄과 지배가 함께 이루어진다. 그리고 의사들의 가부장적 돌봄이 자비로운 것이든 아니든, 의사들이 환자를 마음대로 다룰 수 있는 권한은 끝나야 했다. 따라서 농노와 마찬가지로 환자도 시민으로 해방되어야 했다. 해방은 평등으로 이어진다. 환자법이 명시하고 있는 의무는 환자가 진실을 말해야 하고 자신의 질병과 관련된 모든 것을 전문가에게 공개해야 한다는 것이다. 전문가는 자신의 도움을 적극적으로 의뢰한 사람이 환자라는 사실을 존중해야 한다. 그래서 네덜란드와 대부분 서방 국가의 전문가는 환자가 진단 및 치료 과정에서 일어날 일을 결정할 수 있도록 허용해야 할 법적 의무가 있다. 전문가는 환자에게 정보를 제공한 다음 환자가 원하는 것이 무엇인지 물어봐야 한다. 환자가 명시적으로 동의한 경우에만 행동할 수 있으며, 여러 선택지가 있는 경우 환자는 그중에서 선택할 수 있는 법적 권리가 있다.

선택의 논리의 시민 버전에서 상담실에 있는 전문가는 환자에게 제품을 판매하는 것으로 간주되지 않는다. 대신 계약의 형태로 관계가 형성된다. 이 계약은 의사의 권위를 없애고 의사(및 다른 의료 서비스 전문가)와 환자를 동등하게 존중한다. 의사와 환자는 역할이 다르고 계약에 따라 요구되는 사항도 다르지만, 둘 다 시민 행위자이다. 이것이 좋은 일이라는 점을 진지하게 의심할 사람이 있겠는가? 이 저자가 설마 가부장적 권위로의 복귀를 옹호하는 것은 아니겠지? 실제로 내가 추구하는 것은 그런 것이 아니다. 하지만 이 장에서는 상담실에서 환자가 시민으로 간주되는 것이 생각보다 훌륭한 일이 아니라고 주장할 것이다. 이는 의사(간호사, 영양사, 물리 치료사 등)가 가장 잘 알고 있기 때문이 아니다. 선택의 논리의 시민적 버전에 의문을 제기하는 것은 환자들의 해방을 좌절시키려는 것이 아니라 그것 너머로 나아가고 싶기 때문이다.

해방은 억압에 비해 개선된 것일 수 있지만, 동시에 다소 제한적인 이상이기도 하다. 이것은 우리가 여성 운동으로부터 배운 교훈 중 하나이다: '여성'과 '남성'의 평등을 추구한다는 것은 실질적으로 가능한 한도 내에서 여성이 남성과 똑같아지는 것이 '허용된다'는 것을 의미했다. 그러나 이것은 아무리 좋게 들릴지라도 '남성'이 여전히 표준이라는 것을 의미한다. 더구나 '실질적으로 가능한' 한도는 여성은 결코 '남성'과 똑같아질 수 없다는 식으로 작동한다. 따라서 여성 운동에서 여성 해방은 페미니즘이라는 또 다른 전략으로 보완되었다. 페미니즘은 수치figures를 이리저리 바꾸는 대신 범주들에 개입한다. 페미니즘은 '여성'과 '남성'의 정의 자체에 의문을 제기하고 남성적 기준을 방해한다. 나의 제안은 환자 운동이 비슷한 일을 상상할 수 있다는 것이다. 페미니즘과 유사하게 페이션티즘[환자주의]patientism이라고 부를 수도 있겠지만, 멋진 단어는 아니다. (독자 여러분이 더 좋은 단어를 생각해 주시기 바랍니다!) 요점은 다음과 같다. 진료실의 환자들이 실질적으로 가능한 한도 내에서 시민이 되는 것이 '허용'된다면, 시민권이 표준으로 확립된다는 것이다. 처음에는 이것이 괜찮아 보일 수 있다. 시민은 가부장적 통치자의 지배를 받지 않으니까 말이다. 그들의 계약은 그들이 자기 삶의 주인이라고 규정하고 있다. 하지만 자세히 살펴보면 무언가 빠진 부분이 있는 것 같다. 정의상 시민은 자기 몸 때문에 고생하지 않는다. 하지만 환자들은 그런 사람들이다.[2]

이전 장에서는 광고 하나를 분석하며 설명했지만, 이번 장에서는 진료실에서 있었던 여러 이야기를 대조할 만한 대표적인 환자-시민을 따로 정해서 이야기하지 않겠다. 대신 '정의상 시민은 자기 몸 때문에 고생하지 않는다'는 사실에 관심이 있는 만큼, 시민의 정의에 대해 살펴볼 것이다.

'시민'이라는 용어는 서구 정치 이론의 역사 속에서 점진적이고 다양하게 구성되었기 때문에, 이 역사 속으로 몇 번의 여행을 떠날 것이다. 여기서 나는 오래전에 처음 소개되었지만, 현재 우리의 이해에 여전히 공감을 불러일으키는 세 가지 '시민'의 변형에 대한 (매우 대략적인!) 윤곽을 제시할 것이다. 이 세 변형의 공통점은 신체가 시민 자신의 계획을 방해하지 않는다는 것이다. '정의상' 시민은 자신의 신체를 통제하는 사람, 길들이는 사람, 또는 신체에서 벗어나는 사람이다. '시민'은 자신의 장기가 침묵하는 덕분에 스스로 선택할 능력을 지닐 수가 있다.[3] 그러나 이것은 자신의 신체를 통제하거나 길들이거나 초월할 수 있는 한도 내에서만 시민이 될 수 있다는 것을 의미한다. 질병은 이를 방해한다. 따라서 환자-시민은 자신의 일부를 괄호 안에 묶어두어야 한다. 환자는 자신의 건강한 부분만 시민으로서 인정받을 수 있기를 바랄 뿐이다. 결코, 완전하게 온전하게는 아니다.

선택의 논리의 시민 버전에서 신체는 통제되어야 한다. 해방이 아무리 좋게 들릴지라도, 신체에 대한 지배는 환자들이 지불해야 할 대가이다. 환자가 질병을 포함한 전체 모습 그대로 진지하게 받아들여질 수는 없는 것일까? 이것이 바로 페이션티즘[환자주의]의 핵심이다. '환자'와 '건강한 사람'의 평등을 추구하는 것이 아니라, '정상성'이 아니라 질병과 함께 사는 것을 기준으로 삼으려는 것이다. 페이션티즘[환자주의]은 먼지로부터 왔다가 먼지로 돌아가는 것이 우리의 공통된 조건임을 강조한다. 시민권이 우리 몸을 통제하거나 침묵시키거나 버릴 것을 요구하는 반면, 페이션티즘[환자주의]은 우리 몸에 대하여 친절할 방법을, 우리 몸이 존재하도록 허용할 방법을, 심지어 우리 몸을 소중히 여길 방법을 모색한다. 이를 위한 레퍼토리는 어디에서 찾을 수 있을까? 가부장적인 교수들이 환자를 억압한다고 믿는 사람들에게는 이상하게 들릴지 모르지만, 몸을 돌보는 데 적합한 레퍼토리는 진료실에서 찾을 수 있다.[4] 그리고 진료실에서 벌어지고 있는 많은 일은 개선되어야 할 필요가 있다. 페이션티즘[환자주의]은 아직 갈 길이 멀다. 그러나 환자법에 적힌 규칙과 규정에서보다는 진료실에서 이루어지는 돌봄에서 더 많은 것을 배울 수 있을 것이다. 이를 논증하기 위해 나는 시민-신체에 대한 세 가지 이론적 틀을 제시하고 이를 돌봄 실천의 단편적인 사례와 대조해 보겠다. 돌봄의 논리는 육체적이고 연약하며 필멸인 신체에 어떻게 적용될 수 있을까?

통제하기 또는 주의 기울이기

현재 '시민'이라는 용어에 담긴 의미의 첫 번째 층위는 그리스 정치 이론 또는 그 이론에서 만들어진 것에서 비롯된다. 그리스의 폴리스는 독재자가 아니라 자유인들로 구성된 집회에 의해 통치되었다. 중요한 결정을 내려야 할 때면 이들은 도시의 광장인 아고라에 모였다. 이방인들로부터 도시를 방어해야 한다면 그들은 싸웠다. 그들의 행동 능력은 의지의 힘과 근육질의 신체에 달려 있었다.[5] 이 강인한 영웅들의 동상이 아직도 남아 있으며, 매끈하게 닦인 피부 아래 잘 다듬어진 근육이 선명하게 드러나 있다. 그리스 시민들은 신체에 대한 통제를 근육에 대한 통제와 동일시했다. [불수의不隨意근으로 구성된] 심장과 장의 근육은 자율적으로 움직이기 때문에 모든 근육에 대한 통제는 아니었지만 말이다. 그러나 그리스 시민은 자발적인 근육을 자기 자신의 의지의 지배 아래 두기 위해 스스로 훈련해야 했다. 그래야만 다른 사람의 손에 쥐어진 꼭두각시, 즉 노예가 되지 않을 수 있었다. 자유인은 자신의 근육을 통제하는 것과 거의 같은 방식으로, 확고한 중심으로부터 세상을 통제할 수 있었다.

당뇨병과 함께 사는 삶의 이야기에서 '통제'라는 단어는 혈당 수치를 외부에서 안정시키려고 시도하는 사람들에 의해 자주 사용된다. 그러나 신진대사를 조절하는 것은 근육을 통제하는 것과는 전혀 다른 개념이기 때문에 이 용어에는 오해의 소지가 있다. 당은 신체의 모든 세포에서 연소되고 있다는 사실을 직시해야 한다. 이 과정은 중앙에서 조종할 수 없다. 당뇨병이 없어도 사람의 몸은 중앙에서 조절되지 않지만, 외부에서 수의隨意적으로 조절할 수도 없다. 너무 많은 변수에 따라 달라진다. 모든 변수를 통제하는 것은 불가능하며 예상치 못한 일이 항상 일어난다. 따라서 대사 균형을 달성하는 법을 배우는 것은 근육을 강화하고 의지를 굳세게 하는 문제가 아니라 세심한 주의를 기울이는 법을 배우는 것이다. 당뇨병과 함께 살기 위해서는 민감성과 유연성이 필요하다. 무슨 일이 일어나는지 주의 깊게 관찰하고 대응해야 한다. 적응력을 키워야 한다.

이것의 일환으로 당신은 주변 환경과 현명하게 관계를 맺어야 한다. 그리스 군인의 근육질 몸은 피부로 밀봉되어 있지만, 당뇨병 환자의 신진대사체는 외부에서 음식과 수분을 흡수하고 노폐물을 배출한다. 그것은 이질적인 모든 것을 외부에 두지 않고 나머지 세계와 물질을 교환한다.

조금 전까지만 해도 사과가 아직 과일 그릇에 있었다. 이제 당신은 그것을 깨물고 씹고 삼키고 부분적으로 소화하기 시작했다. 조금 전에는 물이 유리잔에 있었지만, 이제는 장에서 흡수되어 혈액을 묽게 만들고 신장에서 다시 걸쭉해진다. 경계가 열려 있지는 않다. 장 내벽은 탄수화물이 통과하도록 허용하지만, 박테리아는 막는다. 폐 실질은 산소가 들어오는 것을 허용하지만 불완전 연소물의 입자는 차단한다. 요소는 신장을 통해 배출되지만, 단백질은 그렇게 할 수 없다. 닫혀 있지도 않고 열려 있지도 않은 신진대사 기관의 경계는 반투과성이다. 이 경계를 통과하는 물질과 통과하지 않는 물질을 하나의 중심에서 제어할 수 없다. 하지만 당뇨병이 있는 경우에는 더욱 주의해야 한다. 당뇨병에 걸린 신체는 조용히 자율적으로 당 섭취를 조절하지 못하기 때문에 콩, 빵, 사과의 에너지와 소모되는 에너지 및 인슐린 주입량을 적극적으로 조절해야 한다. 인슐린을 주사해야 한다.[6]

그리스 자유인 남성에게 식사는 사적으로 하는 일이다. 여성과 노예가 식사를 준비한다. 배를 채운 남성은 다시 집을 나와 아고라에서 다른 남성들과 함께 도시 국가의 문제를 공개적으로 논의할 수 있다. 반면 당뇨병 환자에게는 대사 문제가 사적인 문제가 아니라는 것이 분명하다. 그것들은 항상 공적인 문제이기도 하다. 그들의 음식이 다른 곳에서 왔고 모든 음식이 그렇듯 재배, 운송, 구매, 세척, 조리 과정을 거쳐야만 식탁에 오를 수 있다는 점뿐만이 아니다. 이러한 일 중 일부는 환자가 직접 할 수도 있지만 나머지는 가족, 친구 및/또는 이런 방식으로 생계를 유지하는 다른 사람들이 한다. 이것은 우리 모두에게 해당된다. 그러나 당뇨병 환자의 신진대사는 그들의 피부 너머에 있는 무언가에 의해서도 좌우된다. 인슐린의 산업적 생산이 아직 초기 단계였던 1950년대에 네덜란드에서 당뇨병을 앓았던 사람들은 "내 췌장은 오스Oss에 있다"고 말하곤 했다. 오스는 인슐린을 생산하던 오르가논Organon 공장의 본거지였기 때문이다.

하지만 인슐린이 몸 밖에서 생성되어 어떻게 몸 안으로 들어갈 수 있을까? 인슐린을 먹는다면 장에서 분해되어 흡수할 수 없을 것이다. 그래서 피부를 뚫고 직접 주사해야 한다. "지금은 제가 인슐린을 주사해 드릴게요, 알자리Alzari 부인"이라고 간호사가 말한다. "내일은 당신 차례입니다. 지금 한번 보세요. 제가 뭘 하는지 보세요. 아뇨, 아프지 않을 거예요. 무서워요? 자, 벌써 끝났어요. 그다지 나쁘지 않았지요?" 인슐린은 바늘로 주입된다. 기존의 주사기와 달리 요즘 사용되는 주삿바늘은 아주 작다. 바늘이 부착된 장치를 '펜'이라고 부른다(인상적인 개선에도 불구하고 여전히 놀라운 완곡어법이다). "처음에는 숨어서 주사를 맞곤 했습니다."라고 해럴드 리$^{Harold\ Lee}$는 말한다. "하지만 지금은 더 이상 그러지 않습니다. 제가 어디에 있든 상관없어요. 펜을 쓰면 훨씬 쉬워요. 필요한 경우엔 그냥 옷 위로 바로 찌르면 되니까요. 그래서 저는 식당에 가서 이렇게 말합니다. '얘들아, 나 주사 맞아야 해.' 아니면 아무 말 없이 그냥 제 할 일을 합니다." 펜은 사용하기 쉬울지 모르지만, 여전히 번거로운 도구다. 주의가 필요하다. 당뇨병이 없는 사람들의 몸 안에서는 신진대사가 자동으로 일어나지만, 당뇨병을 앓는 사람들은 몸 밖에서 많은 노력을 해야만 당 대사가 일어날 수 있다. 인터뷰 진행자가 물었다. "그 펜이 귀찮지 않으세요?" 탄야 트루다인$^{Tanja\ Trudijn}$이 답했다. "아니요, 그렇지 않아요. 제 인생은 그것에 달려 있어요. 그리고 너무 자주 해서 익숙해졌어요. 그 펜은… 제 일부예요." 주사를 맞으면 인슐린이 몸에 녹아들듯이 펜은 반복해서 사용됨으로써 자아에 녹아들게 된다. 무서워 보이는 펜보다는, 보기에 매력적인 펜을 사용하면 더 쉬워진다.

따라서 디자인이 세련된 펜들이 나오게 된 것은 개선이라고 볼 수 있다. 레스토랑에서 식사할 때 펜을 자랑할 수도 있는 것이다. 당신의 일부분인 그것을 숨길 필요가 없다.

몸은 멀리 떨어진 작은 마을들까지 퍼져 있을 수 있고, 펜은 사람의 일부가 될 수도 있다. 따라서 신진대사는 단순한 신체적 과정이 아니다. 그것은 또한, 행위자가 된다는 것이 어떤 의미인지에 대한 모델을 제시하기도 한다. 그리스 시민은 중앙에서 근육과 움직임을 제어하고 몸은 피부로 닫혀 있다. 자신을 통제하는 법을 배운다면 적의 손에 넘어가지 않을 것이다. 그는 누구의 노예도 되지 않을 것이다. 신진대사 행위자는 다른 사람의 손에 꼭두각시가 될지도 모른다는 두려움을 가질 필요가 없다 : 누가 그들의 줄을 잡고 통제할 수 있겠는가? 대신, 그들은 또 다른 위험에 처해 있다 : 그들은 연소되어 분해될 수 있다. 이러한 운명을 피하려면 흡수하는 에너지와 소비하는 에너지의 균형을 매우 신중하게 유지해야 힌다. 신진대사 균형을 유지하는 것은 중추적인 통제와 강력한 의지가 아니라 피부 안팎의 분산된 조율에 달려 있다. 이것이 바로 돌봄의 논리가 다루는 것이다. 돌보는 것이란 억압은 고사하고 통제의 문제도 아니다. 그것은 자유롭게 지내거나 다른 사람을 노예로 만드는 것과 관련이 없다. 그보다는 내부의 균형, 그리고 연약한 신체와 그 복잡한 주변 환경 사이의 흐름에 주의를 기울이는 문제이다.

길들이기 또는 키우기

현재 '시민'이라는 용어에서 공감을 불러일으키는 두 번째 인물은 부르주아로, 문명화된 사람으로 특징지어진다. 이 인물에게는 신체를 통제하는 것이 중요하지만 근육의 힘은 중요하지 않다. 문명화된 시민은 자신의 움직임을 숙달할 필요는 없고, 자신들의 열정을 길들여야 한다.[7] 기독교는 열정을 정욕으로 규정했다. 정욕에 따라 행동하는 것은 죄였다. 훌륭한 그리스도인은 내면의 야수를 길들여야 했다. 정치철학자들이, 스스로 통치할 수 있고 군주가 필요 없는 사람으로 시민을 정의하기 시작했을 때, 그들은 더 이상 '죄'에 대해 말하지 않았다. 그러나 열정은 여전히 길들여야만 했다. 열정은 우리의 이성 능력을 흐리게 하기 때문이다. 열정에 지배당하는 사람들은 이기적이라는 추론이 이루어졌다. 이는 그들이 '공동선'을 확립할 수 없고 그들 사이의 갈등을 해결할 수 없다는 것을 의미한다. 그들은 싸운다. 따라서 모든 사람이 지나치게 열정적인 한, 갈등을 끝내기 위해서는 그들 위에 권위자가 필요하다. 자신의 열정을 길들일 수 있는 능력은 자기 통치를 위한 전제 조건이며, 부르주아 시민을 정의한다.

철학자들이 열정에 관한 논문을 쓰던 시기, 에티켓에 관한 책들에서도 내면의 야수를 통제하는 것에 대해 이야기하고 있었다. 시민 여러분, 트림하거나 방귀를 뀌거나 술에 취해 횡설수설하거나 칼을 휘두르지 마세요. 공공장소에 갈 때는 무기를 집에 두고 가세요. 침은 침통에 뱉어야 합니다. 일상생활에서 신체적 행동은 통제되어야 했다.[8] 그 결과 잘 길들어진 신체는 겉으로 드러나지 않는 것이 특징이다. 오늘날에도 이러한 예의의 흔적이 남아 있다. 우리 시민의식의 상징인 공개회의에서 흔히 볼 수 있는 상황을 예로 들어보자. "침착하게 자리에 앉으세요. 회의가 진행되는 동안 뒤척이거나 안절부절못하거나 하품하거나 잠을 자거나 소리를 지르거나 몸을 긁으면 안 됩니다." 여러분의 몸은 음식, 음료수, 화장실에 대한 욕구(섹스는 말할 것도 없고)를 미룰 수 있어야 한다. 회의에는 육체적으로 참석해야 하지만, 동시에 우리 몸은 스스로 부재해야 한다.

진료실에서 환자들은 이것이 얼마나 어려운 일인지에

관해 이야기한다. 모든 사람에게 회의는 힘든 일이지만, 몸이 조금 더 까다로운 사람들에게는 훨씬 더 어렵다. 헨리에트 틸스트라Henriette Tilstra는 의사에게 다음과 같이 보고한다. "새 직장에서는 잘되고 있어요. 하지만 쉽지 않아요. 사실 내용이 문제가 아니라 회의 시간이 너무 오래 지속되는 것이 힘들어요. 그러면 혈당이 낮아지고 있다는 생각이 들면서 어떻게 해야 할지 모르겠어요. 그 자리에서 먹는 것을 좋아하지 않아요. 이상할 것 같고, 또 회의 중에는 아무도 먹지 않으니까요. 그냥 나가서 화장실에 가서 혈당을 측정하고 제 느낌이 맞는지, 정말 낮은지 확인해야 할 것 같아요. 하지만 그것도 이상하겠죠. 아무도 그렇게 하지 않죠. 모두 가만히 있죠. 물론 제가 정말 두려워하는 것은 회의 도중에 저혈당이 오는 것입니다. 회의 시간에 이상한 말을 하고 싶지 않거든요." 저혈당(즉, 혈당 수치가 너무 낮은 저혈당증)이 있는 몸은 거칠게 행동한다. 불쾌하고 공격적인 말을 하고 욕을 하기 시작한다. 그러한 위반을 그 사람의 질병 탓으로 돌리는 법을 주변인들이 배우게 될지도 모른다. 그렇다면 그들은 그 사람을 용서할 수도 있다. 그러나 그가 무언가를 먹은 이후, 시간이 조금 지난 이후에도 그들이 그를 진지하게 받아들일까? 알 수 없는 일이다. 그래서 회의 중에 저혈당은 피해야 한다. 그러나 동시에, 이를 보장하기 위해 필요한 일을 해서도 안 된다. 시민인 몸은 회의 의제에 따라야 한다. 식사, 퇴장, 혈당 측정, 이것 중 어느 것도 순서에 없다.

반면 진료실에서 신체는 침묵하는 것이 아니라 말하기에 필수적인 전제 조건이다. 몸은 말을 하는 바로 그 존재이다. 신체적 관점에서 볼 때 말하기는 쉬운 일이 아니다. 입이 너무 건조하지 않아야 하고, 호흡이 충분해야 하며, 혈당 수치가 충분히 높아야 한다. 말하기의 이러한 신체적 요구 사항은 순서대로 주어지지 않는다. 그것들은 돌봄을 요구하고 때로는 특별히 세심한 돌봄을 요구하며 진료실에서는 그러한 돌봄에 주의를 기울인다. 따라서 진료실에서의 대화는 회의에서 말하는 내용에 관한 것이 아니다('내용은 문제가 되지 않는다, 정말로'). 그렇기보다 대화는 말을 하는, 또는 분별 있게 말할 수 있는 신체적 능력에 관한 것이다. 헨리에트 틸스트라는 수치의와 힘께 회의에 가장 잘 대처할 방법을 모색한다. 회의 시작 전에 항상 무언가를 먹는 것이 더 좋을지도 모른다. 헨리에트의 동료들은 헨리에트가 가끔 자리를 비우는 것에 익숙해져야 할지도 모른다. 저혈당 문제를 명시적으로 알려야 할지도 모르지만, 그렇지 않을 수도 있다(동료들이 질병에 대해 이상한 반응을 보일 수도 있기 때문이다). 진료실에서는 어떻게 하면 헨리에트 틸스트라가 자신의 몸을 잘 관리함으로써 그녀의 말이 진지하게 받아들여질 수 있을지가 문제가 된다.

진료실에서 신체는 철학자들이 그토록 소중히 여기는 정신적인 삶을 위한 전제 조건이 아니다. 몸은 살아 있고, 그 몸이 잘 사는 것이 이상적이다. 문명화된 시민은 자신의 열정을 길들여야 하지만, 진료실의 환자는 그렇게 할 필요가 없다. 열정에, 심지어는 욕정에, 무슨 문제가 있다는 말인가? 돌봄의 논리 안에서는 문제 될 것이 없다. 즐거움 pleasure은 어떤 위계의 하층에 위치한 것이 아니다. 삶이 지속되는 동안 삶을 즐기는 것이 가장 좋다! 이것은 특히 당뇨병 치료의 맥락에서는 이상하게 들릴 수 있다. 결국, 당뇨병을 앓는 사람들은 절제를 권장받기 때문이다. 당 균형을 유지한다는 것은 종종 신체의 쾌락을 절제해야 한다는 것을 의미한다. "가끔 맥주를 마시는 것은 괜찮지만 습관화하지 마시고 두 잔은 마시지 마세요. 파티가 계속되더라도 케이크는 한 조각이면 충분합니다." 당뇨병을 앓는 사람들은 (다른 사람들처럼) 회의에서 자제해야 할 뿐만 아니라 술집, 생일 파티 및 음식과 음료를 함께 나누는 다른 상황에서도 자제해야 한다. 그러나 이것이 아무리 힘들어도 금욕주의의 문제는 아니다. 돌봄이 요구하는 절제의 핵심은 맥주, 케이크 등이 즐거움을 주기 때문에 나쁘다는 것이 아니다. 그것들이 지금 혈당 수치를 높여서 나중에 인생을 즐기지 못하게 한다는 것이다. 현재 그것들에 탐닉하면 머지않아 합병증이 생길 것이다. 더 이상 볼 수 없고 걸을 수 없게 된다. 심지어 죽을 수도 있다. 그러한 합병증을 피하거나 최소한 연기하는 것이 가장 좋다. 그리하면 삶을 조금 더 오래 즐길 수 있다. 돌봄의 논리에서는, 다른 즐거움이 발생할 가능성이 있다면 일부 즐거움을 포기하는 것이 합리적이다. 즐거움은 그 자체로 괜찮다.

진료실에서, 당뇨병을 앓는 사람들은 치료와 함께 제공되는 규칙을 따르는 것이 얼마나 어려운지 설명한다. "저는 죄를 지었어요, 선생님."이라고 그들은 말한다. 간혹 의사는 이 죄를 심각하게 개탄할 수도 있지만, 훌륭한 전문가는 그런 자기 도덕화에 동조하시 않는다. 대신 그들은 침착하게 대답한다. "고삐를 항상 조일 수는 없습니다." 진료실에서는 즐기는 것이 죄가 아니다. 심지어 경시되지도 않는다. "섹스하세요." 당뇨병 외래 클리닉에서 성에 관한 대화는 환자의 '성생활'을 개선하는 방법에 대한 질문에 집중되는 경향이 있다. 그 질문은 기쁨, 즐거움, 오르가슴에 관한 것이다. 당뇨병은 침대 위에서도 어려움을 줄 수 있다. 때때로 사랑을 나누면서 저혈당을 느끼는 사람들도 있다(그러고 나면 그들은 그런 일이 다시 일어날 것을 두려워하기도 한다). 당뇨병이 있는 남성은 (예상했던 것보다 훨씬 일찍) 발기할 수 없게 된다. 한 파트너는 질병을 앓고 있고 다른 파트너는 뒤따르는 복잡한 문제를 감당하기 힘들어 관계가 어려워질 수 있다. 이러한 상황에서 훌륭한 전문가는 환자와 함께 상황을 개선하기 위해 무엇을 할 수 있는지에 대해 이야기한다. 누가, 무엇을, 다르게 할 수 있을까? 어떻게 하면 잘 살 수 있을까? 당뇨병 치료에서 즐거움은 문제가 되지 않는다. 당 균형이 나쁘거나 즐거움이 부족한 것이 오히려 문제가 된다.

일이 순조롭게 진행되는 경우는 드물다. 마찰이 생기는 경향이 있다. 의사와 환자는 때때로 더 이상 줄일 수 없는 것들, 맞추기 어려운 것들에 대해 웃기도 한다. "그래서 맥주를 석 잔이나 마셨군요? 파티가 있던 날 밤에 잠도 못 자고 언제 얼마나 많은 인슐린을 주사해야 하는지 계산을 못 하셨네요." 이런 식으로 진행된다. 이런 일들은 항상 일어난다. 그러나 환자가 정말로 더는 신경 쓰지 않게 되면, 의사는 다시 심각해질 것이다. 아니, 그들은 당신이 자신을 부끄러워해야 한다고 말하지는 않을 것이다. 그것은 자기 돌봄이 아니라 자기 처벌로 이어지기 때문이다. 도덕화하는 것은 도움이 되지 않는다. 대신 "이런, 잘 안 풀리고 있군요, 그렇죠? 무슨 일이에요?" 또는 "무엇이 문제인가요?"라고 물어볼 수 있다. 이러한 대화의 기술은 사람들이 자신을 잘 돌보지 못하게 하는 요인을 끄집어내어 논의하는 것이다. 목표는 상황을 개선하는 것이다. 그렇다. 의료 서비스는 일상생활의 모든 세부 사항에 간섭한다. 그리고 실제로 그것은 우리 몸을 정상화하려고 노력한다. 그러나 경멸하지는 않는다.[9] 돌봄은 억압하는 것과는 거의 관련이 없고 오히려 우리 몸을 소중히 여기는 것과 관련이 있다.

결정되기 또는 생존하기

정치 이론에 등장하는 '시민'은 그리스인일 수도 있고 문명인일 수도 있는데, 세 번째 변형도 있다. 시민은 **계몽된 존재**일 수도 있다. 계몽된 시민은 자유로운 영혼이다. 자유로운 영혼은 비판적 판단을 내릴 수 있다. 신체를 포함한 세속적 현상에서 벗어나는 데 성공하는 한 말이다. 따라서 그는 시민인 자신의 몸을 통제하지 않는다. 오히려 그는 신체에서 벗어나 그것을 초월한다. 그가 모델로 삼은 칸트파 철학자처럼, 계몽된 시민은 현상에 불과한 것으로부터 자신을 해방한다. 반성적 거리에서 그는 세상에 대한 규범적 판단을 내린다. 고통에 압도되거나 열이 나서 몸을 떨고 있거나 죽어가는 것을 두려워하거나 혈당 수치가 너무 낮은 사람은 동시에 계몽된 시민일 수 없다. 불안한 육체는 사람을 자신의 몸 안으로 끌어들인다. 육체에서 벗어날 때만 계몽된 시민은 판단을 내릴 수 있는 자유로운 영혼이 될 수 있다. 자율적으로 말이다.[10]

계몽된 시민의 몸은 인과적인 방식과 잘 들어맞는다. 몸은 자연의 일부이고 과학이 결정론적인 책략으로 실재를 점차 파악해 가고 있기 때문에 모든 물리적인 것이 조만간 설명될 것이다. 현대 철학이 칭송하는 자유 정신과 현대 과학이 말하는 결정론적 신체는 묘한 한 쌍을 이룬다. 그것들은 한 쌍이다. 정치철학이 계몽된 시민을 발명했다면, 자연 철학은 실험실에서 신체의 기능을 실험했다. 개에게 고기 냄새를 맡게 한 다음 개가 그 고기를 먹기 전에 그 개의 배를 가르거나, 작은 상처를 내어 관을 통해 위액이

흘러나오게 함으로써 음식 냄새를 맡으면 위액이 분비된다는 사실을 발견했다. 혈당 수치가 높아지면 췌장이 인슐린을 생산한다는 사실은 건강한 개 몇 마리의 췌장을 제거함으로써 발견되었다. 그 개들은 곧바로 당뇨병에 걸렸다. 이 목록은 계속될 수 있다. 밝혀진 사실은 인과 관계의 형식으로 표현되었다. 신체의 혈당 수치가 증가하면 췌장에서 인슐린이 생성되어 세포가 당을 흡수하게 된다. 신체의 혈당 수치가 감소하면 글루카곤이 생성되고, 이는 다시 당을 방출하게 하여 혈당 수치는 다시 높아진다. 인과 사슬은 이러한 일이 피할 수 없는 것임을 시사한다. 어떤 일이 일어나든 그것은 그 일을 설명하는 요인들 속에 포함되어 있다.[11]

현대 의학은 자연과학의 영향을 많이 받는다. 따라서 결정론적이고 인과적인 신체가 진료실에서 압도적인 적절성을 가질 것으로 생각될 수 있다. 그리고 이것이 사실이라면 진료실에서 시민권을 호소하는 것이 합리적일 수 있다. 자유로운 정신이 대안이 될 수 있는데 누가 자유롭지 못한 육체로 전락하고 싶어 할까? 하지만 임상 환경에서 신체는 정말 인과 사슬로서 다루어지고 있을까? 만약 그렇지 않다면 어떻게 되는 것일까? 어쩌면 '인과적 신체'는 시민권이라는 이상과 함께 이제 막 진료실에 도입되고 있는 것일지도 모른다. 돌봄의 실천에서 신체는 결코 도망칠 수 있는 대상이 아니며, 신체로부터 도망치려고 해서도 안 된다. 소중히 여겨져야 한다. 그리고 질병을 치료해야 하는 일이 생겼을 때도 신체는 결코 소홀히 대할 수 있는 대상이 아니다. 돌봄의 논리에서 살과 피는 결정론을 의미하지 않는다. 진료실에서는 자연과학의 지식이 동원되는 동시에 새로운 과제가 주어지기 때문이다. 세상이 어떤지 설명하라는 것이 아니라 어떻게 하면 좋을지 제안하라는 과제가 주어지는 것이다. 진료실에서 자연과학은 실천적인 질문에 답해야만 한다.[12]

진료실에서 의사가 "술을 얼마나 드시나요, 알자리 부인?"이라고 묻는다. 알자리 부인은 하루에 4리터를 마신다고 대답한다. 꽤 많은 양이다. 그러나 의사는 이러한 과도한 음주를 인과적 효과로 이해하지 않고 당뇨병의 증상으로 이해한다. 그리고 여기에서 주안점은 그 증상이 알자리 부인의 피하에서 일어나는 일을 드러낸다는 점이 아니라 의사와 알자리 부인이 무엇을 할 수 있는지를 가리킨다는 점이다. 과도한 음주와 관련해서 무엇을 해야 할지를 알아내기 위해 행동하는 것이 그들에게 도움이 될 것이다. 돌봄의 논리는 인과 관계를 있는 그대로 받아들이는 대신 신체의 생생한 현실에 개입하려고 한다. 병태 생리학은 인슐린 부족이 사망을 유발한다고 설명할 수 있겠지만 진료실에서 의사와 환자는 생존 가능성에 더 관심이 있다. 그래서 의사는 몇 가지 양식을 꺼내 미리 인쇄된 항목 중 일부에 체크를 한다. 상담이 끝나면 알자리 부인은 실험실로 걸어가 소변을 병에 담아 기술자에게 전달한다. 다른 기술자가 알자리 부인 팔의 정맥에서 혈액을 채취하여 여러 개의 시험관으로 분리한다. 기술자는 병과 다른 시험관에 라벨을 붙인 다음, 관련 매개변수를 측정하기 위해 기계를 사용한다. 정상 수치에서 벗어나 있나? 그렇다면 더 많은 조치가 필요하다. 치료가 필요하다. 돌봄의 논리 안에서 신체는 인과 사슬에 갇혀 있지 않다. 오히려 치료 실천에 내재해 있다.

따라서 진료실에서 중요한 것은 신체의 자연법칙이 아니라 신체에 대한 기술적 개입이다. 치료법은 돌봄 실천의 지평이다. 더 나아가 사실 규명 자체도 개입에 의존한다. 신체 내부에서 일어나는 일에 대한 문제 제기는 항상 이러한 주장을 하기 위해 신체에 수행해야 하는 작업에 의존한다. 교과서의 인과 관계 도식에서는 '혈당 수치'가 마치 당연한 것처럼 언급될 수 있지만, 진료실에서는 어떤 것도 '당연한 것'이 아니다. 먼저, 혈당을 측정해야 한다. 기계가 있어야 하고, 기계를 조작할 사람이 있어야 하고, 신선한 혈액이 있어야 하고, 그 혈액을 기꺼이 제공할 사람이 있어야 한다. 신체를 인과적으로 일관성 있게 표현하는 것은 검사의 실천에 따라 달라진다. 교과서에서는 이러한 실천을 숨길 수 있지만 진료실에서는 숨길 수 없다. 검사는 할 수도 있고 하지 않을 수도 있는 일이다. 그만한 노력(비용, 위험 등등)을 할 만한 가치가 있을까? 측정할 것인가, 측정하지 않을 것인가. 진료실에서는 이 질문이 사실에 앞서 반드시 선행되어야 한다.

진료실의 신체는 인과적으로 일관된 실체가 아니다. 측정과 치료의 수동적인 대상도 아니다. 한편, 돌봄의 논리에서 신체는 능동적이다. 그래야만 한다. 알자리 부인이 소변을 넘겨주지 않는 한, 실험실 기술자는 그 소변에 당이 포함되어 있는지 검사할 수 없다. 환자가 검사를 거부하는 드문 경우에는, 대부분의 환자들이 돌봄을 위해 많은 노력을 기울이고 있다는 사실이 더욱 분명해진다. 그들은 기술자 및 간호사와 기꺼이 협력하고 그들로부터 적극적으로 배운다. 몇 주 안에 알자리 부인은 자신의 손으로 직접 인슐린을 주사할 것이다. 그리고 모든 것이 잘되면 혈당 수치를 측정하기 위해 자신의 손가락을 찌르는 법을 배우게 될 것이다. 시력이 허락하는 한 그녀는 작은 혈당 측정기의 디스플레이에서 결과를 읽게 될 것이다. 따라서 돌봄의 논리와 관련된 신체는 사람이 하나의 신체로 환원되는, 그러한 종류의 신체가 아니다. 자신을 돌보는 것은 (무엇보다도) 신체적 능력인데, 그것은 당신이 당신의 신체를 교육하고 훈련할 것을 요구한다. 당뇨병 간호사가 알자리 부인에게 인슐린 주사법을 가르칠 때, 간호사는 "네, 이렇게 펜을 잡으세요. 이제 다른 손으로 피부를 잡으세요. 아주 좋아요."라고 말하지 그녀를 하나의 신체로 환원하지 않는다. 그리하여 간호사는 알자리 부인에게 생명을 유지할 수 있는 신체적 기술을 전수한다.[13]

몸이 제대로 조직되어 있지 않으면 살아 있을 수 없다. 행동해야 한다. 우리 몸은 우리의 행동에 관여한다. 심지어 판단을 내리는 데도 몸이 필요하다. 하지만 판단이라는 용어는 옳지 않다. '판단하기'는 '자유로운 영혼'이 몸에서 벗어나서 얻는 능력이기 때문이다. 능동적인 환자들이 하는 일은 '감지하기'appreciating라고 부르는 것이 더 나을지도 모른다. 헨리에트 틸스트라가 자신이 저혈당이 아닐지 의심하게 되는 것은 그녀가 자기 몸으로부터 자유롭기 때문이 아니다. 오히려 그녀는 어지럽고 어리둥절하거나 짜증이 난다고 느낀다. 저혈당에 대한 조기 경고 신호는 몸을 초월함으로써가 아니라 몸 안에서 인식될 수 있다. 이러한 내적 감지intro-sensing는 (당뇨병이 감각을 지나치게 방해하지 않는다면) 훈련할 수 있는 흥미로운 기술이다. 따라서 감지appreciation는 신체와 관련이 있지만, 신체는 자율적으로 인식하지 못한다. 대신 그것은 감지하는 환자의 능력과 노력에 달려 있다.[14] 전문가들에게도 마찬가지이다. 기계를 사용하기 훨씬 전부터 임상의는 감각으로 진단한다. 자세, 근육의 긴장도, 타박상을 관찰하고, 목소리 톤에서 슬픔을 느끼거나 호흡 장애의 징후를 듣고, 맥박과 혹을 만져보고, 대사 장애의 냄새를 맡기도 한다.[15] 간호사는 지난 일주일 동안 알자리 부인이 인슐린을 주사한 부위를 만져 피부가 굳었는지 여부를 확인한다. 의사는 다음 환자의 손과 악수하며 그의 손이 축축하다는 것을 발견한다. "잘 지내세요?" 우리는 우리의 신체와 별개로 돌봄에 참여하는 것이 아니라 우리 신체와 더불어 돌봄에 참여하는 것이다.

누구의 책임인가 또는 무엇을 할 것인가

선택의 논리는 환자를 전문가의 가부장적 지배로부터 해방시킬 수 있다는 약속과 함께 의료 서비스에 도입되었다. 그러나 전문가는 봉건 영주와 다르다. 물론 전문가가 막강한 권력을 가진 상황도 있지만, 이는 법 때문인 경향이 있다. 법은 어떤 사람이 너무 미쳐서 시민으로서 기능할 수 없으므로 폐쇄 병동에 갇혀 있어야 하는지 여부를 전문가들이 결정하기를 원한다. 법에 따르면 전염성 질병을 앓고 있는 사람들은 일부 조건 아래에서 본인의 의지에 반하여 약물을 투여받을 수 있다. 많은 국가에서 법은 심지어 의사에게, 당뇨병을 앓는 사람이 자동차를 운전할 수 있는지 여부를 명시하는 서류에 서명하도록 요구하기도 한다. 그러나 국가 통치와 의료 통제의 이러한 조합은 비교적 드물다. 대부분의 경우, 진료실의 전문가는 환자에 대한 권한이 훨씬 적다. 일자리 부인에게 인슐린을 처방한 의사는 그녀가 집에 돌아가서 인슐린을 주사하도록 강요할 방법이 없다. 법을 어기면 처벌받을 수 있지만, 의학적 조언을 지키지 않는다고 해서 제재받는 경우는 드물다.[16] 그러나 다른 문제가 야기될 수는 있다. 알자리 부인이나 다른 제1형 당뇨병을 앓는 사람이 처방받은 인슐린을 주사하지 않으면 곧 상태가 나빠지고 얼마 지나지 않아 사망에 이르게 될 것이다. 냉장고에 있는 모든 인슐린을 한꺼번에 주사한다면 그녀는 더 빨리 죽게 될 것이다. 누가 그녀를 막을 수 있을까? 그러나 환자가 모든 인슐린을 거부하거나 치사량을 주사하는 경우는 거의 없다. 이것은 그들이 명령을 받아서가 아니다. 대부분의 사람은 죽고 싶어 하지 않고 오히려 살고 싶어 한다. 그래서 의료 전문가를 찾는 것이다. 그들은 아프다. 의사와 간호사가 항상 도움이 되는 것은 아니지만, 환자들이 고통받는 것은 무엇보다 당뇨병 자체로부터이다.

만약 잠재적으로 치명적일 수 있는 질병에 걸렸는데 인슐린과 같은 약을 사용하면 꽤 오래 살 수 있다고 한다면 어떻게 해야 할까? 이런 이야기를 듣게 되면 환자 대부분은 "선택의 여지가 없다"고 말한다. 하지만 선택의 여지가 없다고 해서 해방을 요구하지는 않는다. 그들이 자유를 느끼지 못하는 것은 권위의 힘에 복종했기 때문이 아니다. 다른 무언가가 일어나고 있는 것이다. 일단 죽으면 선택의 여지가 전혀 남지 않는다. 당뇨병을 앓는 삶은 힘들 수 있지만, 삶은 삶이다. 여러모로 좋은 삶이 될 수도 있다. 그것이 바로 사람들이 추구하는 것이다. 그런 맥락에서 그들의 첫 번째 관심사는 누가 책임자인지가 아니라 무엇을 할 것인가이다. 어떻게 살 것인가? 연약하면서도 즐거움을 경험할 수 있는 몸으로 어떻게 살 수 있을까? 시민은 자신의 몸을 통제하거나 길들이거나 초월하여 선택할 수 있는 반면, 환자는 좋은 삶을 영위하기 위해 자신의 몸을 돌보고, 가꾸고, 즐기는 방법을 찾아야 한다. 여기에는 모든 종류의 질문이 뒤따른다. 무엇을 추구하고 무엇을 버릴 것인가, 어떤 결과를 얻기 위해 어떤 노력을 기울일 가치가 있는가? 그리고 무엇보다, 실제로 무엇을 실현할 수 있는가? 시민의식이 자율성을 기념하는 방식이라면, 페이션티즘[환자주의]은 좋은 삶을 형성하는 방법을 탐구하는 것이다. 그리고 무언가가 바뀌면 다시 처음부터 시작해야 한다. 어떻게 하면 좋은 삶을 살 수 있을지 탐구하는 것은 당뇨병과 마찬가지로 만성적이다.

(4장)
관리하기 대 의사 노릇하기

유익한 사실 또는 목푯값

+

수단 또는 수정

+

계산하기 또는 조율하기

+

의사 관리하기 또는 의사 노릇 공유하기

선택의 논리의 시장적 변형에서는 환자를 고객이라고 부르는 반면, 시민적 변형에서는 시민을 모델로 삼는다. 첫 번째 변형은 질병을 이해하지 못하고, 두 번째 변형은 우리 몸에 기운을 주기보다는 우리 몸을 통제하기를 원한다. 이 두 가지의 공통점은 지금까지는 명시적으로 드러난 적 없는 어떤 것이다. 이는 바로 과학 지식, 의료 기술 및 전문가의 임무가 가지는 성격에 대한 특정한 이해와 결부되어 있다. 선택의 논리에서 과학 지식은 점차 확실성이 높아지는 사실의 집합으로 간주된다. 전문가는 이러한 사실들을 알아야 한다. 가급적이면 그들은 또한 기존의 과학 지식에 [새로운 사실들을] 추가해야 한다. 적절한 경우 일반인에게도 그 사실들을 전달해야 한다. 전문가들의 임무 중 하나는 환자에게 정보를 제공하는 것이다. 관련 사실들이 정리된 상태에서 누군가는 다양하고 가능한 행동 방침들의 가치를 결정해야 한다. 어느 것이 더 좋을까? 펜 아니면 펌프? 엄격한 규제 또는 가벼운 규제? 이 인슐린 아니면 저 인슐린? 결정이 내려지면 선택한 기술을 제공하거나 시행하는 것은 다시 전문가의 작업이다. 그러나 결정을 내리는 것은 가치들의 균형을 맞추는 문제이므로 굳이 의사나 간호사가 이 작업을 수행해야 할 특별한 이유는 없다. 치료는 환자의 생명에 영향을 미치기 때문에 가장 중요하게 고려해야 하는 것은 환자의 가치들이다. 이런 식으로 짜여진 논리는 불가피한 것처럼 보인다. 선택의 논리에서는 그렇다. 하지만 돌봄의 논리에서는 그렇지 않다.

이 장에서는 과학적 지식과 의료 기술이 돌봄의 논리 안에서 어떠한 형상을 취하는지 명확히 설명하려고 한다. 이 작업이 어려운 것은 지식과 기술에 대한 거의 모든 논의가 합리주의적 레퍼토리로 구성되어 있기 때문이다. 대부분의 의사·간호사·환자, 그리고 대부분의 관리자·연구자·정책 입안자들은 내가 방금 전문적 실천에 대해 쓴 내용을 읽는다면 고개를 끄덕일 것이다. 그렇다. 이는 그것이 의당 작동하는 방식이거나 작동해야 하는 방식이다. 그러나 [치료와 관련된 실질적인] 질문을 던지면 이 사람들은 합리주의적 그림에 부합하지 않는 이야기를 할 가능성이 높다. 사실과 가치가 얽혀 있는 복잡한 이야기, 기술이 약속에 부응하지 못하는 놀라운 이야기, 이해하기 어려운 묘한 우여곡절이 있는 이야기를 말이다. 보통 이러한 복잡성은 주의를 산만하게 하는 방해 요소로 간주되고, 이론적 이상에 따르지 않는 일상적인 실행의 어수선함을 보여주는 신호로 간주된다. 그렇지만 그들이 이처럼 실패한다고 해서 이상을 의심할 이유는 없을 것이다. 하지만 이렇게 정리하는 것이 옳을까? 임상의들은 과학과 기술을 다루는 방법을 알려주는 잘 정돈된 이론과 진료실에서의 훨씬 더 어수선한 실천 사이의 격차에 대해 정말 당혹감을 느껴야 할까? 관리자들이 의사와 간호사가 '고분고분하지 않다는 것'에 대해 경멸을 표현하는 것이 적절할까? 아닐지도 모른다. 이제는 진료실에서 어떤 일이 일어나는지 자세히 살펴보고 과학 지식, 의료 기술 및 의료 전문가의 업무에 대한 우리의 이론을 수정하는 것에 대해 생각해 볼 때이다. 이 모든 것이 돌봄의 논리에서는 완전히 다른 의미를 갖기 때문이다.[1]

유익한 사실 또는 목푯값

당뇨병 외래 클리닉의 진료실에서 의사와 환자가 서로 마주 보고 있다. 조우머 씨는 최근에야 당뇨병 진단을 받았다. 그는 아직 당뇨병이 어떤 질병인지 완전히 이해하지 못하고 있다. 그래서 오늘 의사는 그에게 몇 가지를 설명해 줄 것이다. 이제 어려운 대화를 시작할 준비가 되었다. 여기서 무슨 일이 일어나고 있는 것일까? 전문가가 '가치 중립적인 정보 제공'이라는 작업에 참여하는 순간을 목격하고 있는 것일까? 아니, 그렇지 않다. 돌봄의 논리에 따르면, 이런 상황에서는 분명하게 말함으로써 있는 그대로의 사실 꾸러미를 테이블 너머[의 환자에게]로 넘겨주거나 알록달록한 브로슈어를 나눠주는 것만으로는 충분하지 않다. 조우머 씨는 당뇨병에 대한 지식을 습득해야 하는 학생이 아니라 당뇨병과 함께 살아가는 법을 배워야 하는 환자이다. 당뇨병과 함께 생활하는 데는 많은 시간과 실질적, 정서적 에너지가 필요하다. 또한, 불쾌한 합병증으로 이어질 가능성이 커서 설명해야 할 사실들이 가치가 없다고 가정하는 것은 터무니없는 일일 것이다. 현실은 끔찍하다. 부정적인 것을 정면으로 마주하는 것은 좋은 돌봄의 필요조건이다. 당뇨병이 있다는 것은 나쁜 일이다. 그러나 동시에 환자는 불행에 압도되어서는 안 된다. 그렇기에 의사는 다행히도 요즘에는 당뇨병에 대해 좋은 치료법이 있다고 강조할 것이나. 균형 잡기는 불인정하다. 슬픔을 위한 여지는 있어야 하지만 너무 많지는 않아야 한다. 의사는 위로해 주어야 하지만, 격려도 해야 한다. 그리고 고통이 나쁜 것으로 인식되더라도, 그와 동시에 질병은 삶이 지속됨에 따라 어떤 식으로든 대처해야 하는 것으로 받아들여져야 한다.

돌봄의 논리는 전문가가 사실을 중립적인 정보로 취급하기보다는 그 가치에 주의를 기울이기를 원한다. 그리고 가치는 환자에게 사실을 설명해야 하는 순간이 오기 전에 이미 작동하기 시작한다. 환자의 혈당 수치가 15mmol/l로 확인된 상황을 예로 들어보자. 이것은 중립적인 사실이 아니라 편향된 사실이다. 즉, 15mmol/l는 너무 높다. 병원에서 혈당 수치(요소 농도, 헤모글로빈 수치 및 기타 실험실 측정 결과도 마찬가지인데)는 사실이라고 불리지도 않는다. 이를 값[가치]values*, 즉 혈액 값[가치]blood values이라고 부른다. 혈액 값[가치]을 측정하는 것은 당뇨병 치료와 당뇨병과 함께하는 삶에서 중요하다. 당뇨병이 있는 신체는 내부에서 혈당 수치를 스스로 조절할 수 없다. 당뇨병이 없는 신체에서는 혈당 수치가 증가하면 인슐린 수치가 증가하고 인슐린은 해당 신체의 세포에 당을 흡수하도록 지시한다. 당뇨병에서는 이러한 피드백 시스템이 작동하지 않는다. 외부에서 인슐린을 주사하지 않는 한 식사 후 혈당 수치는 상승한다. 인슐린을 주사하면 세포가 연소하거나 흡

---

* 영어 단어 value는 가격으로서의 가치(값)와 중요성으로서의 가치란 의미를 동시에 가지고 있다. 값으로 번역될 때에도 '가치'를 대괄호 속에 병기한다. 목푯값(target value)은 예외로 한다.

수할 수 있는 당을 비축하면서 혈당 수치가 감소한다. 혈당 수치가 낮아지면 당뇨병이 없는 신체는 글루카곤을 생성하기 시작하여 체내의 당을 방출한다. 당뇨병을 앓는 사람의 경우에서는 이러한 반대 조절이 제대로 작동하지 않는다. 따라서 당뇨병을 앓는 사람의 혈당 수치는 외부에서 다시 한번 개입하여 무언가를 먹지 않는 한 너무 낮아질 것이다. 혈당이 심하게 낮아지면, 사람은 혼수상태에 빠질 수 있다. 그 상태에서는 음식을 먹을 수 없으며 다른 사람이 글루카곤을 주사해 주어야 한다.

이 모든 것은 혈당 수치가 사실-값[가치]fact-value이라는 것을 의미한다. 혈당 수치는 정상 혈당 수치라는 표준과의 관계에서 그 의미를 갖는다. 그러나 이 **규범적 사실**, 즉 정상 혈당 수치 역시 그저 당연한 것이 아니다.[2] 규범적 사실은 '우리'가 사실로 알고 있다고 확신하는 어떤 것이 아니다. 이상하게 들릴 수도 있다. 정상 혈당 수치처럼 진부한 것은 지금쯤이면 명확하게 정립되어 있어야 하는 것이 아닐까? 하지만 그렇지 않다. 혈당 수치가 15mmol/l이면 너무 높고 2mmol/l이면 너무 낮은 것처럼 극단적인 경우라면 말하기 쉽다. 흥미롭게도 이처럼 특별한 사실-값[가치]은 선택의 여지를 거의 남기지 않는다. 즉, 혈당 수치가 15mmol/l

인 경우는 신체에 심각한 손상을 입히기 때문에, 이를 방지하지 않으면 신체가 심각한 고통을 겪게 된다. 그리고 혈당 수치가 2mmol/l인 사람이 침착하게 자신의 선택을 고려하고 있다면 [저혈당으로 인해] 곧 선택의 여지가 없어지게 될 것이다. "자, 어서 드세요!" 그런데 한계들은 어디에 있으며 어느 시점에 정상상태가 멈추고 개입이 필요한 시점이 시작될까?

먼저 하한선을 살펴보자. 혈당 수치(혈장 포도당 수치)가 너무 낮아지는 시점은 정확히 언제일까? 의학 용어를 사용하자면, 저혈당증은 언제 시작되는 것인가? 네덜란드 교과서인 『당뇨병』*Diabetes Mellitus*은 다음과 같이 설명한다(나의 번역이다). "당뇨병이 없는 사람의 경우 혈당 수치는 마지막 식사 후 경과 한 시간에 따라 3~8mmol/l 사이로 다양하다. 일반적으로 당뇨병 환자의 경우 3.5mmol/l의 혈당 수치가 저혈당증의 기준으로 사용된다."[3] 이 인용문에서는 언급하지 않았지만 저자 티몬 판 하프튼Timon van Haeften에 따르면 혈당 수치가 3.5mmol/l 이하로 떨어지면 어지럽고 짜증이 나기 시작한다. 또 다른 글을 인용하자면, 『인슐린에 의한 저혈당과 포도당 역조절』*Insulin Induced Hypoglycaemia and Glucose Counterregulation*(저자는 이디트 테르 브라크)이라는 박사 학위 논문에서는 저혈당에 대한 또 다른 기준점에 대해 이렇게 쓰고 있다. "저혈당은 3.9mmol/l 미만의 혈당 수치로 정의될 수 있는데, 이는 건강한 사람의 포도당 역조절이 이 값[가치]에서 시작되기 때문이다."[4]

이 두 숫자는 서로 다른 국가나 서로 다른 전공 분야에서 나온 것이 아니다. 둘 다 Z병원에서 나왔다. 판 하프튼은 심지어 테르 브라크의 연구를 공동 감독하기도 했다. (그녀의 책에서 감사의 글에 그가 언급되어 있다.) 그런데 보다시피 이 두 수치는 서로 다르다. 두 수치 중 하나만이 진실이고 다른 하나는 오류라는 의미도, 어떤 논쟁이 벌어지고 있었다는 의미도 아니다. 오히려 이는 [기준이 되는] 숫자란 조정 가능하다는 것을 뜻한다. 두 저자 모두 이를 잘 알고 있기 때문에 강하게 주장하지는 않는다. 그들은 '일반적으로' 내지 '정의될 수도 있다'는 말로 자신들의 정의를 조절한다. 다른 정의들이 병치되는 특별한 경우도 있을 수 있다. 신체는 쇼지가 어떤 용도로 시용될지 모르기 때문에 어떤 숫자를 사용할지 지시하지 않는다. 이것은 실천에 달려 있다. 따라서 진료실의 (미래의) 의사를 대상으로 하는 교과서에는 3.5mmol/l가 하한선으로 언급되어 있다. 이것은 사람들이 저혈당을 느끼기 시작할 수 있는 혈당 수치이므로 의사가 환자의 이야기를 이해하는 데 가장 유용하다. 또한 환자 자신의 신체적 경험과 일치하기 때문에 환자에게 전달할 수 있는 좋은 정보이기도 하다. 환자는 무언가를 먹는 것이 좋겠다는 것을 이 지점에서 자각하게 될 수 있다. 반면 위에서 인용한 박사 학위 논문은 저혈당과 포도당 역조절에 대한 연구를 설명한다. 이러한 맥락에서 3.9mmol/l는 (당뇨병이 없는 사람의 경우) 역조절이 시작되는 혈당 수치이기 때문에 그러한 연구에 사용하기에 더 유용한 하한선이다.

돌봄의 논리에서 혈당 수치의 하한선은 무엇을 해야 할지를 결정하기에 앞서 주어지는 어떤 사실이 아니다. 이것이 뜻하는 바는 돌봄 과정에서 '사실'을 먼저 고려 대상으로 설정하고, 그다음에 가치를 더한 다음, 최종적으로 무엇을 해야 할지를 결정하는 것이 불가능하다는 것이다.[5] 이것은 '사실'이 우리의 희망에 따라 저절로 만들어진다는 말이 아니다. 핵심은 돌봄의 논리에 기반한 실천이 선형적인 방식으로 진행되지 않는다는 점이다. 대신, '합리적인 행동 방침'과 그와 관련된 '규범적 사실'이 서로를 구성한다. 돌봄의 실천은 적응적일 뿐 아니라 탄력적이다. 좋은 구분점은 일반적이지 않고 구체적이다. 즉, 측정에 수반되는 노력, 저혈당이 오는 것을 느끼는 능력, 여전히 정원에서 일하고 싶은지 아니면 산책하고 싶은지 여부 등에 따라 달라진다. 이는 우리가 어떤 실천에 참여하고 있는가에 달려 있다. 정상 혈당 수치의 상한선도 이와 비슷하다. 당뇨병 교과서 『당뇨병』에 따르면 당뇨병이 없는 사람들의 혈당 수치가 일반적으로 도달하는 최고치는 8mmol/l이다. 그러나 이것은 당뇨병 환자에게는 그다지 유용한 사실이 아니다. 외부로부터 혈당 수치를 조절해야 하므로 그들이 염려하는 '상한선'은 사실이라기보다는 당위task이다. 주사, 식사, 운동 등의 행위의 균형을 유지함으로써 그 이하로 유지해야 하는 혈당 수치이다. 이 혈당 수치는 환자들이 스스로 설정하거나 의사와 함께 정하며, '목푯값'이라고 불린다.

임상 역학 연구에 따르면 혈당 수치가 10mmol/l를 넘지 않도록 하는 것이 바람직한 것으로 나타났다. 혈당 수치의 대부분이 이 수치 이하로 유지되는 사람은 당뇨병 합병증(예: 실명, 죽상 동맥 경화증, 신경병[증])이 발생할 위험이 적다. 그러나 이것이 모든 사람에게 항상 10mmol/l 미만을 유지하는 것이 좋은 목푯값임을 의미하지는 않는다. 이는 매 식사 전에 주사할 수 있는 속방형fast-release 인슐린이 도입된 이후에야 도달 가능한 수치가 되었다. 당뇨병 환자가 서방형slow-release 인슐린을 하루에 한 번만 주사했을 때는 상한선인 10mmol/l를 달성하는 것이 불가능했다. 진단을 받은 지 얼마 되지 않았거나 인생에서 나쁜 시기를 겪고 있는 사람들에게는 10mmol/l의 상한선도 너무 높은 경향이 있다. 가끔 11이라는 수치가 나왔을 때, 그것만으로도 좌절감을 크게 느끼는 사람들에게도 마찬가지다. 돌봄의 논리에서 좋은 목푯값은 실제로 달성할 수 있는 값[가치]이다. 기술적으로 가능하고 사람들의 일상에 큰 지장을 주지 않는 값[가치] 말이다. 이것이 바로 목푯값을 처음부터 단순한 정보로서 전달할 수 없는 이유이다. 돌봄의 논리에서 적절한 목푯값을 파악하는 것은 치료의 [전제]조건이 아니라 치료 [과정]의 일부이다. 행동을 취하기 전에 설정하는 것이 아니라, 행동을 취하는 동안 목푯값을 계속 찾아야 한다.[6]

수단 또는 수정modifiers

그러므로 선택의 논리는 사실과 가치를 분리하려 시도하는 반면, 돌봄의 논리는 두 가지를 함께 고려한다. 하지만 차이는 더 있다. 눈에 띄는 또 다른 차이점은 다음의 것과 관련이 있다. 선택의 논리가 제시하고자 하는 사실들은 환자의 몸 안에 위치한 질병을 나타낸다. 반면, 돌봄의 논리에 관련된 사실-값[가치]들은 결코 명확하게 제시될 수 없다. 그것은 환자의 삶을 방해하는 질병에 관한 것이기 때문에 3차원적 대상(신체)이 아니라 역사적인 어떤 것(삶)을 지시한다. 그리하여 그것들을 하나의 장소나 시간에 모을 수는 없다. 오히려 그 사실-값[가치]들은 돌봄의 실천의 일부일 뿐만 아니라 직장, 학교, 가족, 친구, 휴일 및 개인의 삶에서 중요할 수 있는 다른 모든 실천과 마찬가지로 계속 진행 중인 실천의 일부이다. 사실-값[가치]들은 삶 속에서 생겨나며, 동시에 삶에 개입하기도 한다. 따라서 돌봄의 논리에서 지식을 수집하는 것은 현실에 대한 더 나은 지도를 제공하는 문제가 아니라 현실과 함께, 또는 현실 속에서 더 잘 견딜 만한 생활 방식을 만드는 문제이다. 진정한 임상의는 췌장과 췌장이 생산하지 못하는 호르몬에 관한 자신의 관심을, 질병과 함께하는 삶에 관한 관심으로 전환한다. 사실-값[가치]을 수집하는 것은 처음부터 한 사람의 삶에 개입하는 것이기 때문에, 질병과 함께하는 삶은 모든 사실이 수집된 연후에 시작되지 않는다. 피를 뽑는다. 기계에 넣는다. 결과를 읽는다. 이와 같은 활동들은 현재 실천되고 있는 치료에 의해 형성되므로 당뇨병과 함께하는 삶의 일부이다.

선택의 논리에서는 개입이 나중 단계에서 시작된다. 가치의 균형을 맞추고 결정이 내려진 후에야 행동, 즉 치료를 시작할 수 있다. 치료와 관련된 기술은 '수단'으로 간주된다. 수단은 목적에 부합해야 한다. 이러한 생각의 핵심은, 환자는 선택을 할 때 바로 이 목표를 결정한다는 것이다. 그러면 전문가는 그 목적을 달성하기 위한 최선의 수단을 찾아야 한다. 전문적 문헌은 이러한 수단을 제시해 준다. 임상 역학은 치료의 효과effectiveness와 효율성effectivity을 조사하기 위한 연구 도구로서 임상시험을 발전시켜 왔다. 그러나 임상 역학 자체는 양가적인 방식으로 환자의 선택과 관련되어 있다. 임상 역학은 때로는 임상시험을 의사가 사용할 수 있는 '수단'에 대한 지식을 늘리는 도구로 제시하면서도 '목적'은 다른 지점에서 설정할 수 있음을 암시하기도 한다. 그러나 다른 때에는 임상 역학이 환자의 선택을 불필요한 것으로 간주한다. 임상시험을 통해 어떤 치료법이 다른 치료법보다 더 효과적이고 효율적이라는 것이 밝혀지면 더 이상 결정이 내려질 필요가 없기 때문이다. "임상시험에서 가장 효과적이라고 밝혀진 치료법을 선택하기만 하면 됩니다!" 이러한 사고방식을 지지하는 사람들에게는 다음과 같은 점이 큰 수수께끼이다 : 왜 전문가들이 이를 따르지 않을까? 왜 그들은 일선 임상시험의 결과를 시행하기를 거부하는 것일까? 여기에 대해서는 할 이야기가 많지만, 임상시험에서 탐구된 매개변수, 즉 성공의 척도가 환자와 의사가 달성하려는 목표와 반드시 연관된 것은 아니라는 점을 이 질문이 놓치고 있다는 점에 주목해야 한다. 다양한 치료법이 있는 경우, 어떤 치료법이 더 효과적인지뿐 아니라 어떤 효과가 더 바람직한지도 중요한 문제이다. 다시 말해 어떤 치료법이 주어진 매개변수에 가장 큰 영향을 미치는지뿐만 아니라, 어떤 매개변수를 측정해야 하는지도 문제라는 것이다. 만성 질환에서 '건강'은 도달할 수 없는 것이기 때문에 어떤 변수의 측정을 목표로 할지가 명확하지 않다. 서로 다른 치료법들은 서로 다른 매개변수들을 개선할 수 있다. 또는 선택의 논리에 사용되는 용어로 표현하자면, 모든 기술이 동일한 목적을 달성하는 것은 아니며, 모든 목적이 관련된 모든 사람에게 동등한 가치가 있는 것은 아니다.

선택의 논리는 '과학'이 모든 질문에 대한 해답이라는 단순화된 믿음에 맞서서, 의학적 가능성의 다양성을 강조한다. 이는 분명 일리가 있다. 그러나 선택의 논리는 수단과 목적 사이의 관계를 단순화시킨다. 이 논리는 목적지를 선택하면 기술이 그곳에 도달하게 해 줄 것이라고 제안한다. 그러나 상담실에서는 기술이 순종적인 수단이 아니며, 공식적인 목적에 종속되는 경우가 별로 없다는 사실이 금방 드러난다.[7] 기술은 하나의 매개변수를 개선하는 대신 때로는 예상치 못했던 과도한 효과를 가져오기도 한다. 이것은 모든 종류의 개입에 해당된다. 겉보기에는 간단해 보이고 기술이 그다지 필요 없어 보이는 무설탕 식단을 예로 들어보자. 주사용 인슐린이 발명되기 전에는 당뇨병을 앓는 사람의 식단에서 탄수화물을 모두 제거하는 실험적 치료법이 있었다. 이것은 그들이 사망하는 속도를 약간 늦추어주었다. 인슐린 주사를 사용할 수 있게 되면서 이러한 극단적인 식단은 쓸모가 없어졌다. 그러나 수십 년 동안 당뇨병을 앓는 사람은 여전히 설탕을 피하라는 권고를 받았다. 이는 총 포도당 섭취량을 제한하고, 설탕 섭취 후 갑작스러운 혈당 상승을 미리 예방하기 위한 것이었다. 두 가지 목적 모두 논란의 여지가 없었다. 하지만 수단은 어떨까? 설탕을 피하는 것은 즐거운 일이 아니다. 많은 사람이 단맛을 좋아한다. 게다가 그런 식단은 아이스크림과 케이크를 즐기는 주변 사람들과는 다르게 당뇨병을 앓는 사람들을 비정상적인 사람으로 낙인찍었다. 설탕이 없는 변형된 달콤한 제품들이 시장에 등장하자 상황이 더 쉬워졌다. 그러나 그 제품들의 단맛은 좋았을지 몰라도, 무설탕 아이스크림과 케이크는 여전히 당뇨병을 앓는 사람들을 차별화했다.

그러니 모든 설탕을 피하라는 권고를 더 이상 받지 않게 되자 당뇨병을 앓는 많은 사람이 기뻐했던 것은 당연한 일이었다. 어느 순간, 매 식사 전에 주사할 수 있는 속방형 인슐린의 도입으로 인해 치료 요법이 바뀌게 되었다. 혈당 수치를 안정적으로 유지하는 것이 여전히 중요하지만, 절제는 새로운 마법의 단어인 '균형'으로 대체되었다. 이제 사람들은 에너지 섭취량, 인슐린 용량 그리고 운동, 이 세 가지의 균형을 맞춰야 한다. 즉, 섭취한 음식을 연소시키는 한 케이크는 마음껏 먹어도 된다는 뜻이다. 산책할 때는 발생할 수 있는 저혈당을 예방하기 위해 단 것을 챙겨 가기까지 해야 한다. 조정 계산이 [설탕에 대한] 가차 없는 제한을 대체했다. 그러나 여기에는 예상치 못한 문제가 있었다. 한 제보자의 말에 따르면, 예전에는 사람들이 생일 파티를 할 때 특별한 무설탕 간식을 사주곤 했다고 한다. 당뇨병을 앓는 사람들은 예외적으로 대접받았었다. 그러나 이제는 그들도 다른 사람들이 먹는 것과 같은 음식을 먹을 수 있다. 하지만 이것은 당뇨병을 앓는 사람들도 다른 사람들처럼 행동해야 함을 의미한다. 지난번에도 그랬듯이 케이크를 먹으라고 사람들이 말한다. "케이크 먹어도 되지 않나요? 이리 와서 함께해요." 이를 거절하고 "아니요"라고 말하기가 어려우므로 그런 순간을 적절히 다루기가 쉽지 않다. 탄수화물 균형에 대한 복잡한 이야기는 모든 설탕이 금지되어 있다는 단순한 이야기보다 설명하기가 더 어려워 보인다. 무설탕 식단은 '당뇨병이 있는 사람'과 '당뇨병이 없는 사람' 사이의 구분을 명확하게 만들었다. 이제는 무설탕 케이크가 더는 이러한 역할을 하지 못하기 때문에 당뇨병 환자는 이 경계선을 스스로 유지해야 한다.

당뇨병이 있는 사람을 다른 사람의 간섭으로부터 보호하는 것은 결코 무설탕 식단의 목표 중 하나가 아니었다. 거기에 그런 효과가 있었다는 것은 식단이 바뀐 후에야 소급적으로 밝혀졌을 뿐이다. 기술은 항상 예상치 못한 효과를 가져온다. 아무도 예측하지 못한 고통과 쾌락의 형태를 만들어낸다. 기술 인류학자에게는 이것이 흥미로운 통찰일 수 있지만, 돌봄의 논리에서 이것은 [수행해야 할] 임무를 가리킨다. 좋은 돌봄을 위해서는 무언가 조치를 취해야 한다. '수단'이 '목적'을 망치는 방식에 주의하라. 기술이 무엇을 해야 하는지에만 주의를 기울일 게 아니라, 예상치 못한 일이 발생할 때 기술이 무엇을 하는지에도 주의를 기울여야 한다. 즉, 훌륭한 전문가는 임상시험 문헌에 관련 내용이 없더라도, 환자에게 그들의 경험을 물어보고, 환자가 말하는 내용을 주의 깊게 들어야 한다. 임상시험 문헌에 그런 내용은 없을 것이다. 예상치 못한 상황은 임상시험 설계에 포함되지 않는다. 측정할 매개변수는 임상 역학 연구 프로젝트의 첫 번째 단계에 배치된다. 의사와 간호사가 개입의 예상치 못한 효과에 대해 알고 싶다면, 모든 개입을 또 다른 실험으로 취급해야 한다. 그리고 어떤 결과가 나오든 계속해서 주의를 기울여야 한다.[8]

기술은 기대 이상의 역할을 한다. 그뿐만 아니라 기대치도 바꾼다. 혈당 측정기를 예로 들어보자. 이런 소형화된 기계가 등장하기 전에는 3개월에 한 번 정도 아침 식사 전 이른 아침에 실험실에서 혈당을 측정했다. 이렇게 측정한 공복 혈당 수치가 10mmol/l 미만이면 모두가 만족했다. 만약 수치가 높으면 의사는 다음번 외래 진료에 올 때 인슐린 용량을 조정할 수 있다. 때때로 사람들은 며칠 연속으로 검사실에 가기도 하고, 하루에 여러 번 방문하기도 했다. 하지만 병원에 입원하지 않는 한 그것이 전부였다. 초소형 혈당 측정기는 환자가 휴대할 수 있어서 훨씬 더 자주 측정할 수 있다. 혈당 측정기를 사용하면 다른 일상 활동 사이사이에 혈당 수치를 직접 측정할 수 있다. 더 자주 측정할수록 인슐린 용량을 더 잘 보정할 수 있다. 이로 인해 치료 목표도 달라졌다. 예전에는 공복 혈당 수치가 10mmol/l 미만으로 유지되는 것이 좋았다면, 이제는 10mmol/l를 하루 내내 목표 수치로 설정할 수 있다.[9] 이와 같이 이 작은 기계는 측정하고자 설정한 혈당 수치에 변화를 가져왔다. 적당한 수단으로 작동하는 대신, 그 자체의 목적에 개입해 오고 있다.

혈당 측정기는 혈당 측정의 목적을 바꾸어 놓았지만, 혈당 측정기 혼자서 이런 일을 하지는 않았다. 가능한 한 하루 종일 혈당을 10mmol/l 미만으로 유지하는 엄격한 규제는 속효성 인슐린, 엄격한 규제가 합병증을 줄인다는 임상시험 결과, 환자의 자가 관리 능력을 신뢰하는 의사, 자가 관리에 많은 노력을 기울이는 환자, 앞서 언급된 모든 것이 가능한 일상생활 등 다른 요인에 의해서도 영향을 받는다. 이 모든 것이 함께 치료 방식을 변화시켰다. 그러나 이것으로 인해 새로운 문제가 발생했다. 저혈당증의 발생률이 증가한 것이다. 혈당 수치가 평균적으로 낮으면 과도하게 낮게 되는 일이 더 자주 생긴다. 이것은 놀랄 일은 아니지만 성가신 일이다. 흥미롭게도, 이 문제를 일으키는 데 도움이 된 동일한 혈당 측정기가 해결책의 일부 또한 형성한다. 혈당 수치가 의심스러운 경우, 이 작은 기계는 실제로 어떤 것을 먹어야 하는지 확인할 수 있게 해 준다. 혈당 수치가 방금 15mmol/l에서 8mmol/l로 떨어져 몸이 안 좋게 느껴질 수 있다. 이 경우 음식을 먹는 것은 현명하지 않다. 그러나 혈당 수치가 방금 4mmol/l로 떨어졌다면 사과나 샌드위치를 먹는 것이 좋다. 따라서 수고를 들여 혈당 측정기를 사용한다면, 혈당 측정기는 느낌이 좋지 않더라도 먹는 것이 현명하지 않을 때는 먹지 말라고 경고하고, 저혈당증을 피하기 위해 먹어야 할 때는 먹도록 권장한다. 어느 순간부터 혈당 측정기는 자체적으로 변화했다. 처음에는 고혈당 수치를 피하기 위한 도구였지만, 이제는 혈당 수치가 너무 낮게 떨어지는 것을 예방하는 데도 도움이 되고 있다.[10]

선택의 논리에서 기술은 도구이다. 이것은 중언부언하는 것처럼 들린다. 물론 기술은 도구이다. 목적을 위한 수단이며, 그 수단이 효과적일수록 더 좋다. 하지만 기술이 예상치 못한 효과를 가져온다면 어떨까? 기술이 원래의 목적을 넘어선다면, 아니 목적을 변화시킨다면 어떨까? 기술은 통제될 수 없다. 기술은 수많은 불규칙한 독립체와 배치 형태에 예기치 않은 방식으로 간섭한다. 일단, 그 기술이 세상에 도입되면 그것이 의도한 것보다 훨씬 더 많은 것을 변화시키고, 결국은 그 자신도 변형된다. 기술은 단순한 수단에 머무르지 않는 창의적인 중재자이다. 돌봄의 논리는 여기에 최적화되어 있다. 돌봄의 논리는 사물도 사람처럼 예측할 수 없다고 가정한다. 기술을 '단순한' 도구로 받아들이지 않는 대신, 지속적으로 통제되지 않는 기술을 길들이려는 끈질긴 시도가 좋은 돌봄에 포함되어 있다. 도구를 면밀히 관찰하고, 필요에 맞게 도구를 조정하거나, 자기 자신이 도구에 적응해야 한다. 기술은 우리가 원하는 대로 작동되지 않고, 우리의 정체성에 개입한다.

계산하기 또는 조율하기

선택의 논리에서 모든 유동성은 선택이 이루어지는 순간에 존재한다. 사실이 주어지는 순간, 가능한 행동 방안들도 함께 주어진다. 그러나 선택과 관련된 다양한 가치가 합쳐지는 방식은 그 순간에 아직 결정되지 않았다. 무엇을 해야 할까? 이것 아니면 저것, A 아니면 B? 바로 이것이 문제이다. 돌봄의 논리에서 유동성과 확실성은 다른 방식으로 분배된다. 그것들은 그렇게 쉽게 분리될 수 없다. 진료실에서 어떤 일이 일어나는지 다시 한번 살펴보자. 때때로 이것은 실제로 대체 가능한 선택지의 장단점을 비교하는 문제로 보일 수 있다. 디르크 헤바르트Dirk Gevaert의 상황을 예로 들어보자면, 그는 32살이고 작은 회사를 운영하고 있다. 그는 이 회사의 이사인데, 고객을 개인적으로 방문하기 위해 자동차로 여행하기도 한다. 그가 가장 원하지 않는 것은 운전하는 동안 저혈당이 발생하는 사태이다. (그는 사고를 내고 싶지 않으며 난폭한 운전으로 경찰에게 잡혀 면허를 빼앗기고 싶지도 않다). 그리하여 그는 저혈당을 피하고자 충분히 먹으며 인슐린 주사를 너무 많이 놓지 않도록 주의한다. 그러나 이런 식으로 하면 혈당 수치가 상당히 높게 유지되기 때문에 이것 또한 바람직하지 않다. 합병증이 발생할 위험도 높다. [반면] 이런 장기적인 문제를 피하기 위해 목표 수치를 낮게 설정하면 [저혈당의 위험으로 인해] 일을 포기해야 할 수도 있다. 하지만 그는 자신이 하는 일에 자부심을 가지고 있으며, 이 일은 자신과 그를 위해 일하는 사람들에게 수입을 제공한다. 어떻게 해야 할까? 디르크 헤바르트가 도로에서 위험한 존재가 되지 않도록 혈당 수치를 높게 유지하면 그것은 그 자신에게는 위험한 일이 된다. 반면, 그가 미래의 시력에 우선권을 둔다면 그는 회사를 잃게 된다. 이러한 어려운 질문을 처리하는 일반적인 임상 방식은 타협점을 찾는 것이지만 때로는 타협점을 만들기가 어렵다. 그렇다면, 선택해야만 한다.

진료실에서는 의사와 환자가 가장 중요하게 생각하는 것이 무엇인지에 대해 이야기하는 경우가 많다. 환자는 딜레마를 안고 집으로 돌아가 '관련된 타인들'과 함께 이에 대해 고민하고 이야기한다. 그러나 더욱 자주, 가장 시급하게 제기되는 질문은, 무엇이 최선인지가 아니라 무엇을 할 수 있는지에 대한 것이다. 실제로 달성할 수 있는 것은 무엇일까? 의지와 욕망이 중요한 역할을 할 수는 있지만, 결정적인 역할을 하는 경우는 드물다. 디르크 헤바르트로 다시 돌아가서, 생계를 유지할 수 있는 대안이 없는 나라에 살았다면 그 역시 선택의 여지가 없었을 것이다. 고심해야 할 현실적인 문제는 다양한 형태로 나타난다. 조우머 씨로 돌아가 보자. 이 장의 앞부분에서 언급했듯이, 그는 당뇨병이 있다는 진단을 받았다. 그 후, 한 달 동안 그는 점차 이 병과 함께 사는 데 익숙해졌다. 그는 인슐린 주사법을 배웠고 식습관을 조정했다. 이제 그의 주치의는 엄격한 조절이 합병증의 발생 가능성을 줄인다는 연구 결과가 있다고 설명했다. "조우머 씨, 이것은 진지하게 고려해야 할 문제예요."라고 의사는 말한다. 그리고 그녀는 엄격한 조절이란 조우머 씨가 정기적으로 혈당 수치를 측정해야 한다는 것을 의미한다고 덧붙였다. 조우머 씨가 결과를 기록해 다음 상담에 가져가면, 의사인 그녀는 더 정확하고 약간 더 높은 용량의 인슐린을 처방할 것이다. 그는 일주일에 하루 다섯 번 측정하는 것으로 시작할 수 있다. "어떻게 생각하세요?" 조우머 씨는 생각이 많아 보인다. 그러고는 고개를 끄덕인다. 맞다, 이것은 그에게 좋은 생각인 것 같다. 말할 것도 없이 그는 앞으로 더 나은 시력, 더 나은 동맥, 더 적은 신경병(증)을 원한다. 이 모든 것은 그가 혈당 수치를 측정하는 노력이 확실히 가치가 있음을 보여주는 것 같다.

지금까지의 장면은 선택의 논리에 잘 들어맞는다. 환자에게 정보를 적절하게 제공하고 결정은 환자에게 맡기는 괜찮은 의사도 마찬가지다. 이런, 그런데 그다음 방문에서 조우머 씨가 측정 결과를 기록하기로 했던 노트에 숫자가 적혀 있지 않았다. 무슨 일이 일어난 것일까? 선택의 논리로 볼 때, 이 상황은 조우머 씨가 엄격한 조절에 신경 쓰고 싶지 않을 수 있음을 시사한다. 필요한 모든 것을 측정하는 일의 단점을 깨닫기 시작하자, 그가 다른 결론에 도달한 것일 수도 있다. 아니면 다른 이유로 마음이 바뀌었을 수도 있다. 어느 쪽이든 측정을 원하지 않는다면 그렇게 해도 된다. 그것은 환자 자신의 선택이니까. 돌봄의 논리에서 이것은 말이 되지 않는다. 훌륭한 의료 전문가라면 조우머 씨가 집에 돌아가서 마음을 바꿨다고 생각하지 않고 그런 측정이 너무 어려운 일이었다고 생각할 것이다. 진료실에서는 괜찮게 들리던 것이 일상생활에서는 수행하기 어려운 것으로 밝혀진 것이다. 이런 일은 일어날 수 있다. 그러나 이처럼 비틀거리는 시도가 반드시 결론을 내려야 할 순간은 아니다. 조우머 씨는 다시 의자에 앉아 의사를 마주하고 있다. 그는 할 수만 있다면 여전히 엄격한 조절을 시도하고 싶어 한다. 그래서 돌봄은 계속된다. 이상적인 의사는 "조우머 씨, 생각보다 치료가 어려워서 실망하셨지요?"라고 위로하는 것으로 시작한다. [제대로 측정하지 못한 일을 비난하며] 도덕화하는 것은 도움이 되지 않는다. 더 나아가 죄책감을 심어주는 것은 오히려 역효과를 낼 수 있으므로 피해야 한다. 죄가 있는 사람들은 돌봄이 아니라 처벌을 받아야 할 대상이다. 자신에게 죄가 있다고 느끼면서 어떻게 자기 돌봄 활동에 참여할 수 있겠는가?

따라서 가장 먼저 필요한 것은 자기 돌봄을 용이하게 하는 정서적 지원이다. 하지만 그것만으로는 충분하지 않다. 다음 과제는 조우머 씨가 혈당 수치를 측정할 때 직면하게 될 현실적인 문제를 해결하는 것이다. 다음번에 조우머 씨가 성공할 확률을 높이기 위해 무언가 약간 변경할 수 있는 것이 있을까? 조우머 씨의 측정 기술이 부족하다면 당뇨병 간호사가 다시 한번 절차를 안내할 수 있다. 손가락을 찌르고, 검사지를 손가락 가까이에 대고, 혈액을 검사지에 묻히고, 그것을 혈당 측정기에 넣고, 결과를 읽고, 노트에 기록하는 순서로 진행하라고. 이 과정을 연습하는 동안 간호사는 조우머 씨가 그에게 맞지 않는 기기를 가지고 있음을 알아차릴 수도 있다. 검사지 용기의 나사 윗부분을 분리하는 데 문제가 있거나, 결과를 보여주는 디스플레이가 너무 작거나, 기기가 너무 커서 휴대하기가 번거롭다든지 하는 어려움을 가지고 있다고 말이다. 이런 경우 다른 측정 장치를 주면 더 잘할 수 있을까? 그래서 간호사는 그에게 이렇게 질문한다. "정확히 어떤 점이 어려운가요?" 조우머 씨가 하는 일에 문제가 있을 수도 있다. 그렇다. 그는 도로 건설 작업을 한다. 이것은 그가 하루에 다섯 번 손가락을 찌르는 것을 불가능하게 만든다. 그는 동료들이 모두 보고 있는 자리에서 바늘을 찌르고 싶지 않다. 하지만 유일하게 사적인 공간인 이동식 화장실은 꽤 멀리 떨어져 있을 뿐 아니라 더럽기까지 하다. 게다가 그가 그곳에 자주 가면 일을 회피한다는 비난을 받을 것이다. 그는 그렇게 할 수 없다.

원하지 않는 것과 할 수 없는 것을 구분하는 일은 쉽지 않은 경우가 많다. 그래서 진료실에서는 환자와 전문가가 욕망과 가능성을 구분하는 데 너무 많은 시간을 낭비하지 않고 함께 이야기하려 한다. 그들은 기술적 세부 사항뿐만 아니라 정서적 세부 사항에 이르기까지, 일상적인 실천의 복잡성에 대해 논의한다. 어떻게 처리해야 할까? 중요한 다른 일들을 너무 많이 망치지 않고 일상생활에 치료를 포함하는 방법은 무엇일까? 따라서 조우머 씨에게 중요한 것은 '측정'과 '측정하지 않음' 중 하나를 선택하는 것이 아니라 측정하는 방법을 찾는 것이다. 어떻게 측정해야 할지 그 방법을 말이다. 간호사는 조우머 씨에게 하루에 다섯 번 측정하는 대신 일주일에 5일 동안 하루에 한 번 측정하는 것이 좋겠다고 제안한다. '그게 효과가 있을까?' 어떻게든 기술, 일상 습관, 사람의 기량 및 성향은 모두 상호 조정되어야 한다. 이것은 돌봄의 논리에서 매우 중요하다. 모든 것을 다른 모든 것에 맞추는 것이 중요하다. 완전히 고정된 것이나 완전히 유동적인 것은 없다. 기술, 습관, 희망, 환자의 삶의 모든 것이 조정되어야 할 수도 있다. 환자들도 마찬가지이다. 교육 과정에 참여하면, (당뇨로 인해 저혈당 감지 능력이 아직 약화되지 않았다면) 저혈당 증상이 시작되는 것을 더 잘 느끼는 법을 배울 수도 있다. 치료 요법은 피에 대한 두려움을 없애는 데 도움이 될 수 있다. 아니면 의사가 바뀌어야 할까? 그녀는 너무 딱딱하거나 너무 부드럽거나 너무 빠르거나 너무 느릴 수 있다. 커뮤니케이션 전문가는 의사가 자신의 상담 내용을 비디오로 보도록 하고 다음과 같이 피드백해 줄 수 있다. "보세요, 이건 전형적인 순간입니다. 여기서는 환자의 말을 듣는 데 더 많은 시간을 할애할 수 있었을 겁니다. 너무 많이 말하지 마세요."

선택의 논리가 선택의 순간에 부여하는 최대 유동성은 돌봄의 논리에서는 찾아볼 수 없다. 많은 것을 원할 수 있지만 그것이 현실과 반드시 일치하지는 않는다. 그래서 혈당 수치를 낮추기로 선택하더라도 갑자기 예기치 않게 혈당 수치가 상승할 수 있다. 혈당을 엄격하게 조절하면서 운전하기로 결심하기도 하지만, 아무리 피하려고 해도 이것은 저혈당으로 이어질 수 있다. 그리고 정말 측정하고 싶어도 측정하지 못할 수도 있다. 이것이 바로 삶의 점성viscosity이다. 습관, 다른 사람들, 물질적 조건, 그것들은 당신의 소원에 따라주지 않는다. 그것들을 마음대로 다룰 수는 없다. 무엇보다도 당뇨병에 걸리고 싶지 않았지만, 당뇨병에 걸렸다. 따라서 돌봄의 논리에서는 선택의 논리에서보다 의지와 소망이 더 많은 제약을 받는 반면에, 사실과 기술은 좀 더 유동적이다. 유동성이 적은 것이다. 통제는 제공되지 않는다. 세상은 적응할 수 있고 조정할 수 있는 곳일지 모르지만, 어느 지점까지만 가능하다. 변경할 수 있는 것에는 한계가 있다. 그리고 처음에는 이러한 한계가 분명하지 않다. 무엇이 효과가 있고 무엇이 실패할지 예측하기는 어렵다. 그래서 돌봄의 논리는 우리가 신중하게 실험하기를 원한다. 시도하고, 무슨 일이 일어나는지에 주의를 기울이고, 이것, 저것 또는 다른 것을 조정하고, 또다시 시도해야 한다.[11]

선택의 논리에서, 좋은 결정은 다양한 실천 과정이 갖는 장단점의 균형을 적절히 맞추는 데 달려 있다. 여기에 동원된 '균형'의 모델은 회계학에서 비롯되었다. 회계학에서 재정적인 균형은 대변貸邊과 차변借邊의 값[가치]이 일치하는 것이다. 의료 개입의 장단점은 금액의 합계보다 정량화하기가 훨씬 더 어려운데, 균형 모델은 놀랍도록 유사한 방식으로 사용된다. 마치 결정을 내리는 것이란 계산하는 것과 같다는 듯이 장점 대 단점, 한쪽 대 다른 쪽을 비교한다. 하지만 돌봄의 논리에서는 다르다. '균형'은 여기서도 중요하지만, 장단점을 더하고 빼는 문제가 아니다. 결국에는 더하기와 빼기에 고정된 변수가 필요하지만, 돌봄의 논리에서는 고정된 변수가 없다. 모든 변수는 어느 정도까지는 가변적이다. 그래서 우리가 추구하는 '균형'은 점성이 있는 변수들을 조율하여 적극적으로 만들어져야 하는 어떤 것이다. 회계사의 대차대조표보다는 공중곡예사나 무용수의 균형 잡힌 몸짓이 떠오른다. 그리고 마침내 모든 것이 들어맞는다고 하더라도, 비록 모든 것이 다른 모든 것과 잘 맞춰진다 해도, 그것은 다시 무너질 수 있다. 손가락의 감각이 떨어진다. 시력이 나빠진다. 나이 드신 부모님을 돌봐야 한다. 두 사람의 관계가 산산조각이 난다. 직장에서 정리해고를 당한다. 여러 시간대를 넘나드는 장거리를 비행하고 싶다. 어떻게 관리할 수 있을까? 선택의 논리에 따르면 선택은 특정 순간에 국한되는 것을 시사한다. 특권적인 순간들은 어려울 수는 있겠지만, 제한되어 있다. 반면에, 돌봄의 논리는 삶의 다양한 점성적 변수를 서로 조율하는 것이 지속적인 과정임을 시사한다. 이 과정은 죽는 날까지 계속된다.

의사 관리하기 또는 의사 노릇doctoring 공유하기

선택의 논리에서 시간은 선형적이다. 중요한 순간, 즉 선택이 이루어지는 순간은 (중립적인) 사실 → (가치 있는) 선택 → (기술적인) 행동이라는 순서에 내재되어 있다. 일단 조치가 끝나면 그 행동에 대한 평가가 가능해진다. 사후 고려 사항으로서 말이다. 반면 돌봄의 논리에서는 시간이 우여곡절을 겪는다. 관련된 모든 사실-값[가치]을 사용할 수 있는 결정적인 순간은 단 한 번도 없다. 문제가 발생하고 이를 해결하면서 새로운 문제가 발생한다. 치료가 시작되기 전에 치료의 목표를 정한다는 것은 불가능하다. 목표를 설정하는 것이 치료의 일부이다. 그리고 예상치 못한 문제가 발생하면 다른 모든 문제와 통합해야 한다. 따라서 돌봄의 논리에서는 사건들 사이에 화살표를 놓고 선형적인 방식으로 순서를 매기는 것이 의미가 없다. 자가 측정, 이것은 엄격한 조절을 도입하기 위한 조건 중 하나인가, 아니면 그 결과 중 하나인가? 그리고 왜 평가를 실행한 이후로 연기하려는 것일까? 평가는 치료를 미세 조정하고 개선하려는 시도의 일환으로서, 조기에 시작하는 것이 더 합리적이다. 당뇨병과 함께 살아가는 데 있어 시간은 순간순간의 일이 아니다. 과거는 지울 수 없는 흔적을 남겼지만, 미래도 이미 존재하고 있기 때문이다. 여러분은 미래와 씨름하려고 한다. 엄격한 조절에 얽매인다고 해서 지금 당장 기분이 나아지는 것은 아니다. 대신 당뇨병으로 인한 합병증을 연기할 수 있기를 바랄 뿐이다. 그것은 나중에 좋다. 돌봄의 논리는 시간에 맞춰 펼쳐지지 않는다. 그것은 시간을 접는다.

선택의 논리가 지배하는 선형적 시간에는 주어진 것과 토론을 위해 열려 있는 것 사이에 현저한 차이가 있다. 지식과 기술은 주어져 있다. 이것들은 세월이 흐르면서 변화할 수 있지만 중요한 순간, 즉 지금 여기, 선택이 이루어지는 순간에는 고정되어 있다. 지식과 기술은 선택을 가능하게 만드는 기반이다. 그러나 지식과 기술은 토론의 범주에서는 벗어나 있다. 우리는 그것들의 존재에 대해 찬성이나 반대를 선택할 수는 없다. 주어진 지식과 기술이 이용 가능한 선택의 프레임을 짜고 그다음에야 토론의 프레임이 직조되기 때문이다. 어떤 정보를 수집할 가치가 있는지, 어떤 기술을 구축할 가치가 있는지는 진료실에 있는 개별 환자가 선택할 문제가 아니다. 이는 다른 곳에서 이미 결정된 사항이다. 지식을 창출하는 데 어떤 방법이 사용되었나? 어떤 연구 질문이 다루어졌나? 어떤 기술이 만들어졌나? 그리고 왜 다른 것들이 아니고 이것들이 사용되었나? 이 중 어느 것도 적절한 질문이 아니다. 모든 강조점은 지금 여기에서 해야 할 선택에 있다. 우리가 어떻게 다른 상황이 아닌 이 특정 상황에, 즉 지금 여기에 이르게 되었는지에 관한 질문은 적절하지 않다. 이 상황에서 선택하는 것만으로도 충분히 어려운 일이다.

어쩌면 [선택하기가] 너무 어려우므로 많은 환자가 전문가들이 대신 선택해 주기를 바라는 것은 놀라운 일이 아닐 수 있다. "의사 선생님, 어떻게 생각하세요?"라고 환자들은 말한다. "당신이라면 어떻게 하시겠습니까? 아버지, 어머니, 배우자, 자녀라면 어떻게 조언하시겠습니까?" 선택의 논리에 따르면 이러한 질문에 답하는 것은 때때로 친절한 일일 수는 있지만, 전문적인 업무는 아니다. 전문가는 좋은 정보를 제공하고, 환자가 선택한 개입을 적절히 시행해 주어야 한다. 전문가는 지식이 풍부하고 정확하며 숙련되어 있어야 한다. 그들은 많은 양의 정보를 처리할 수 있고 유능하게 행동할 수 있어야 하지만, 치료 방향을 결정하는 것은 환자들이다. 환자는 관리하고 의사는 시행한다. 이것이 돌봄의 논리와 다른 점이다. 돌봄의 논리에서는 관리와 시행을 분리하는 것이 불가능하다. 변수를 서로 조정하는 것은 무엇을 해야 할지 파악하는 것만큼이나 사실을 확립하는 일이다. 기술을 사용하려면 각각의 특정 상황에 맞게 조정해야 한다. 돌봄은 지식과 기술을 시행하는 것이 아니라 그것들을 가지고 실험을 하는 것이다. 이와 관련된 작업을 이야기하기 위해 경멸적인 의미가 함축되어 사용되던 단어를 새롭게 정의하고 싶다. 즉, 나는 의사 **노릇**doctoring에 대해 이야기하고 싶다.* 돌봄의 논리 안에서 돌봄에 관여하는 것은 의사 노릇의 문제이다. 의사 노릇은 풍부한 지식, 정확성과 숙련도에 달려 있다. 하지만 여기에 더해 세심하고 창의적이며 끈기 있고 관대한 자세도 필요하다.

의사 노릇은 의사만 하는 것이 아니다. 돌봄 팀 전체가

---

* 영어 단어 doctor가 동사로 사용될 때 조작하고 변조한다는 부정적 뜻도 있다.

관여한다. 조우머 씨의 경우를 다시 예로 들어보면, 의사는 엄격한 조절의 가능성에 대해 언급한다. 당뇨병 간호사는 조우머 씨에게 하루가 아닌 5일에 걸쳐 측정 결과를 수집할 것을 제안한다. 이를 위해 간호사는 미리 인쇄된 작은 수첩의 한 페이지를 변경하여 조우머 씨가 읽기 쉬운 방식으로 결과를 기록할 수 있도록 한다. 조우머 씨는 직접 혈당 수치를 측정해 보고, 측정에 성공하지 못하면 진료실로 돌아와서 상담받는다. 의사 노릇과 관련하여 중요한 질문은 누가 담당자인지가 아니라 관련된 다양한 활동이 서로 잘 조율되고 있는지 여부이다. 모든 사람과 모든 것이 협력하고 있는가? 아니면 긴장과 충돌이 있는가? 간호사가 경청하는 데 더 많은 시간을 할애해야 환자가 일상생활에서 겪는 어려움에 대해 더 많이 알 수 있을지도 모른다. 환자의 경험에 주의를 기울여야 의사는 자신의 활동을 더 미세하게 조율할 수 있다. 개선할 점은 항상 존재한다. 이상적인 실천도 이상적인 것은 아니다. 새로운 것을 시도하고, 이전에 해왔던 것을 기꺼이 재검토하는 것이 중요하다. 실패하는 일은 항상 있게 마련이다. 다시 시도하고, 조정하고, 개선하자. 아니면, 적절한 시기가 되었을 때 놓아버리자.

의사 노릇을 공유하는 팀은 전문성의 민주화를 위한 흥미로운 모델을 제시한다. 지금까지 전문 지식의 민주화에 대해서는, 그것이 어떤 형태이든 마치 외부로부터 온 것처럼 위에서부터 대중이 전문가 위에 군림하는 것으로 제시되는 경우가 많았다.[12] 첫째, 민주적으로 통치되는 국가는 전문가를 통제해야 한다는 요구가 있다. 이제는 선택의 논리가 환자들이 개별적으로 그렇게 하도록 초대한다. [선택의 논리에서] 환자들은 전문가들을 우리cage 속, 즉 전문가들이 사실을 알고 도구를 다루는 곳으로 다시 밀어 넣어야 한다. 동시에 환자들은 중요한 결정, 즉 가치와 관련된 결정은 스스로 내려야 한다. 따라서 선택의 논리에서 환자는 의사를 관리하도록 요구받는다. 돌봄의 논리는 전문 지식에 대한 전문가 집단의 독점을 개방하는 다른 방법을 제안한다. '어떻게든 의사 노릇을 공유하자. 실천적으로 함께 실험하고, 경험하고, 고쳐나가자.' 이것은 쉽지 않은 일이다. 의사 노릇을 공유하기 위해서는 관련된 모든 사람이 서로의 기여를 진지하게 받아들이고 동시에 신체, 기계, 식품 및 기타 관련 기관이 하는 것들을 조율해야 한다. 의사 노릇을 공유하는 사람들은 창의적이고 신중한 실험에 참여하면서 서로의 경험을 존중해야 한다. 모든 사람의 강점과 한계에 주의를 기울이면서 동시에 모든 변수를 서로 조율해야 한다. 자신을 포함하여 필요한 모든 것을 바꿔야 한다. 의사 노릇을 공유하기 위해서는 아무것도 당연하게 여기거나 주어진 대로 받아들이지 않고, 질병과 함께 살아가는 방식을 개선하기 위해 무엇을 할 수 있는지 모색해야 한다. 그리고 실패는 불가피하다는 것과 죽음이 우리가 가진 유일한 안전이라는 것을 기억해야 한다.

(5장)
개인 그리고 집단

미리-가정된 개체 또는 신중한 개체화
+
같은 사람 추가하기 또는 공들여 범주 만들기
+
건강한 행동 또는 도움이 되는 조건들
+
숨어 있는 용간한 사람들

지금까지 이 책에서는 개별 환자들에 대하여, 그리고 '선택'과 '돌봄'이 환자들의 상황을 구성하는 방식에 대하여 이야기했다. 그러나 사람은 혼자 살지 않고 집단을 형성하여 살아간다. 이 장에서는 의료 서비스의 맥락에서 '개인'과 '집단'이 어떻게 관련되어 있는지 살펴볼 것이다. 집단은 여러 개인을 더한 총합일까, 아니면 개인이란 무엇인지 이해하기 위하여 개인이 속한 다양한 집단에 대해 먼저 알아야 할까? 그리고 공중보건은 개인에게 행동을 바꾸라고 요구함으로써 개선되어야 할까, 아니면 집단이 살아가는 환경에 개입함으로써 개선되어야 할까? 선택의 논리와 돌봄의 논리는 이러한 질문에 서로 다른 방식으로 답한다. 이를 보여주기 위해 네덜란드에서 당뇨병을 앓으며 사는 환자의 생활에 대해 다시 이야기할 것이다. '공중보건'을 개선하는 데는 질병을 예방하려는 노력이 포함되지만, 현재로서는 제1형 당뇨병을 예방하는 방법을 아무도 모른다. 이러한 이유로 논의의 범위를 넓히고 제2형 당뇨병과 이를 예방하려는 시도를 좀 더 직접적으로 포함하고자 한다.

선택의 논리는 우리가 개별적인 개인에서 시작하여 서로가 더해지면서 하나의 집단을 형성하기 시작한다고 가정한다. 즉, 개인을 함께 모여 더 큰 전체를 구성하는 빌딩 블록building block으로 간주한다는 것을 의미한다. 빌딩 블록은 다양한 방식으로 명명된다. 선택의 논리의 시장적 변형에서는 이들을 '고객'이라고 부른다. 각 고객은 개별적인 수요를 가지고 있으며, 시장에서는 이러한 수요가 더해져 전체 수요를 창출하게 된다. 자유민주주의 사회를 설명하는 선택의 논리의 시민적 변형에서는 집단을 구성하는 개별 구성 요소를 '시민'이라고 부른다. 시민은 투표를 통해 영향력을 행사할 수 있다. 그들의 투표는 합산되어 다수결이 승리한다. 이 두 가지 합산 시스템 중 어느 것도 완전히 선형적이지 않다. 예를 들어 시장에서는 소수의 수요가 너무 작은 경우, 이를 충족시키는 것은 수익성이 없을 가능성이 있다. 자유민주주의에서 소수의 시민은 때때로 그들의 수 이상으로 더 중요하다. 수적으로 열세인 사람들이 반드시 배제되는 것은 아니다. 좋은 정부는 '소수의 이익'을 고려하기 때문이다. 그러나 덧셈이 완전히 선형적이지는 않더라도 두 경우 모두, 집단은 개인을 더한 결과이다.

건강의 맥락에서 더하기는 개인에서 집단으로 이동하는 데 사용될 수도 있다. 이는 자유롭고 개별화된 공중보건의 노력에서 발생한다. 여기서 집단은 수요나 투표를 추가하여 만들어지는 것이 아니라 매개변수를 집계하여 만들어진다. 이 역학 연구를 하기 위하여 통계 도구가 배치된다. 건강과 질병에 대한 신체적 지표(매개변수)가 측정되고 이는 사람들이 참여하는 (몇 가지) 활동과 상관관계를 가지게 된다. 이러한 방식으로 특정 활동은 건강 또는 질병의 특정 지표와 상관관계가 있다. 그러면 모든 사람이 건강에 도움이 되는 활동에는 참여하고 질병과 관련된 활동은 삼가도록 권장된다. 예를 들어, 우리는 과일과 채소를 포함해서 적당히 먹고 충분한 운동(스포츠 참여, 자전거 타기, 수영 또는 걷기)을 해야 한다는 말을 들음으로써, 이것들이 주는 희망, 즉 모든 개인이 연구를 통해 밝혀진 이상에 따라 생활 방식을 조정한다면 집단의 건강이 개선될 것이라는 희망을 가지게 된다. 공중보건의 이름으로 우리는 '건강한 생활 방식을 선택'하도록 권유받는다.

이 맥락에서 '선택'의 성격이 바뀌었다는 점에 유의하자. 이전 장에서 '선택'은 이상적인 것으로 묘사되었다. 환자가 스스로 선택할 수 있어야 하며should, 전문가는 가치 있는 결정을 환자에게 맡겨야 할 의무가 있다ought고 했다. [하지만] '해야 한다'와 '할 의무가 있다'라는 표현은 일이 항상 그런 식으로 진행되지는 않는다는 것을 시사한다. '선택'은 규범적인 프로젝트로서 환자에게 선택의 가능성을 부여하는 것은 좋은 일이며 실천해야 한다는 프레임으로 구성된다. 그러나 공중보건 캠페인에서 "건강한 생활 방식을 선택하라."라고 독려할 때는 뭔가 다른 일이 일어나고 있다. [선택의 논리에서는] 말 그대로 갑자기, 우리가 사는 방식은 이미 우리가 내린 선택에 따른 것이라고 가정된다. 건강한 방식으로 사는 것을 막는 사람은 아무도 없지 않은가? 선택은 노력을 많이 기울여야만 실현될 수 있는 이상에서 갑자기 삶의 사실로 뒤바뀐다. 선택은 사람이 하는 일이다. 놀라운 것은 사람들이 이상하고 현명하지 못한 선택을 한다는 것이다. 왜 그렇게 많은 사람이 그렇게 많이 먹고 운동을 거의 하지 않는 것을 선택할까? 심지어 흡연을 선택하는 사람들도 있다. 우리 각자가 개별적으로 옳은 일을 선택한다면, 우리는 함께 건강한 집단을 형성할 수 있기 때문에, 공중보건 캠페인은 우리가 더 나은 선택을 하도록 장려한다.

이 장에서는 이 모든 것이 돌봄의 논리에서는 의미가 없음을 보여주고자 한다. 돌봄의 논리는 개인이 아니라 다양한 집단에서 시작되기 때문이다. 진료실에 찾아오는 환자들은 가족의 일원이기도 하고, 동료가 있기도 하고, 한 동네에 살기도 하는 등등 다양하다. 환자 개개인에게 필요한 치료를 위해 이들을 집단으로부터 분리하는 것은 어려운 일일 수 있다. 동시에, 우리가 속한 집단은 우리가 받는 돌봄 또는 우리에게 좋을 수 있는 치료의 틀을 구성한다. 진단 그룹, 유전적 친척, 습관을 공유하는 사람들, 과거, 음식 등 모든 것이 중요할 수 있다. 하지만 이 중 어떤 것이 실제로 중요할까? 돌봄과 관련된 집단의 성격은 주어지는 것이 아니라, 어떻게든 확립될 필요가 있는 것이다. 이러한 맥락에서 역학 연구가 다시 동원되지만, 연구는 다른 방식으로 진행된다. 어떤 집단들이 함께 범주화되어야 할까? 다양한 집단이 살아가는 조건이 질병에 시달리는 정도와 상관관계가 있기에 개인의 행동을 도덕화하기보다는 집단의 삶을 개선하는 돌봄이 필요하다.

이런 차이는 심오하다. 선택의 논리에서는 미리-가정된 개인들pre-given individuals이 합쳐져 집단을 형성하고, 분할은 집단에 해당하는 것을 그 집단을 구성하는 개인들에게 해당하는 것으로 다시 나누는 데 사용될 수 있다. 개인과 집단은 [집단의 크기와 관련된] 추이적인 관계transitive relation로 설정된다. 반면 돌봄의 논리에서는, 다양하게 분류된 집단에서 개인을 분리하는 것은 다양한 방식으로 이루어질 수 있다. 집단에서 개인으로 이동하는 것은 특정화하는 것이고, 집단은 개인을 더해서 구성되는 것이 아니라 집단 간에 유용한 차이화differentiation를 통해 구성된다. 이 중 어느 것도 이해하기 쉽지 않다. 아래에서는 이를 단계별로 설명하려고 한다. 의료 서비스 실천에서 '집단'과 '개인'이란 무엇을 의미할까? 이 질문에 답하기 위해 다시 한번 나는 몇 가지 일화를 들려드리고자 한다.

미리-가정된 개체 또는 신중한 개체화individuation

진료실에서 환자와 의사가 찍은 사진을 보면 두 사람이 만나는 것처럼 보일 수 있다. 두 사람은 책상 반대편에 앉아 있다. 선택의 논리에서는 의사와 환자 두 사람만 있다고 가정하면서 의사가 가부장적인지, 아니면 환자가 선택할 수 있는지를 묻는 것으로 이어질 수 있다. 그러나 진료실 구석에 있는 의자에 앉아 무슨 말이 오가는지 들어보면 다른 일이 벌어지고 있음을 알 수 있다. 보이는 두 사람은 단독으로 행동하지 않는다. 다른 많은 사람이 그들과 연결되어 있다. 의사 뒤에는 진료 예약을 받는 비서, 조언해 주거나 비판적인 의견을 제시할 수 있는 동료들, 스승들과 콘퍼런스의 연사들이 있고, 동시에 진료실이 있는 복도 끝에는 상담 중인 당뇨병 간호사(오후에 '당뇨병 회의'

가 예정되어 있다)가 있다. 이 장의 맥락에서 의사는 우선적 고려 대상이 아니다. 보이지 않는 환자의 동반자는 어떤가? 어느 시점에 의사는 "가족 중에 당뇨병을 앓고 있는 사람이 있습니까?"라고 질문할 수 있다. 이 질문과 함께 환자의 가족이 등장한다. 그러나 처가나 시가 식구들은 제외된다. 이 질문은 환자와 유전자 풀gene pool을 공유하는 혈족에 대해서만 해당되는 것이다. 유전학에 따르면 각 개인은 고유한 유전자 집합을 물려받지만, 그 이전에 유전자 풀이 존재한다. 유전자 풀은 개인보다 먼저 존재한다.[1] 이것은 일반적인 상식이다. 환자들은 종종 자신의 신체적 특징과 관련하여 선행하는 [유전자] 운반자를 자연스럽게 언급하기도 한다. "고혈압은 말할 것도 없어요, 의사 선생님. 우리 아버지도 고혈압을 앓으셨는데 혈압을 낮추는 것이 불가능했어요." 현대의 의사에게 환자의 '유전적 부담'은 편안히 앉아서 휴식을 취할 이유가 아니라 [맞서야 할] 도전에 해당된다. 기존 약물이 효과가 없던 곳에 효과가 있는 새로운 약물을 찾을 수 있을까? 그럴 수도 있고 아닐 수도 있다. 어느 쪽이든 고혈압은 그 자리에 있지도 않은 아버지를 불편한 존재로 만든다.

환자들이 가족의 일원이라는 점은 진단에 도움이 된

다. 당뇨병 유전자가 가족 중 누군가에게서 먼저 나타났다면 그의 가족도 당뇨병에 걸릴 확률이 높아진다. 가족은 치료와도 관련이 있다. 이번에는 처가나 시가 식구들도 포함되는데, 이는 유전자 공유 대신 습관의 공유가 중요하기 때문이다. 그런데 가족 습관이 항상 당뇨병 치료에 도움 되는 것은 아니다. 오히려 방해가 될 수도 있다. 제2형 당뇨병을 앓고 있는 리스 헨스트라의 상황을 예로 들어보자. 그녀의 주치의는 한동안 그녀에게 체중 감량을 권유해왔다. 하지만 그녀는 인터뷰에서 "저는 많은 다이어트를 해봤어요. 다이어트는 너무 힘들어요. 한번은 40킬로그램을 감량했지만 금방 다시 살이 쪘어요. 덜 먹으면 되겠지만 그럴 수가 없어요. 우리 가족은 음식을 아주 좋아하거든요. 저는 어렸을 때부터 그랬어요. 그냥 계속 먹어요." 가족 습관은 유전자가 그런 것처럼 우리가 태어나기 전부터 존재한다. 그것이 우리를 지금의 우리로 만들어낸다. 그리고 우리가 속한 다른 집단의 전통도 마찬가지이다. 디에르트 판 에에르던Tjeerd van Eerden은 세일즈맨인데, 그는 "다이어트를 한다는 것은 정말 불가능해요."라고 말한다. "제 업무는 고객을 레스토랑에 데리고 가는 것입니다. 식사 코스를 건너뛸 수는 없지요." 튀는 행동을 하기는 어렵고, 자신이 몸담고 있는 회사와 맞지 않는 일을 하기도 어렵다. 하지만 이것이 바로 돌봄의 논리가 원하는 것이다. 자신을 돌보기 위해서는 일탈이 필요할 수도 있다. 디저트가 나오면 "아니요, 괜찮습니다. 저는 먹지 않겠습니다."라고 말해야 한다.

집단으로부터 자신을 분리하는 것은 개인이 되기 위해서가 아니다. 이는 진정한 자아를 위한 공간을 만드는 것과는 아무런 관련이 없다.[2] 음식을 좋아하는 집안에서 태어났다면 마음속 깊은 곳에서는 결국 진정한 음식 애호가일 가능성이 크다. 어렸을 때부터 그랬으니까. 그리고 집의 식탁이 당신에게는 회의실 식탁이기도 하다면, 당신은 시종일관 훌륭한 호스트일 수도 있다. 요점은 다른 사람이 되는 법을 배워야 한다는 것이다. 이러한 '개체화'는 쉽지 않다. 익숙한 것을 버리고 달라져야 한다. 하지만 어떻게 달라질 수 있을까? 복잡한 문제 중 하나는 일탈자로 낙인찍히는 것이 불편할 수 있다는 것이다. 루트 스테번스 Ruud Stevens는 인터뷰에서 이렇게 말한다. "예전에 제 친구 중 한 명의 결혼식에서 있었던 일입니다. 저는 막 퇴원한 상태였죠. 당시 저는 점심에는 조리된 식사를 하고 저녁에는 빵을 먹는 데 익숙해져 있었어요. 그 친구에게 이 이야기를 했더니 친구는 이렇게 말했습니다. '우리가 빵을 구해 줄게. 걱정하지 마.' 그 후 식장에 앉아 있는데, 웨이터가 제 빵 접시를 들고 들어와서 소리쳤습니다. '당뇨병 환자분 어디 계시죠?' 모두가 저라는 것을 알 수 있었습니다. 그래서 그 후 저는 '다시는 그러지 마. 그냥 다른 사람들과 같이 먹을래.'라고 했습니다." 공개적으로 비정상적인 사람으로 낙인찍히는 것보다는 같이 먹는 것이 낫다. 다행히도 유사점과 차이점을 결합할 수 있는 몇 가지 실용적인 형식이 있다. 지르스토Zirsto 부인이 설명했듯이 뷔페는 저녁 식사보다 훨씬 쉽다. 뷔페를 이용하면 현명하게 적당한 양의 음식을 먹을 수 있다. 아무도 당신이 특별한 일을 하고 있다는 것을 알아채지 못한다. 지르스토 부인은 "아들 결혼식에서 뷔페를 먹을 수 있어서 정말 행복했어요. 하지만 뷔페 식사가 늦게 시작되어서 한 시간 전에 샌드위치를 달라고 했어요."라고 말했다.

차이화할 수 있는 것과 하나로 묶을 수 있는 것은 일상생활의 기술적technical 세부 사항에 따라 달라진다. 즉, 돌봄의 논리가 요구하는 개체화는 감정적일 뿐만 아니라 물질적인 작업이기도 하다는 것을 의미한다. 가족 식사를 생각해 보라. 레흐터스Regters 씨는 인터뷰에서 이렇게 말한다. "일반인들은 설탕이 다른 것들보다 몸에 더 나쁘다고 생각하죠. 하지만 그렇지 않습니다. 저에게는 지방이 훨씬 더 나쁩니다. 그래요. 그래서 저는 커피에 탈지우유를 넣습니다. 그리고 종류가 다른 버터를 사용합니다. 아내도 마찬가지입니다." 이 시점에서 그의 아내는 다소 날카롭게 그를 가로막는다. "오, 아니요. 저는 그렇지 않아요. 전혀 그 버터를 좋아하지 않아요." 레흐터스 씨는 달래는 태도로 계속한다. "아니요, 당신 빵에 바르는 게 아니라 튀김용이요, 종류가 다른 버터를 말하는 거예요." 집에서 식사할 때 네덜란드식 차가운 식사(하루에 두 번 먹는 것)의 전통 중 하나는 얇게 썬 빵 조각을 빵 바구니에 담아내는 것이다. 식탁에 함께 앉아서 각자 빵에 버터를 바르고 그 위에 치즈 같은 것을 얹거나 초콜릿 가루를 뿌려 먹는다. 레흐터스 씨는 동맥을 보호하기 위해 저지방 다불포화 마가린을 사용하는 반면, 레흐터스 부인은 자신이 좋아하는 풀 크림 버터를 빵에 바른다. 하지만 하루의 따뜻한 한 끼 식사를 준비할 때는 프라이팬 하나에 모든 고기를 한 번에 튀기는 것이 훨씬 쉽다. 레흐터스 부인은 요리할 때 관대하다. 그녀는 남편에게 좋은 다이어트 버터인 '다른 버터'를 고기 튀김에 사용한다. 그녀는 남편이 동맥에 좋지 않은 음식을 먹게 하지 않으며, 남편을 비정상적인 사람으로 고립시키지도 않는다. 대신, 그녀는 스스로 적응해 간다.

    사람들은 함께 또는 따로, 또는 약간씩 두 사람 다 할 수 있는 일을 한다. 그러나 분리되는 것을 원하지 않는 사람들의 집단도 있다. 산더스Sanders 부인을 예로 들어보면, 남편이 치매에 걸렸고 매일 악화되고 있다. 그는 그녀에게 욕을 하고 때로는 그녀를 때리기도 하는데, 과거에는 한 번도 하지 않았던 일들이다. 산더스 부인은 당뇨병 검사를 받으러 병원에 가야 할 때 기쁜 마음이 든다. 왜냐하면 방문 요양 간호사가 집에 와서 남편을 돌봐주기 때문이다. 그녀는 잠시 휴식을 취할 수 있다. 하지만 산더스 부인은 가능한 한 오랫동안 남편과 집에서 함께 살기로 결심했다. 남편은 지금 상태가 매우 좋지 않아서 남편을 요양원의 노인 병동에 입원시키는 것이 그리 어렵지 않을 것이다. 그는 종종 분노를 참지 못하기에, 산더스 부인은 멍이 들었으며, 숙면을 취하는 일이 거의 없고, 일주일에 두 번씩 하는 운동 수업(의사가 권장하는 운동)에도 참시하지 못한다. 하지만 그녀는 "우리가 함께 겪은 모든 일을 생각하면 그 남자를 그냥 버릴 수는 없어요."라고 말한다. 산더스 부인은 결혼 생활의 유대가 얼마나 힘들어졌는지, 그리고 그것이 자기 자신과 건강에 얼마나 나쁜지 분명히 지적할 수 있지만, 아직은 남편에게서 벗어나려고 하지 않는다. 그것은 배신처럼 느껴질 것이기 때문이다.

선택의 논리는 우리가 자유로운 개인이라고 가정한다. 돌봄의 논리는 무엇보다도 관계 속에 있는 존재로서의 사람에게 초점을 맞춘다. 이러한 관계 중 일부는 바꿀 수 없는 것이지만, 바꿀 수 있는 것들도 있다. 그러나 사람들이 당뇨병에 걸린 몸을 돌보기 위하여 가족들, 친구들, 동료들과 부분적으로 관계를 끊는다고 해도 모든 유대를 끊는 것은 아니다. 새로운 얽힘도 발생한다. 이미 당뇨병을 앓고 있는 다른 사람들을 만났든 안 만났든 그들과 얽히는 것이다. 한 제보자는 다음과 같이 말했다. "요즘 텔레비전에서 전쟁이나 난민을 볼 때면 저곳에서 당뇨병 환자들을 위한 인슐린은 어떻게 되고 있을까? 의구심이 들어요. 그들은 어디서 그걸 구할 수 있고, 어떻게 차갑게 보관하고 있을까요?" 의료진의 다른 구성원들과도 얽혀 있다. 한 환자가 "아니요, 감사합니다만, 전 안 먹을래요."라며 디저트를 거부하는 순간, 영양사나 당뇨병 간호사가 "아주 좋아요!"라며 응원하는 것을 느낄 수도 있다. 레흐터스 부인은 인터뷰 중에 남편과 다투면서도 남편에게 필요한 지방으로 고기를 요리한다. 함께 산책하다가 잠시 후 "너는 뭐 좀 먹어야 하지 않겠어?"라고 말해 주는 친구가 있는 사람도 있을 것이다. 아무도 혼자 행동하지 않는다. 누가 빵을 구워 주는가? 쓰레기봉투는 누가 치워주는가? 신문 기사는 누가 쓰는가? 선택의 논리는 [홀로] 자유로워지고 싶어 하는 개인과 관련이 있지만, 돌봄의 논리에 속하는 개인은 홀로 남겨지면 죽을 것이다. 그들은 행동할 수 있는 바로 그 능력을 다른 사람들에게 빚지고 있다.3

같은 사람 추가하기 또는 공들여 범주 만들기

개인은 집단에 속한다. 하지만 누가 누구와 집단을 형성할까? 선택의 논리에서 우리는 비슷한 다른 사람들과 함께 소속된다. 시장에서 모든 고객은 다른 고객과 동등한 고객이다. 시민 문제에서는 모든 시민이 동일한 방식으로 대우받아야 한다. 개별적인 공중보건 캠페인에서 다루는 사람들도 모두 '라이프 스타일'이 있고 더 나은 것을 선택할 수 있다는 점에서 동등하게 취급되어야 한다. 선택의 논리에서 우리는 무엇을 선택하느냐에 따라 독특해질 수 있지만, 우리는 우리가 선택한다는 점을 공유하고 있다. 이는 주인들이 하인들 위에 군림하고 '차이'가 계급을 내포했던 이전의 계급 체계에 대한 승리로서, 좋은 것으로 칭송받는다. 반면 돌봄의 논리에서 우리는 평등하지 않다. 물론 여기서 우리 사이의 차이는 계급 구조와 관련이 없다. 또 어떤 사람(전문가)이 다른 사람(환자)을 자신의 부하 직원으로 취급할 수 있다는 의미도 아니다. 돌봄의 논리에서 중요한 것은 사람들 간의 수평적 차이이다. 이는 서로 다른 욕구^{need}, 특히 돌봄에 대한 서로 다른 욕구를 표현한다. 그렇다면 돌봄과 관련하여 사람들 간의 차이는 어떻게 구성될까?

이 책에서는 '당뇨병을 앓는 사람들'에 대해 이야기한다. 이것이 좋은 용어일까? 사람들을 함께 묶는 합리적인 방법일까? 돌봄의 논리에서는 이와 같은 질문에 대해 일반적인 답이 없다. 그것은 상황에 따라 다르다. 내가 관찰했던 당뇨병 전문 간호사는 다양한 '당뇨병을 앓는 사람들'을 돌본다. '당뇨병을 앓는 사람들'에게 필요한 돌봄 간호는 외부에서 혈당 수치를 조절하는 작업에 초점을 맞추고 있기 때문에, 이러한 방식의 접근이나 특수화는 타당하다. 그러나 다른 맥락에서 보면 동일한 방식으로 집단을 분류하는 것이 그다지 적절하지 않다. 당뇨병 예방 실천$^{prevention\ practice}$을 조성할 때 '제1형' 당뇨병과 '제2형' 당뇨병을 구분하는 이유는, 제2형 당뇨병의 경우 예방에 대한 다양한 제안이 있는 반면에 제1형 당뇨병의 예방법은 아무도 모르기 때문이다. 또 다른 맥락에서는 '당뇨병을 앓는 사람들'이라는 범주를 더 잘게 나누기보다 다른 (진단) 그룹과 함께 묶는 것이 합리적일 수 있다. 예를 들면, '비정상적인 당 대사를 가진' 모든 사람(당뇨병을 앓는 사람들뿐만 아니라 당 섭취 후 반응성 저혈당이 있는 사람도 포함된다)은 (혈당 수치를 너무 빠르게 증가시키는) 코카콜라를 피하는 것이 좋다. 그리고 걷기 치료를 제공하는 물리치료사의 상황도 있는데, 그녀는 당뇨병 여부와 관계없이 모든 '다리 동맥이 불량한 사람'에게 돌봄을 제공할 수 있다. 또한 그녀는 질병의 범주를 완전히 삭제할 수도 있다. 왜냐하면 돌봄의 논리에서 가장 좋은 전략은 걷기 그룹인 '더 많이 걷는 것이 좋은 사람들'에 환자들이 합류하는 것일 수 있는데, 이렇게 분류된 사람들은 진단명이 무엇이든 걷기에 대한 필요성을 공유하고 있기 때문이다.

돌봄의 논리에서 범주화하기는 수집하기와 다르다. 이미 존재하는 특성을 가진 개인을 모으는 문제가 아니다. 그보다 돌봄의 논리에서 범주화하기는 집단을 차이화하는 문제이다. 이 과정에서 일부 개별적 특성이 관련이 있는 것으로 틀 지어진다. 범주와 그 범주에 속하는 개인은 함께 조성된다. 범주는 필연적으로 정체성을 알려주지만, 그 방식은 다를 수 있다. 과거에는 '당뇨병을 앓는 사람들'people with diabetes을 '당뇨병 환자'diabetics라고 불렀다. 환자 운동가들은 이 용어가 사람이 '당뇨병'a diabetic이다라는 것을 시사한다는 이유로 이 용어에 반대했다. 그 경우 그 사람의 정체성은 진단명과 일치하는 것으로 보인다. 이에 대한 대안으로 '당뇨병을 앓는 사람'이라는 용어가 제안되었다. '당뇨병을 앓는 사람'은 '당뇨병을 가지고 있'with diabetes지만, 피아노를 치거나, 암스테르담 출신이거나, 이탈리아 할머니가 있거나, 걷기를 좋아하거나, 음식을 좋아할 수도 있다. 특성 목록(따라서 해당 속성이 포함될 수 있는 관련 범주도)은 열려 있다. 그 후 대부분의 글(전문 논문 포함)에서 새로운 용어가 이전 용어를 대체했다. 이는 범주를 주어진 현실의 고정된 반영이 아니라 작업의 도구로 간주하는 돌봄의 논리에 따른 것이다. 이것이 실제로 잘 작동하지 않으면 다른 용어를 찾아보라. 개인의 정체성을 진단 범주에 너무 엄격하게 묶는 것이 도움이 되지 않는다면 좀 더 느슨한 종류의 연관성을 찾아보자.

어떤 범주화는 다른 범주화보다 돌봄 실천에 더 적합

하다. 예방 실천을 설계할 때 어떤 범주화가 도움이 될 수 있을까? 현재 전 세계적으로 제2형 당뇨병 발병률이 급격히 증가하고 있다. 그러나 인구집단 간에는 현저한 차이가 있다. 그렇다면 정확히 어떤 '인구집단' 사이에서 차이가 있을까? 어떻게 서로를 구별하고 관련된 사람들을 범주화할 수 있을까? 캐나다에서는 원주민인 이누이트족에서 한때 제2형 당뇨병 발병률이 매우 높다는 사실이 밝혀졌다. 이는 '이누이트'가 다른 맥락에서 이미 하나의 '인구집단'으로 묶여 있었기에 분명하게 되었다. 이누이트의 조상들은 '백인들'이 와서 보고 정복하기 훨씬 전부터 물고기와 바다표범을 사냥했다. 최근 캐나다 정부에 대한 이누이트족의 주장에 따르면, 현재 그들은 (대부분) 보호구역에 모여 살고 있으며, 오랜 전통과 일부 신체적 특징을 공유하고 있다. 그렇다면 이들에게 제2형 당뇨병 발병과 연관된 공통점은 무엇일까? 그리고 이러한 특징을 공유할 수도 있는 다른 집단이 있을까?[4] 예를 들면, 네덜란드의 경우 수리남에서 온 힌두교 이민자들 사이에서 제2형 당뇨병 발병률이 비교적 높은데, 이들은 캐나다의 이누이트족과 어떤 면에서 유사할까?

    이에 대하여 다양한 답변이 돌고 있는데, 그중 첫 번째는 유전자이다. 관련된 인구집단은 여러 세기 동안 식량이 부족한 환경에서 살아왔다. 그 결과 제2형 당뇨병과 관련된 유전자에 대한 선택이 없었기 때문에 아무도 이 질병으로 사망하지 않았고, 아이를 갖기 전에는 더더욱 그러지 않았다. 그런데 이제는 충분한 식량을 구할 수 있게 되면서 이러한 유전자가 발현되기 시작했다. 이런 식으로 보게 되면, '인구집단'은 근친결혼을 하는 사람들로 구성된 집단이 되므로, 이들은 함께 자녀를 낳아 유전자 풀을 공유하게 된다. 그렇다면 '당뇨병 유전자'는 '힌두교인'와 마찬가지로 '이누이트'의 특징이 된다. '캐나다의 이누이트'와 '네덜란드의 힌두교도'의 공통점에 대한 두 번째 대답은 습관이다. 식량이 부족한 환경에서 살던 사람들이 갑자기 식량을 구할 수 있게 되면 많이 먹기 시작한다는 이야기이다. 과거에는 잔치와 기근 기간이 번갈아 가며 있었고, 과식한 사람들은 모두 다시 체중이 줄었다. 그러나 더 이상 기근이 오지 않으면 이 사람들의 체중이 너무 많이 늘어나 결과적으로 제2형 당뇨병에 걸릴 확률이 높아진다. 여기서 '인구집단'에는 사회역사적 개념이 작용하고 있다. '인구집단'은 또한 습관을 공유하는 집단이다. 그렇다면 '캐나다의 이누이트족'과 '네덜란드의 힌두교도'가 공유할 수도 있는 점에 대한 세 번째 해답은 생화학에서 찾을 수 있다. 발달 초기에 영양실조에 걸린 신체는 소량의 음식 섭취량에 맞춰 신체의 생화학을 조정한다. 사용이 가능한 모든 칼로리는 사용되거나 저장된다. 이러한 생화학적 특이성은 나중에 음식이 충분해지더라도 되돌릴 수 없다. 어릴 때 영양실조에 걸린 사람은 적당히만 먹어도 체중이 증가한다. 이것은 당뇨병에 걸릴 가능성을 증가시킨다. 세 번째 유형의 '인구집단'은 태아였을 때 자궁에서 영양이 부족했던 사람과 어린 아기 때 영양실조에 걸린 사람들이다. 이들은 (부분적으로) 공통된 삶의 역사를 가진 사람들이다.[5]

'인구집단'을 범주화하고 틀 짓는 이 세 가지 방법은 '캐나다의 이누이트'나 '네덜란드에 사는 힌두교도'가 어떤 사람들인지에 대한 세 가지 다른 시각을 제공한다. 유전자를 공유하는 사람들, 습관을 공유하는 사람들, 또는 영양실조라는 개인적 역사를 공유하는 사람들. 하지만 이와 같은 범주화는 고정된 것이 아니다. 추가 연구를 통해 현재 '이누이트'나 '힌두교인'으로 불리는 사람들의 높은 제2형 당뇨병 발병률이 실제로 그들의 유전적 구성과 관련이 있다는 사실이 밝혀졌다고 가정해 보자. 이는 우선 인구집단을 '유전자를 공유하는 사람들'로 보는 유전적 이해를 강화할 수 있다. 그렇다고 해서 이러한 인구집단이 인종으로 바뀌는 것은 아니지만, 그럼에도 불구하고 이 인구집단 개념에는 인종적인 함축이 있다. 인종 역시 유전자를 공유하는 집단으로 정의된 바 있다.[6] 그러나 적절한 유전자 검사가 차후에 가능하게 된다면, '이누이트'와 '힌두교인'에 대한 유전적 이해는 다시 해체될 수 있다. 이러한 검사는 당뇨병에 걸리기 쉬운 유전자를 가진 사람과 그렇지 않은 사람을 [동일 집단 안에서] 구분할 수 있을 것이기 때문이다. 결국 적절한 유전자 검사가 가능해지면, 당뇨병 예방과 관련해 의미를 갖는 유전적 인구집단은 제2형 당뇨병 유전자의 '보인자'와 '비보인자'의 두 부류가 될 수 있다. 이러한 방식으로, 더 많은 유전학은 누가 누구에게 속하는지에 대해 덜 인종적인 이해로 이어질 수 있다. 대신 질병 유전자 관련 인구집단 범주가 지배적이 될 수도 있다.[7]

그러나 또한, 캐나다의 이누이트족과 네덜란드의 힌두교도들이 주변에 사는 사람들보다 제2형 당뇨병에 더 많이 걸리는 이유를 유전학으로 설명하지 못하는 것으로 밝혀질 수도 있다. 어쩌면 연구를 통해 습관이 가장 강력한 설명력을 가진다는 점이 시사될 수도 있다. 그렇다면 우리는 또 다른 범주의 변화를 기대할 수 있다. 소외된 이누이트족과 이주한 힌두교도만이 단식과 축제의 역사에서 기인하는 습관을 가진 집단은 아니기 때문이다. 이는 전 세계의 다른 많은 가난한 사람들과 과거에 가난했던 사람들에게도 해당한다. 현재 그들의 물질적 환경은 상황을 더욱 악화시킨다. 지방과 설탕은 대부분의 가난한 사람들이 과거에 먹었던 건강에 좋은 음식보다 훨씬 저렴하기 때문이다. 따라서 전 세계적으로 비만이 증가하고 있고, 아마도 이에 따라 제2형 당뇨병도 비슷한 수준으로 증가할 것이다. 그러나 더 이상의 증가를 막는 방법으로 식습관에 대한 개입을 시도할 경우, 인구집단을 '이누이트'나 '힌두교인'으로 구분하는 것은 더는 유용하지 않을 것이다. 예방 조치들은 오히려 '단식과 축제의 문화적 역사를 공유하는 모든 사람'에게 도움이 될 수 있다. 또는 '가난하지만 값싼 설탕과 지방에 쉽게 접근할 수 있는 모든 사람'을 대상으로 할 수도 있다.[8]

돌봄의 논리에서 범주는 조정이 가능하다. 당면한 작업에 맞게 조정해야 한다. 그러나 범주를 만들고 해체하는 것이 무한히 가능한 것은 아니다. 이미 확립된 실천은 탄력적인 경향이 있는데, 예를 들어, 거의 모든 의료 등록 시스템은 두 성별을 구분한다. 따라서 '남성'과 '여성'이라는 범주는 사용하기가 너무 쉬워서 끝없이 사용된다. 이로써 '남성'과 '여성', 두 집단 사이의 구분은 점점 더 굵어지고 중요해진다. 그것은 강화된다. 이는 다른 가능한 분류를 희생시키면서 일어난다. 어떤 맥락에서는 '월경을 하는 사람'(또한 여성인 사람)과 '월경하지 않는 사람'(남성뿐만 아니라 어린 소녀, 폐경 후의 여성 및 기타 월경하지 않는 다양한 여성을 포함하는 범주)을 구분하는 것이 더 유용할 수도 있다. 다른 상황(예: 약물이 체내에 얼마나 오래 머무르는지가 문제인 경우)에서는 '피하 지방층이 두꺼운 사람'과 '피하 지방층이 얇은 사람'을 구분하는 것이 합리적일 수 있다. 하지만 현재로서는 [범주의 구별이] 이런 방식으로 행해지지는 않는다. 또한 제2형 당뇨병 예방 실천이 어떻게 형성되고 변경되더라도 '이누이트'와 '힌두교인'이라는 범주가 하룻밤 사이에 사라질 가능성은 낮다. 이러한 범주는 다른 종류의 실천에서 너무 잘 확립되어 있다. 그러나 돌봄의 논리를 따르자면 좋은 돌봄은 다른 [종류의] 실천에 너무 쉽게 양보해서는 안 된다. 오히려 특화된 돌봄에 자부심을 가지고 있어야 한다. 그 예는 초기 영양실조의 생화학적 비가역성을 입증한 한 연구자 그룹에 의해 제시되었다. 이들은 최근에 과테말라의 매우 가난한 지역에서 로스앤

젤레스로 이주한 사람들의 데이터를 수집하여 1944~1945년 네덜란드에서 식량이 부족했던 '기아의 겨울'에 태어난 네덜란드 사람들에 대한 (잘 기록된) 데이터와 비교했다. 이 두 그룹의 차이점이 무엇이든, 생화학적 초기 역사에 관한 한 그들은 같은 집단의 구성원이었다.

돌봄의 논리에서 범주는 당면한 과제에 맞게 미세 조정되어야 하는 언어적 도구이다. 한편, 당면한 과제가 관련 범주보다 앞서 설정되는 것은 아니다. 범주와 그 범주를 사용한 실천은 상호 적응하는 과정에서 서로를 형성한다. 용어가 과제를 설정하고 과제가 용어를 변경하는 식으로 서로 주고받는다. 그 과정에서 우리의 정체성도 달라진다. 그 정체성은 일차원적('당뇨병 환자')이거나 다층적('당뇨병을 앓는 사람')으로 만들어질 수 있고, 질병별('제2형 당뇨병'), 증상별('저혈당으로 고통받는 사람') 또는 행동 중심('더 많이 걷는 것이 좋은 사람')일 수도 있다. 그것은 다른 곳에서 온 정체성('힌두교인')을 확인하거나 이전에는 이름도 없던 정체성('기근과 축제의 전통을 가진 사람들')을 만들어낼 수도 있다. 그 가능성은 눈이 부시다. 하지만 결론은, 어떤 범주화가 다른 범주화보다 더 나은가에 대한 질문이 돌봄을 실천하는 것보다 우선할 수 없다는 것이다.

그 질문은 돌봄 실천의 일부이다. 돌봄의 논리에서 범주에 관하여 물어야 할 중요한 질문은 해당 범주가 환자를 잘 돌보는 데 유효한지 여부이다.

건강한 행동 또는 도움이 되는 조건들

개인은 건강할 수도 있고 그렇지 않을 수도 있다. 인구집단 역시 마찬가지이다. 개인의 건강 수준과 인구집단의 건강 수준은 어떤 관계일까? 선택의 논리가 개인이 '건강한 생활 방식을 선택'하도록 장려함으로써 공중보건을 증진하려는 것이라면, 이는 집단의 건강과 집단의 구성원인 개인의 건강이 평행선을 달리며 함께 성장함을 암시하는 것처럼 보인다. 인구집단이 실제로 개인을 더한 총합이라면 이것은 말이 된다. 왜냐하면, 한 인구집단의 건강은 그 집단을 구성하는 개인의 건강에 비례하여 증가하고 개인은 결과적으로 집단의 건강에서 공평한 몫을 향유할 것이기 때문이다. 개인에게 좋은 것은 집단에도 좋으며 그 반대의 경우도 마찬가지이다. 당연한 말처럼 들리지만, 의심의 여지가 없는 사실일까? 그렇지 않다. 돌봄이 실천되는 것을 자세히 들여다보면 자명해 보이는 것이 무너지기 시작한다. 이것이 요점이다. 돌봄의 논리에서 결정적인 움직임은 더하기와 나누기가 아니라 차이화differentiation와 특정화specification이다.

돌봄의 논리에서 볼 때, 개인에게 "건강한 생활 방식을 선택하라"고 설득하여 공중보건을 개선하려는 시도는 그다지 좋은 생각이 아니다. 우선, 공중보건 캠페인은 너무 일반적이어서 차이가 고려되지 않는다. 특정 사람들과 그들의 특정 상황을 구분하지 않고 마치 우리 모두가 동등한 것처럼 이야기한다. 예를 들어, 달리는 인물의 이미지로 묘사된 운동에 대한 광고를 생각해 보자. 한동안 젊은 백인 남성에게만 호소하는 것을 피하기 위해 네덜란드 버전의 이 그림에는 나이, 인종, 성별이 표시되지 않았다. 최근에는 바람에 날리는 긴 머리를 한 젊은 여성의 윤곽이 우리 모두를 대신하게 되었다. 그러나 휠체어를 타고 다니는 경우라면 어떤 종류의 달리는 모습에도 자신의 모습을 투영하기 어렵다. 당뇨병을 앓는 사람 중에는 저혈당이 되는 일 없이 달릴 수 있는 사람도 있지만, 그렇지 않은 사람도 있다. [건강에 대한] 일반적인 호소는 그들이 비정상이라는 것을 상기시켜 줄 뿐이다. 어떤 식으로든 그것은 실제로 많은 사람에게 정말로 그러하다. 만약 내가 달린다면, 나의

무릎은 금방 아프기 시작할 것이다. 물리치료사에게 물어보면 달리기보다는 걷기를 하라고 조언할 것이다. 하지만 공중보건 캠페인에는 일반성을 특정인에게 적합한 특정성으로 해석할 수 있는 물리치료사나 기타 돌봄 전문가가 참여하지 않는다. 공중보건 캠페인은 우리를 동등한 존재인 것처럼 말하면서, 돌봄은 제공하지 않는다. 좋은 돌봄은 특정화에 따라 달라진다.

그러나 일반 인구집단을 하위 인구집단으로 구분하는 것조차 너무 복잡하다고 간주하는 경우가 많다. 예컨대 네덜란드에서는 (다른 많은 지역과 마찬가지로) 오랫동안 우리 모두에게 콜레스테롤 섭취를 줄일 것이 권장되었다. 이것이 동맥에 좋을 것이라는 주장이었다. 그러나 그 당시에도 임상시험은 다른 것을 보여주었다. 낮은 콜레스테롤 수치가 모든 사람에게 좋은 것은 아니며 폐경 전 여성에게는 긍정할 만한 차이가 없다. 따라서 이러한 일반적인 조언은 '월경을 하는 사람들'의 집단에는 적용되지 않는다.[9] 그러나 '월경을 하는 사람'은 가족 식사를 준비해야 했다. 그들은 남성 파트너와 함께 살면서 요리하고 불포화 지방산의 혜택을 받을 수도 있다고 가정되었다. 네덜란드에서 가이드라인이 작성되었을 때 이에 대한 명시적인 논의가 있었는데, 결론은 일을 지나치게 복잡하게 만들어서는 안 된다는 것이었다. 따라서 이로 인해 이득을 볼 수 있는 사람들(월경을 하는 사람들을 제외한 모든 사람)이 콜레스테롤을 덜 섭취하기를 기대하게 되었고, 이를 위해 콜레스테롤 섭취를 제한하는 것이 일반적인 선善으로 여겨졌다. 아무도 '월경을 하는 사람'에게 (과체중이 아닌 한) 치즈나 버터를 먹는 것이 괜찮다고 말하지 않았다. 어쩌면 이러한 메시지는 공중보건 캠페인에서 전달하기에는 너무 복잡할 수도 있다. 캠페인으로는 메시지 전달이 훨씬 더 어려워진다. 받아왔던 조언이 자신에게 해당되지 않는다는 것을 일단 알게 된 이후에 사람들은 조언이 아무리 적절할지라도 모든 조언을 무시할 수 있다. 그렇기 때문에 돌봄의 논리는 이런 식으로 특정성을 간과하는 것에 의문을 가진다.

돌봄의 논리에서 볼 때, 공중보건 캠페인의 첫 번째 문제점은 마치 하나의 사이즈가 모든 사람에게 맞기라도 하듯, 우리를 동등한 존재로 취급한다는 점이다. 좋은 돌봄은 특정성에 따라 달라지는데도, 캠페인은 특정화되지 않은 사람들을 대상으로 한다. 두 번째 문제도 있다. 한 집단을 괴롭히는 질병이 그 질병의 개별 사례의 총합과 전적으로 동일한 것은 아니라는 점이다. 이는 유행병을 보면 가장 분명해진다. 대부분의 감염병에서 개별 피해자 수를 단순히 합산하는 것은 집단 전체에 감염이 얼마나 퍼질지에 대한 지표가 되지 못한다. 결국 세균은 우리 안에서 증식한다. 한 명의 아픈 사람이 다른 많은 사람을 감염시킬 수 있으며, 감염된 사람의 수가 늘어나면 건강한 사람의 질병 위험도 증가한다. 따라서 전염병은 선형적인 방식으로 증가하지 않는다. (감염되기 쉬운 사람의 수가 매우 적어질 때까지) 곡선은 기하급수적이다. 이는 세균과 자유주의가 잘 어울리지 않는다는 것을 의미한다. 자유주의에서는 모든 개체를 하나씩 계산하지만, 세균은 훨씬 더 터무니없는 계산을 한다. 그리하여 19세기에, 더 많은 사람이 함께 모여 살기 시작하면서 주 정부와 시 정부는 모든 사람이 개별적으로 자신의 건강을 돌보는 것만으로는 충분하지 않다는 것을 알게 되었다. 누군가는 집단적 차원에서 개입해야 했다. 엄청난 공중보건의 노력이 없었다면 아마도 세균이 승리했을 것이다.[10]

집단을 대상으로 한 좋은 돌봄은 집단이 살아가는 환경을 개선한다. 19세기 공중보건의 노력은 도시를 더 살기 좋은 곳으로 만드는 데 성공했지만, 개인에게 더 위생적인 삶을 살라고 훈계하는 팸플릿의 형태는 아니었다. 하수도

와 배수구를 건설하고, 음식 공급에 위생 규칙을 적용하고, 보건 검사관을 임명했다. 이와 유사하게, 돌봄의 논리는 제2형 당뇨병과 같은 질병을 예방하는 데 도움이 될 수 있는 집단적 조치에 대한 제안을 제공한다. 비록 이러한 질병들이 전염성은 없지만, 그렇다고 해서 무작위로 개인에게 영향을 미치는 것도 아니다. 이는 유전자 풀 내에서 공유되는 유전자와 관련이 있을 수 있으며, 우리의 삶을 형성하는 데 도움이 되는 집단적 실천과 얽혀 있다. 후자는 개입하기가 가장 쉽다. 그래서 특정 대상 그룹을 위한 무료 수영 강습, 쉽게 접근할 수 있는 수영장, 야외 레크리에이션 공간, 별도의 자전거 도로, 스포츠클럽에 대한 더 관대한 보조금, 점심시간에 운동할 수 있는 시설, 걷기 좋은 길, 통행권, 요리 강좌, 더 엄격한 식품법(감염과 중독 예방뿐만 아니라 설탕과 지방 섭취를 제한하기 위한 것), 식품 가격에 대한 개입, 적절한 종류의 농업 등등을 제공하는 것이 합리적이다. 이러한 배려하에 이루어지는 개입은 개인에게 무엇을 선택하라고 지시하기보다는 우리가 사는 집단적 환경을 개선하기 위해 노력할 것이다. 이 개입은 우리의 의지력을 의무적으로 행사하도록 하는 대신 우리 몸을 돌볼 수 있도록 도와줄 것이다.

개인에게 적절한 선택을 촉구하는 공중보건 캠페인은 너무 일반적이어서 개인의 건강과 질병에 대한 집단적 전제 조건을 주목하지 않는다. 개인의 건강에 좋은 것이 반드시 집단의 건강에 좋은 것은 아니며 그 반대의 경우도 마찬가지라고 할 세 번째 이유가 있다. 이것은 건강과 연관된 통계와 관련이 있다. 다시 운동의 예를 들어보자. 달리기는 짜릿하고 걷는 것은 훌륭하다. 많은 사람이 운동하면 기분이 좋아진다고 말한다. 하지만 운동이 '건강에 좋다'는 주장은 어떤가? 이러한 주장은 ('건강함'을 표상하는) 몇 가지 매개변수에 대해 '운동'(어떤 식으로든 정의되는)이 제공하는 효과를 측정하는 것을 기반으로 한다. 그러나 이런 방식으로 긍정적인 효과를 측정하려 한다면, 개별적으로 어떤 유의미한 효과가 있는지 알아내기 위해서는 분모가 되는 표본 수가 커야 한다. 단순한 예를 들어보자. 매년 10,000명 중 100명이 심장마비로 사망하는 집단이 있다고 하자. 기존 연구 결과에 따라, 이들 모두가 매일 달리기를 시작하면 치명적인 심장마비 발생률이 100명에서 70명으로 감소한다고 가정해 보자. 이는 '인구집단의 건강'이 30퍼센트 향상되는 인상적인 개선으로 이어진다. 하지만 그 집단에 속한 개인은 어떨까? 가령 그들이 달리기를 시작하면 향후 1년 동안 심장마비로 사망하지 않을 확률이 99퍼센트에서 99.3퍼센트로 증가한다고 하자. 이것은 훨씬 덜 인상적으로 들린다. 심장마비로 인한 사망률이 30퍼센트 감소하는 것은 집단 전체에 좋은 일이지만, 개인에게는 치명적인 심장마비를 피할 수 있는 0.3퍼센트의 추가 확률(애초에 심장마비를 겪지 않을 확률 99퍼센트에 더한 것)은 훨씬 덜 매력적으로 느껴질 것이다.

그러므로 한 인구집단에 좋은 것이 개별 구성원에게도 똑같이 좋은 것은 아닐 수 있다. 이는 그 반대의 경우도 마찬가지이다. 돌봄이 가장 필요한 개인에게 돌봄 서비스를 제공한다고 해서 공중보건이 개선되는 경우는 드물다. 당뇨병을 예로 들어보면, 제1형 당뇨병 환자는 인슐린 없이는 사망할 수 있기 때문에 하룻밤 사이에 모든 치료가 중단된다면 전체 인구의 건강에 측정이 가능한 영향을 미칠 수 있을 것이다. 또한, 만약 아무런 치료법이 없던 상황이라면, 인슐린의 갑자스러운 도입은 인구 통계에도 영향을 미칠 것이다. 하지만 현재 서구 국가에서는 어린 나이에 당뇨병으로 사망하는 사람이 비교적 적다. 발생하긴 하지만 드문 일이다. 그리고 새로운 개입에 대해 평가가 이루어진다면 그때는 이러한 상황이 역학적 측정의 출발점이 될 것이다. 그러므로 내일 제1형 당뇨병 환자의 수명을 평균 6개월 연장하는 치료법이 도입된다고 하더라도, 이는 서구 국가의 전체 사망률 통계에 영향을 미치지 않을 것이다. 제1형 당뇨병의 발병률이 높지 않기 때문에 그 차이가 너무 작아서 그 수치가 유의미하지 않은 것이다. 수명을 연장하지는 않지만 '단지' 삶의 질을 높이는 돌봄의 개선이 공중보건에 미치는 영향은 더더욱 적다. 당뇨병을 앓는 사람이 스스로 해결할 수 없는 문제가 생겼을 때 전화나 이메일을 통해 즉시 상담할 수 있는 의사가 있다면 당뇨병을 앓고 있는 많은 사람에게 큰 도움이 될 것이다. 이 질병과 함께하는 삶의 정서적 측면에 대해 논의할 수 있는 심리학자를 만나는 것 역시 도움이 된다. 그러나 이 작은 경이로움은 인구 통계에는 나타나지 않는다.

요컨대, 인구집단의 건강과 인구집단의 일부를 구성하는 개인의 건강은 나란히 개선되지는 않는다. 이는 소위 예방의 역설로 이어진다. '공중보건'을 개선하고자 하는 것이, 이를 필요로 하는 개인을 돌보지 않는 것보다 더 나쁜 투자로 판명되는 경우가 많다. 다시 제2형 당뇨병을 예로 들어보자. 이 질병을 앓고 있는 사람들을 위한 다양한 관리법이 있다. 식이요법, 약물, 환자 그룹, 최선의 대처 방법에 대한 강좌 등등. 이러한 돌봄은 다양한 방식으로 사람들의 개인적인 상황을 개선할 수 있지만, 대부분 개선되는 것은 소위 '삶의 질'이다. '제2형 당뇨병 환자' 집단 내에서 사망률과 같은 매개변수는 이런 돌봄으로 인해 크게 달라지지 않는다. '전체 인구'의 건강에 미치는 영향은 감지하기가 훨씬 더 어렵다. 공중보건 통계는 당뇨병 환자에 대한 돌봄에 의해 영향을 거의 받지 않지만, 예방 조치의 영향은 훨씬 더 많이 받는다. 당뇨병 통계는 체중이 너무 많이 나가는 사람이 체중을 줄이면 개선된다. '정상 체중'의 사람들이 살이 더 찌는 것을 막기 위한 어떤 조치를 취하게 되면 결과는 더욱 좋아진다. 공중보건은 질병에 걸린 사람들을 돌본다고 해서 개선되는 것이 아니다. 건강한 사람들을 건강하게 유지하기 위한 개입을 통해서 개선된다. 개인과 인구집단은 완전히 다른 형태의 돌봄이 필요하다.

숨어 있는 용감한 사람들

선택의 논리에는 긴장이 존재한다. 개인의 건강이 위태로워질 때, 선택의 논리는 개인이 어떤 것을 스스로 선택하기를 기대한다. 집단적 건강이 개인의 선택에 의해 어떤 영향을 받는지는 고려되지 않는다. 자유주의 경제에서와 마찬가지로 보이지 않는 손의 작용에 맡기기를 바랄 수도 있다. 그러나 공중보건이 위태로울 때는 또 다른 버전의 '선택'이 동원된다. 보이지 않는 손은 그다지 잘 작동하지 않고, 스스로 선택하는 개인이 건강한 집단을 저절로 형성하는 것은 아니기 때문이다. 도대체 어떻게 된 일인 것일까, 사람들에게 '정보'가 부족한 것일까, 아니면 무엇이 좋은지 알려줘야 할까? 어떤 경우든, 공중보건의 맥락에서는 더 이상 '선택'이 [지향해야 할] 이상이 아니라 [일상화된] 삶의 사실로 받아들여지는 경향이 있다. 선택은 사람들이 하는 일이다. 하지만 사람들이 충분히 잘하지 못한다면 더 나은 선택을 하는 법을 배워야 한다. 그리하여 공중보건을 개선하기 위해서 개인은 역학에서 제시한 규칙의 '준수를 선택'하도록 권장된다.

반면 돌봄의 논리에는 딜레마가 있다. 돌봄이 필요한 개인에게 돌봄을 제공해야 할까, 아니면 집단의 건강을 위해 돌봄을 제공해야 할까? 첫 번째 경우, 질병을 앓고 있는 사람들은 자신의 특정 상황에 맞는 돌봄을 받는다. 두 번째 경우에는 건강한 사람들이 자신의 건강을 유지할 수 있도록 우리가 살아가는 집단적 조건에 영향을 미치는 것이 더 효과적이다. 그러나 이런 딜레마는 집단행동에 관한 결정을 내리는 정책적 맥락에서는 나타나지만, 돌봄이 필요한 개인이 직접 찾아오는 진료실에서는 그다지 절박하지 않다. 찾아와서 고통을 호소하는 사람들은 돌봄을 받게 된다. 그들이 직접 와서 호소할 때에만 말이다. 돌봄이 필요한 모든 사람이 정말 도움을 요청할까? 현재로서는, 환자가 진료실에 오기를 '기다리는' 의료진과 의료 서비스 조직은 질병을 앓는 사람들이 도움을 요청할 것이라는 가정에서 출발한다. 그리고 실제로 일부는 도움을 요청한다. 하지만 모두가 그런 것은 아니다. 여기서 중요한 설명 요인은, 이러한 문제가 반드시 금전적인 이유 때문만이 아니라는 것이다.

인터뷰어가 묻는다. "가족 중에 당뇨병을 앓고 있는 사람은 본인뿐인가요?" 리스 헨스트라는 "그런 것 같긴 해요. 다른 사람들은 검사받아본 적이 없지만, 그들도 당뇨병에 걸려 있을 수 있어요. 제 여동생은 이미도 자신이 당뇨병에 걸렸을 수 있다고 말해요. 그녀는 술을 계속 마셔요. 그렇게 많이는 아니지만 그래도요. 그녀는 당뇨병을 가지고 있을 수 있어요. 절대 알 수 없지만요."라고 대답한다. 네덜란드에서는 의료 서비스를 쉽게 이용할 수 있다. 보험은 비용이 많이 들지만 대개 보험금을 돌려받는다. 하지만 여러 조사에 따르면 이런 상황에서도 제2형 당뇨병 환자 중 절반 정도만 진단을 받았다. 나머지 절반은 합병증이 너무 많이 발생하여 심각한 고통을 겪기 시작한 이후에야 의료진을 찾아온다. 이들이 진료실에 나타나면 이들은 '돌봄이 필요한 환자'로 간주된다. 하지만 그들은 가지 않는다. 리스 헨스트라는 이렇게 말한다. "당뇨병이 있어서 안과에 갔더니 눈 검사를 하더군요. 그리고 제 안압이 너무 높다고 했어요. 이 사실을 발견한 것은 전적으로 우연이었어요. 그래서 저는 남편도 안압이 높을 수 있지만 절대로 의사를 만나러 가지 않는다고 말했어요. 제 동생도 마찬가지고요. 우리는 모두 용감해요."

이 '용감한 사람들'에 대해 어떻게 해야 할까? 실제로, 그들은 돌봄을 요청하지 않기 때문에 돌봄을 받지 못한다.[11] 문제가 발생하지 않는 한, 아무도 진료실에 가라고 강요하지 않는다. 돌봄의 논리에서 딜레마는 집단의 건강에 더 많은 관심을 기울여야 하는가, 아니면 돌봄이 필요한 개인에게 집중하는 것이 더 나은가 하는 것이다. 그러나 이 두 가지 가능성 사이에는 간극이 존재한다. 실현되지 못하는 것은 어느 쪽 가능성인가? 진료실의 전문가는 스스로 돌봄이 필요한 사람이라고 정의하는 사람들에게만 집중할 수 있을 뿐이다. 즉, [병원에 찾아오는] 사람들은 스스로 돌보는 사람들이다. 의료 서비스 실천은 [이러한] 능동적인 환자에게 의존한다.

(6장)
실천 속의 선

행위에서의 도덕성
+
능동적인 환자
+
의료 서비스 개선하기
+
번역

이 마지막 장에서는 이전 장에서 탐구한 선택의 논리와 돌봄의 논리에 대한 논의들을 엮을 것이다. 이를 위해 먼저 나는 도덕적 활동이라는 주제를 고찰하는 것으로 시작하고자 한다. 그러고 나서 나는 행위자성actorship에 대해 조사할 것이다. '능동적인 환자'라는 것에 내포되어 있는 것을 명확하게 표현함으로써 이 책의 주장은 완성될 것이다. 당뇨병의 치료와 당뇨병과 함께 살아가는 삶에 대해 조사한 나의 사례들을 통하여 나는 돌봄의 논리에 대한 하나의 특이하고 구체적이며 세부적인 버전을 분명하게 설명할 것이다. 나는 돌봄 실천들이 자신의 방식대로 높이 평가되고 개선될 자격이 있다는 것을 보여주었기를 바란다. 하지만 어떻게? 능동적인 환자들의 운동은 무엇을 위한 노력일까? 의사 노릇을 공유한다는 것은 무엇을 수반하는 것일까? 세부 사항으로 들어가지 않고 몇 가지 제안을 할 것이다. 그리고 마지막으로 이 분석을 통해 열리게 된 더 많은 관점에 대하여 몇 가지 생각을 추가하려고 한다.

여기에 명시된 돌봄의 논리는 매우 구체적인 장소와 상황에서 비롯된다. 그렇다 하더라도, 그것의 함의는 더 넓을 수 있다. 예를 들어, 만약 '우리'(이 용어가 무엇을 의미하는 것이든 간에 : 서양인이든, 현대인이든, 인간이든)가 '선택'을 더 이상 '우리'의 정체성에 매우 중요한 것으로 받아들이지 않고, 선택의 중요성을 낮추면서, 선택을 우리의 많은 활동 중 하나로 여기게 된다면 어떻게 될까? 우리가 더 이상 '선택하기'를 특정인의 특권으로 보지 않고 특정 상황의 특성으로 이해하기 시작하면 어떻게 될까? 결과적으로 많은 것들이 바뀔 것이다. 선택은 더 이상 인간 삶의 결정적인 사실이나 계몽주의의 성취가 아니게 될 것이다. 대신, 선택은 특정 장소에서 참여하는 것이 좋을 수도 있고 좋지 않을 수도 있는 활동으로 보일 것이다. 여기에는 여러 가지 질문들이 뒤따른다. 예를 들어, 선택의 상황을 어디서, 언제 조직할 것인가, 그리고 어떤 맥락에서 다른 구성 방식이 더 적절할 수 있는가와 같은 문제들이다. 예를 들면 Z병원 안팎에서 볼 수 있는 당뇨병 치료 및 당뇨병과 함께하는 삶과 유사한 구성은 언제, 어디에서 적절한 것인가? 그래서 나는, 아마 돌봄의 논리는 다양한 다른 맥락으로 번역될 가치가 있을 것이라고 제안하고 싶다.

행위에서의 도덕성

나는 선택의 논리나 돌봄의 논리 중 전반적으로 어느

것이 나은지 판단하는 것이 가능한 중립적인 입장에 내가 서 있다고 주장하는 것이 결코 아니다. 대신 지금까지 내가 이 책에서 제시한 분석들은 두 논리를 대조함으로써 두 논리가 포함하고 있는 규범 설정을, 두 논리의 각기 다른 평가 기준을 비교할 수 있게 해 준다. 두 논리에 각각 해당하는 선善은 종류가 다르며, 악惡도 마찬가지로 다르다. 선택의 논리에서는 자율성과 평등성은 좋은 것이고 억압이 나쁜 것인 반면, 돌봄의 논리에서는 주의력과 특정성은 좋고 방치하는 것은 나쁘다. 하지만 그 차이는 여전히 더 복잡하다. 각각의 논리는 선善에 대한 자신의 버전을 정의할 뿐만 아니라, 그것을 '하는' 방법에 대한 견해도 각각 가지고 있기 때문이다. 이것이 바로 지금 내가 다루고 싶은 주제이다. 어떻게 하면 실천에서 선善을 적극적으로 제공할 수 있을까? 두 논리가 전제하고 있고 또 형성하는 데 기여하는 세계들에서 중요한 도덕적 활동은 무엇일까?

다시 한번 선택의 논리로 시작해 보자. 그것의 규범성은 층위적으로 되어 있다. 명시적으로 규범적인 첫 번째 층은 다음과 같다. 선택이 좋은 것인 이유는 그것이 개인에게 자율성을 제공하기 때문이고 평등이 좋은 것인 이유는 모든 개인이 자기 자신의 선택을 할 수 있는 동등한 기회를 가져야 하기 때문이다. 그러나 두 번째 층에서 선택의 논리는 규범적인 판단을 하는 것을 회피하려고 한다. 어떤 치료, 어느 제품, 어떤 목표 또는 어떠한 삶이 가장 좋은지에 대한 질문에 관하여 선택의 논리는 답을 제공하지 않는다. 개인은 자율적으로 그러한 질문에 대답할 자유가 있다. 사람들은 자신의 판단력을 행사할 수 있다(또는 이 논리의 일부 버전에서는 행사할 것이 요구된다). 선택의 논리 안에서 (유능한) 개인들이 누리는 자율성은 바로 거의 모든 것(자율성을 제외하고)에 자기 자신의 가치를 부여할 수 있는 자율성이다. 선택의 논리에서 규범적인 판단을 내리는 것은 탁월한 도덕적 활동이며, 이것이 바로 이 논리가 지지하는 활동이다.[1]

이 책에서는 시민들뿐만 아니라 고객들도 조사했다. (공중보건 캠페인이 다루는 수치는 이 두 가지의 특별한 혼합물이다. 나는 각 수치에 대해 따로 이야기할 것이며, 그것들을 혼합함에 따라 발생하는 추가적인 복잡성은 생략할 것이다.) 고객과 시민의 판단 방식은 다르다. (신고전주의적인 방식으로 형성된) 시장에서 개인은 자신의 선택지들을 개별적으로 평가한다. 다른 누군가가 그들에게 조언해 주거나 유혹적인 광고로 그들을 유혹하려고 할 수도 있지만, 결국 고객들은 혼자 선택한다. 따라서 그러한 선택에 수반되는 판단은 개인적인 것일 뿐만 아니라 사적인 것이다. 시장에서는 공개적으로 자신의 선택을 정당화할 필요가 없으며, "나는 이것을 원한다."라고 말하거나 아무 말을 하지 않는 것으로도 충분하다. 가장 좋은 치료법, 제품, 목표 또는 삶의 방식을 결정하는 것은 사적인 문제이다. 시장 논리에 따르면 그것은 모든 사람이 자기 자신을 위해 해야 하는 일이다. 이 점에서 시민들은 다르다. 시민들은 함께 통치한다. 그들은 공개적으로 그들의 개인적인 판단을 조정하고, 그렇게 하기 위해 무엇을 하는 것이 좋을지에 대한 대화에 참여한다. 그들은 사적인 도덕성을 고수하지 않고, 공개적으로 윤리에 대해 논의하려고 한다. 시민들 사이의 지속적인 대화를 위한 특권적인 형식은 공개 토론이다. 이상적인 공개 토론에서 참가자들은 특정한 선택에 찬성하는 주장과 반대하는 주장을 명확하게 제시한다. 시민들이 윤리적인 문제에 대해 토론할 때, 가장 바람직한 방법은 서로의 다양한 의견과 주장을 공정하게 비교하고 조율하는 것이다. 이렇게 하면 각자가 중요하게 생각하는 가치들이 모두 고려될 수 있고 이러한 과정을 통해 모든 사람에게 적합하고 바람직한 결론에 도달할 수 있기를 기대하는 것이다. 시민들이 자신의 가치 판단을 말로 명확하게 표현할 수 있는 능력은 토론에서 집단적 가치 균형을 맞추기 위한 전제 조건이다. 그래서 고객은 침묵 속에서 선택하고 시장에 조정을 맡기는 반면, 시민들은 말로 선택을 조율한다.

돌봄의 논리에서는 가치가 균형 있게 조정되어 윤리적으로 타당한 선택을 내리는 논의는 다른 실천들과 분리되어 있지 않다. 이것은 가치 판단이 사적으로 이뤄지기 때문이 아니다. 뭔가 다른 일이 일어나고 있다. 돌봄의 논리에서 중요한 도덕적 행위는 가치 판단을 하는 것이 아니라, 실질적인 활동에 참여하는 것이다. 단 하나의 층위만 있을 뿐이다. 다른 삶보다 더 나은 삶을 만들기 위해 선善을 행하는 것이 중요하다. 그러나 선을 행하는 것이 무엇인지, 무엇이 더 나은 삶으로 이끄는 것인지는 행동에 앞서 주어지지 않는다. 그것은 [실천하는] 과정 중에 확립되어야 한다. 그것은 삶마다, 삶의 순산마나 나를 수 있다. 무엇을 하는 것이 일반적으로 좋은지 알아내는 것은 불가능하지만, 모든 사람이 스스로 그것을 알아내야 함을 의미하지는 않는다. '더 나은' 것이 무엇인지를 확립하는 작업은 공동 작업이 개입되는 것일 수 있다. 예를 들어, (많은 연구자와 심지어 더 많은 환자의 작업이 필요한) 임상 역학 시험은 혈당 수치에 대한 엄격한 규제가 적절한 시기에 합병증을 덜 유발하는지 아닌지의 여부를 확립하는 데 도움이 된다. 임상 시험이 그 자체로 좋은 돌봄을 정의한다는 것이 아니다. [임상 시험과는 무관하게] 일상적인 것을 고수함으로써, 또는 지속적으로 자신의 상황에 맞게 치료법을 조정함으로써 혈당 수치를 안정적으로 유지할 수 있다. 임상시험은 이들 중 어느 것이 더 나은 삶을 가져다줄지 결정할 수 없다. 또한 임상시험 [결과]가 혈당 수치를 낮게 유지하면 합병증의 가능성이 줄어든다고 말할 수 있다고 해도, 그렇게 하는 것이 그만한 가치가 있는지 아닌지는 알 수 없다. 그러한 문제들은 일선의 의사 노릇 local doctoring에 의해서만 성립될 수 있다. 그렇다고 해서 이런 문제들이 선택의 문제가 되는 것은 아니다. 당신이 무엇을 원하는지는 분명 중요하지만, 결정적이지는 않다. 무엇보다도 당신은 당뇨병을 앓지 않기를 원한다. 하지만 당신은 당뇨병이 있다. 당뇨병이 없어지기를 바라는 것은 당뇨병과 함께 사는 데 도움이 되지 않는다. 당신이 참여하고 있는 다른 모든 종류의 사회적, 물질적 실천들도 대부분 당신의 희망과 일치하지 않는다. 그것들은 [당신이 하기에 따라] 어느 정도 바뀔 수 있지만, 어디서, 그리고 어떻게 바뀔 수 있을까? 이것을 알아내는 것은 실천적인 작업이고, 실험적인 작업이다. 그래서 돌봄의 논리에서는 '좋은', '더 나쁜', '더 나은'을 정의하는 것이 실천보다 앞서 있는 것이 아니라 실천의 일부를 형성한다. 여기에 어려운 부분이 있음은 어디서든 다르지 않다. [돌봄의 실천은] 양면성, 의견 불일치, 불안감, 오해와 갈등이 충분히 생겨날 수 있다. 아무도 돌봄이 쉬울 것이라고 말한 적이 없다.[2]

'더 나은' 것이 무엇인지를 확립하는 것은 어려운 일이다. 그리고 그것이 일단 명확해지면 무언가가 또다시 바뀔 가능성이 있다. 다시 시도해야 한다. 이런 식으로 계속해서 반복된다. 돌봄의 논리에서 '좋은 것과 나쁜 것'은 결코 정해져 있지 않다. 돌봄 팀은 새로운 우여곡절, 변화, 문제, 마찰 및 합병증에 대해 지속적으로 대응해야 한다. 이는 환자뿐만 아니라 전문가에게도 요구되는 사항이며 실제로 진료실에서의 상담이 필요하다. 상담은 토론이 아니다. 진료실에서의 좋은 대화는 논쟁자 사이에 존재하는 대립의 형태를 취하는 것이 아니라 "요즘 어떻게 지내세요?"와 같은 경험, 지식, 제안, 위로의 말을 교환하는 것이다. 무엇을 다르게 할 수 있고 어떻게 하면 그렇게 할 수 있을까?

6장 실천 속의 선

어떻게 하면 환자의 일상생활과 관련된 모든 요소를 가장 좋은 방법으로 서로 조정할 수 있을까? 작업의 범위를 고려할 때, 대부분의 경우 실제로 존재하는 돌봄 실천에서 '돌봄의 논리'가 돌봄 팀이 바라는 만큼 마찰 없이 운영되지 못하는 것은 당연하다. 잘해야 할 일이 너무 많으므로 많은 것이 잘못될 수도 있다. 상담의 성패를 좌우하는 소통 기술을 예로 들어보자. 그것은 광범위하다. 적절한 말을 고르고, 침묵을 받아들이며, 서로를 바라보아야 한다. 환자들은 똑바로 앉거나 어깨를 구부리고, 겁에 질린 표정 내지 안도한 표정을 짓는다. 전문가들은 미소 짓거나 얼굴을 찡그리거나, 컴퓨터로 무언가를 검색한다. 의사와 환자는 함께 혈당 측정 결과가 적힌 공책을 들여다볼 수도 있다. 간호사는 인슐린을 주사하기 전에 환자의 어깨에 손을 얹는다. 그리고 악수가 끊이지 않는다. 상담은 서로의 몸이 맞닿는 것으로 시작하고 끝이 난다. 원활한 의사소통은 좋은 돌봄을 위한 중요한 전제 조건이다. 또한, 그 자체가 돌봄이다. 그것은 사람들의 일상생활을 개선한다.

무엇이 좋은 돌봄인지, 무엇이 아닌지를 확립하는 데 도움이 되는 대화는 진료실 밖에서도 계속된다. 당뇨병을 앓는 사람들은 (질병을 포함한) 자신들의 삶에 대하여 이와 관련된 사람들, 친척들, 친구들과 이야기한다. 언론인들은 신문, 잡지, 텔레비전에 돌봄의 이야기들이 소개될 수 있도록 인터뷰하고 다큐멘터리를 만든다. 전문가들은 놀라운 경험들을 전문 학술지들에 게재한다. 사회과학자들은 질병을 앓는 사람들의 삶에서 일어나는 일들을 새롭게 조명하는 이야기를 하기 위해 약간 다른 방식으로 '자료'를 수집한다. 이 모든 것은 논쟁적인 스타일보다는 서사적인 스타일로 대중적인 교류에 기여한다. 그 두 스타일은 매우 다르다. [논쟁적인 스타일의] 좋은 주장은 모호하지 않아 좋지만, [서사적인 스타일의] 좋은 이야기는 다양한 해석의 여지를 남긴다. 타당한 주장은 명확하고 투명해야 하지만, 강력한 이야기는 사람들의 상상력·공감·자극을 불러일으킴으로써 작동한다. 상반된 주장은 서로를 대립하게 하지만, 상반된 이야기는 서로를 풍부하게 하는 경향이 있다. 그리고 논쟁을 더 밀고 나가면 결론으로 이어질 수 있지만, 이야기는 더 밀고 나가면 훨씬 더 많은 질문을 제기하게 한다. 여기에서 잘못된 부분을 어떻게 다른 곳에서는 예방할 수 있을까? 여기서 성공한 것을 어떻게 다른 장소와 상황에 적용할 수 있을까? 그리고 만약 할 수 있는 일이 없다 하더라도, 어떤 것도 개선으로 이어지지 않는다고 하더라

도, 이야기는 [그 자체로] 위안의 원천이 될 수 있다.³

돌봄의 논리에서 이야기를 주고받는 것은 그 자체로 도덕적인 활동이다. 하지만 도덕적인 활동은 대화나 언어적 교류에만 국한되지 않는다. 그것들은 또한 신체적인 형태로도 나타난다. 환자들은 자기 돌봄의 일환으로 혈당 수치를 측정하고, 현명하게 식사하고, 운동하고, 인슐린 주사를 맞는다. 돌봄팀의 다른 구성원들도 물리적인 노력을 기울인다. 의사들은 혈압을 측정하기 위해 혈압기의 완장(커프)을 펌핑한다. 그들은 환자들이 인슐린을 주사하는 위치의 피부가 굳어지고 있는지 알아보기 위해 피부를 만진다. 간호사들은 주사를 놓을 때 환자의 피부를 부드럽게 접는다. 그리고 돌봄에 대한 집단적, 공적 투자 또한 물리적이다. 어느 시점에서 누군가가 당뇨병에 대해 더 알기 위해 개의 배를 가르고 그들의 췌장을 제거하였다. 그렇게 함으로써, 그는 자신의 직업을 위험에 빠뜨렸을 뿐만 아니라 개들의 생명을 희생시켰다. 또 다른 누군가는 인슐린 주사를 맞는 첫 번째 사람이 되겠다고 자원했다. 이 사람은 분명히 더 오래 살기를 원했지만, 동시에 자신을 위험에 빠뜨렸다. 췌장이 없는 개들은 그 주사로 건강해졌지만, 아무도 인간 환자 역시 건강하게 될 것인지, 아니면 그 주사로 인해 사망할 것인지 확신할 수 없었다.4 그것은 당뇨병 치료의 역사에서 몇 번이고 반복해서 일어난 일이다. 혁신자들은 새로운 약, 기술 장비 및 기술을 개발하기 위해 정신적·감정적·신체적 노력을 기울였다. 몇몇 환자들은 이 실험적인 치료를 과감히 시도했다. 그들은 위험을 무릅쓰고 미래의 환자들과 관계를 맺음으로써, 미래의 환자들에게 귀중한 선물을 주었다. 다른 사람들과 물리적으로 관계를 맺는 것은 돌봄에 대한 집단적 투자에서 불가분한 부분이다.5

혁신은 선택의 논리에서도 중요하다. 그러나 선택의 논리에서 혁신은 도덕적인 활동이 아니다. 연구자들은 중립적이어야 한다. 그들은 다른 영역에서 이미 확립된 목적에 도달하기 위해 적절한 수단을 개발한다. [여기서] 좋은 수단은 도덕적으로 좋은 것이 아니라, 효과가 좋은 것이다. 기술 장비는 기회를 창출하는 것이지 의무를 부과하는 것이 아니다. 만약 목적에 동의한다면, 잠재적인 사용자들은 그것들을 사용할 수도 있지만, 반드시 사용할 필요는 없다. 의무가 없으므로 선택의 논리가 적용된다. 그러나 이것이 사실일까? 일단 돌봄의 논리에 발을 들여놓으면 이 모든 것들이 지나치게 단순화된 것처럼 보인다. 돌봄을 다루는 혁신은 결코 중립적이지 않다. 그럴 수가 없다. 혁신은 삶을 개선하는 데 기여하도록 만들어졌기 때문에, 혁신에는 무엇이 '개선'인지에 대한 개념이 이미 포함된다. 게다가 혁신은 도덕적으로 복잡한 경향이 있다. 주사용 인슐린을 예로 들어보자. 역사책에서는 발명가가 개인적인 이익(더 나은 직업, 돈, 명성)을 추구했다고 말하지만, 이러한 이기적인 투자가 그 발명품의 가치를 떨어뜨리는 것은 아니다. 실제로, 주사용 인슐린이 매우 많은 사람의 삶을 향상시켰기 때문에 발명가 또한 개인적인 이익을 얻을 수 있었다. 그리고 그것이 바로 혁신이다. 주사용 인슐린은 그저 단순한 수단에 불과한가? 그것은 단순히 사람들에게 주사를 받아들이거나 말거나 할 기회를 제시하는 것일까? 분명히 당뇨병을 앓는 사람들은 인슐린 주사를 맞지 않기로 하는 결정을 내릴 수 있다. 만약 그들이 미성년자, 치매 환자, 정신이 건강하지 못한 것으로 판명된 사람이 아니라면, 누구도 그들에게 치료를 강요할 수 없다. 그러나 이것은 인슐린이 [선택에 따라] 우리의 목적에 순순히 복종한다는 것을 의미하지는 않는다. 대신에 그것은 도덕적인 지형을 바꾸어 놓았다. 제조된 인슐린이 존재하기 전에는 어린 나이에 당뇨병으로 사망하는 것이 비극적인 운명이었지만, 오늘날에는 당뇨병에 걸린 사람이 인슐린 주사를 거부하는 것은 자살에 해당한다. 인슐린이 제조된 결과, '주사를 맞지 않는' 행위는 치명적인 행위가 되었고, 따라서 도덕적인 행위가 되었다. 이것이 바로 기술이 하는 일이다. 과학기술은 우리 존재의 실천적인 틀과 도덕적인 틀을 모두 바꾸어버린다.

과학기술이 그렇게 잘 해낼 수 있을까? 아직은 지켜봐야 할 문제이지만, 어떻게? 선택의 논리에서 무엇이 좋은지 결정하는 것은 저울질하고 균형을 맞추는 문제이다. 무엇을 해야 할지 판단을 내리기 위해서는 해당 행동에 대한 찬성과 반대의 주장을 최대한 많이 수집하고, 비교 검토해야 한다. 때로는 나중에 새로운 논거가 등장하여 마음을 바꾸게 만들기도 한다. 그러나 결국에는 어느 정도 균형 잡힌 판단, 즉 그때그때 내릴 수 있는 최선의 판단이 행동보다 선행된다. 이는, 돌봄의 논리에서와 다르다. 돌봄의 논리에서는 도덕적 결론을 내린 후에 행동을 취하는 것이 아니라 행동 자체가 도덕적이다. 하지만 그것은 결코 편하지는 않다. 최선을 다한다고 하시만, 좋은 일을 하려는 시도가 실제로 어떻게 될지 예측하는 것은 불가능하다. 인슐린의 예를 다시 보자. 만약 공업적 규모로 인슐린을 제조하는 것이 불가능했다면, 시간이 지남에 따라 췌장을 보호하거나 회복하기 위한 기술 개발에 더 많은 노력이 투여되었을 가능성이 크다. 그 과정에서 많은 사람이 어린 나이에 사망했겠지만, 누가 알겠는가, 그 결과 더 나은 치료법이 나왔을지. 사실 인슐린을 사용하는 '당뇨병을 앓는 사람들' 대부분은 인슐린에 감사하고 있다. 이 약은 그들을 살리고, 그것이 없다면 그들은 죽을 것이다. 전 세계적으로 많은 사람이 당뇨병으로 사망한다. 인슐린 제조는 비용이 많이 들고 광범위한 인프라에 의존한다. 인슐린이 생명을 구하는 것은 맞지만 치료제는 아니다. 외부로부터 내부 피드백 시스템을 규제하는 것은 결코 완벽하게 성공할 수 없다. 문제가 생기면 어떻게 해야 할까? 더 많은 주사, 더 많은 운동, 다른 식단, [혹은] 다른 의사, 더 적은 주사, 더 적은 운동 등등. 주사에 대한 두려움을 극복하기 위한 치료를 하거나, 또는 더 이상 그런 노력을 하지 않을 수도 있다. 돌봄의 논리에서 불확실성은 만성적이며, 추가적인 논증을 통해 이것이 바뀌기를 바랄 수 없다. 할 수 있는 일은 하고, 한 번 더 시도하고 다시 또 시도해야 한다. 의사도 통제할 수 없다. 그리고 궁극적으로 그 결과는 찬란하지 않다. 질병을 가지고 사는 인생의 이야기는 모든 사람이 '오래오래 행복하게 살았답니다'로 끝나지 않는다. 다른 삶의 이야기와 마찬가지로 죽음으로 끝난다.

돌봄의 논리에는 별도의 도덕적 영역이 없다. '가치'는 '사실'과 얽혀 있고, 돌봄 자체가 도덕적 활동이기 때문에, (실천적인) 의료 행위와 분리될 수 있는 (논쟁적인) 윤리 같은 것은 존재하지 않는다. 질병이나 치료로 인해 일상생활에서 발생하는 문제를 주의 깊게 관찰하면서 할 수 있는 일을 하는 것이다. "무엇이 잘못됐을까요? 어디가 아프세요?" 돌봄의 논리는 안전이나 자기-만족을 제공하지 않기 때문에 항상 조정해야 할 마찰이 있다. 하지만 거기에 한 가지 위안도 있는데, 만약 일이 잘못되더라도 자기 자신을 탓할 필요가 없다. 반면 선택의 논리에서는 자책이 뒤따른다. 선택 후에 발생하는 모든 것은 [자신의] 선택에 따른 결과로 받아들여져야 한다. "당신의 아이들을 돌보는 것이 어렵다고 생각하나요?" "안타깝네요." 하지만 아이를 갖기로 선택한 사람이 당신 자신이니, 이제 당신이 이에 잘 대처해야 한다. "인슐린 펌프가 잘 작동하지 않나요?" "운이 나쁘시군요". "그러나 당신이 그것을 원했던 것이니, 그 또한 당신의 선택 결과입니다." 그리고 "나쁜 시력에 대해 불평하지 마세요. 그것은 당신이 어렸을 때 혈당 수치를 제대로 측정하지 않았다는 것을 뜻하는 거예요." 선택의 논리에서 선택권을 갖는다는 것은 선택 뒤에 따라오는 것에 대한 책임이 있다는 것을 의미한다. 돌봄의 논리에서는 다르다. 무엇이 잘못되었는지를 직시하는 것은 현명하지만, 그것은 자신이나 다른 사람들의 잘못을 찾아내려는 것이 아니다. 예상치 못한 일이 항상 발생할 수 있으며, 통제를 벗어나는 변수가 있으므로 잘 행동했음에도 불구하고 나쁜 결과를 초래할 수도 있다. 그래서 자신의 불행을 만드는 데 자신이 적극적으로 참여했다고 해도 그것을 자책하는 것은 의미가 없다. 아무 의미가 없다. 그보다는 현재에 집중해야 한다. 다음에 무엇을 해야 할지 물어야 하고 포기하지 말아야 한다. 포기하지 않는 것, 이것은 치료에서 어려운 부분이다. 슬퍼하고, 마음을 추스르고, 누군가로부터 위로받은 다음, 다시 한번 행동하려고 노력해야 한다. 여기서 도덕성은 사기士氣와 연결되어 있다. 돌봄의 논리는 자책을 강요하는 것이 아니라 끈기를 요구한다. 적응력과 인내의 끈끈한 조합 말이다.

능동적인 환자

이 책에서는 '우리'가 진정으로 누구인지 즉, 선택하는 사람들인지 돌봄 속에 있는 사람들인지를 단정할 수 있다고 주장하지 않는다. 나는 환자들이 인터뷰에서 자기 자신에 대해 무엇을 말하는지도, 전문가들이 사람들의 선택 능력이나 돌봄 능력에 대해 무엇을 말하는지도 조사하지 않았다. 나는 의견을 수집하는 대신, 언어, 장르, 스타일을 분석했다. 나는 실천에 녹아있는 논리를 찾아보았다. 서로 다른 논리는 서로 다른 방향으로 밀고 당긴다. 그것들은 우리를 다른 무언가로 변화시킨다. 그래서 환자 선택권이라는 이상을 의료 서비스에 끌어들인다고 해서 애초부터 존재하던 '자아'를 위한 공간이 생기는 것은 아니다. 그 대신 우리에게 다른 무언가를 요구하게 된다. 물론, 선택이 요구되는 방식으로, 우리가 그 선택을 하도록 요구받는 방식으로 상황이 재편되고 있다. 이것으로 마침내 전문가들에게 갇혀 있던 환자들의 수동성으로부터 우리, 환자들을 자유롭게 해 주리라는 약속이 제시된다. 즉 선택의 논리에 따르자면, 선택함으로써 우리는 우리 삶의 주인이 된다. 그러나 이런 성공의 약속은 '선택의 상황'을 만드는 방식으로 세상을 재구성하는 데 드는 대가를 숨기고 있다. 다른 한편, 돌봄의 논리는 다양한 강점과 한계를 가지고 있다. 요점은 돌봄의 논리가 기본적으로 항상 더 낫다는 것이 아니다. 그것은 오히려 더 많은 주의를 요구한다. 이는 그것이 우리의 진정한 자아에 도움이 되기 때문이 아니다. 돌봄의 논리 역시 우리에게 무엇인가 요구하지만, 다른 것을 요구한다. 아니, 환자들에게 전문가들의 처방에 순순히 동의하라고 요구하는 것은 아니다. 돌봄의 논리는 환자들이 능동적이기를 원한다. 그렇다면 이때 능동적인 환자란 무엇일까?

선택의 논리에서 행위자는 결정을 내리는 사람이다. 의사결정을 위해서 행위자들은 관련 논거를 고려하고 가능한 선택지들의 장단점을 따져 보아야 한다. 열이 나거나 혼수상태에 있거나 두려움에 떨고 있다면 이것은 쉽지 않은 일이며 선택은 거의 불가능하다. 하지만 만성질환을 앓고 있다면 건강한 부분을 동원하여 선택할 수 있을 것이다. "그러니, 당신이 선택하세요." 선택의 결과는 좋든 나쁘든 당신의 책임이다. 당신은 그것을 어깨에 짊어지고 다녀야 한다. 선택하는 것이 어렵다는 것을 감안할 때, 누가 선택할 능력이 있고 누가 부족한지에 관한 질문이 그렇게 많은 관심을 받는 것은 놀라운 일이 아니다. 돌봄의 논리에서 능력은 그 유형에 따라 좀 더 유동적이다. 그렇다고 돌봄의 논리가 우리 삶을 편하게 해 준다는 말이 아니다. 그것은 다시 우리에게 많은 것을 요구한다. 이번에는 자책이 아니라 다양한 활동을 요구한다. 돌봄의 논리에서 행위자는 인슐린을 주입하고, 저혈당 상태를 느끼거나 측정하고 대응함으로써 저혈당을 피하고, 먹는 양을 계산한다. 그러나 어떤 행위자도 혼자 행동할 필요가 없다. 돌봄의 논리에서는 행위가 이리저리 움직여 다니기 때문이다. 어떤 순간에는 당신이 [누군가를] 돌보다가 다음 순간은 당신이 돌봄을 받게 된다. 돌봄의 작업은 다양한 방식으로 공유되고 또한 변화한다. 무언가를 시도했는데 그것이 작동하지 않을 때, 중요한 질문은 누구의 잘못인가가 아니라 다음에 무엇을 시도할 것인가이다. 돌봄의 논리에서 환자가 질병을 앓고 있다는 사실은 해야 할 일에 영향을 미치지만, 그렇다고 해서 환자가 치료에 적극적으로 참여하지 않아도 되는 것은 아니다. 모든 것을 혼자 할 필요는 없다. 그렇게 할 수도 없다. 심지어 질병을 앓는 의사들도 전문적인 돌봄이 필요하다.[6] 하지만 항상 무언가를 해야 한다. 인슐린을 직접 주사할 수 없다면 간호사가 대신해 준다. 하지만 간호사가 바늘을 가지고 당신에게 접근할 때 저항하지 말고 간호사가 당신에게 주사를 놓는 것을 허락해야 한다. 섭취한 음식의 양을 직접 계산하지 못할 수도 있다. 그러면 영양사의 지시를 따르면 되지만, 여전히 음식을 씹고, 삼키고, 소화하는 사람은 당신이다. 그것조차 버거워 인공적으로 음식을 공급받는 상태에 있다 하더라도, 여전히 당신은 행위자이다. 당신이 살아있는 한 당신의 세포는 당을 연소한다.

돌봄의 논리에서 행위자가 된다는 것은 주로 실천적인 문제이다. 그렇다고 해서 누구도 선택할 필요가 없음을 의미하지는 않는다. 돌봄의 논리에서 '선택하기'는 또 다른 실질적인 과제로 나타난다. '운동을 진지하게 할 것인가 말 것인가?'라는 선택은 논쟁보다 더 많은 것을 고려해야 한다. 이를 위해서는 가치관의 균형을 맞추는 것만으로는 충분하지 않고, 에너지의 균형도 맞출 수 있어야 한다. 그러므로 이러한 선택을 할 때는 제시간에 식사할 수 있고, 인슐린 용량을 측정하고 조절할 수 있는지를 파악해야 한다. 축구 경기나 조깅을 마친 후 몇 시간이 지나고 나면 혈당 수치가 떨어질 수 있는데, 이것에 대비할 수 있을까? 자유는 힘든 일이다. 산에서 걷고 싶다면, 그것도 좋지만, 단지 그것을 원하는 것만으로는 충분하지 않다. 걷기에 필요한 실질적인 작업에도 참여해야 한다. 여기에는 수많은 작고 실천적인 선택들이 포함된다. 앉아서 혈당을 측정했는데 혈당 수치가 3mmol/l로 나타나면 식사를 하면 된다. 하지만 혈당 수치가 5, 6, 7인데 앞으로 한 시간 동안 등산해야 한다면 어떻게 해야 할까? 이런 식으로 일은 계속 진행된다. 요즘 당뇨병을 앓는 사람들은 더 이상 규칙적인 일상을 고수할 의무가 없지만, 점심으로 샌드위치 하나를 먹을지, 두 개를 먹을지, 세 개를 먹을지를 선택할 수 있다. 그러나 당뇨병을 앓는 사람뿐만 아니라 많은 사람이 이러한 선택을 피하는 경향이 있다. 다음에 무엇을 해야 할지를 하루하루, 매분 단위로 고민하는 것은 우리를 지치게 만들기 때문이다. 그래서 우리들의 대부분은 수용이 가능한 규칙적인 일상을 확립할 때까지 일상생활을 실험해 본다. 매일 6시 30분에 저녁 식사를 하고 평일 점심에는 샌드위치 두 개, 토요일에는 (축구나 조깅을 하기 전에) 샌드위치 세 개를 먹는다. 실제로, 규칙적인 생활은 매번 새로운 선택을 반복하는 것보다 훨씬 적은 에너지를 소비한다.[7]

선택의 논리에서 행위자들은 선택하기 위해 판단을 내린다. 그래서 그들은 거리를 둔다. 결국 혈당 측정기나 주사기, 인슐린 펜처럼 자신과 분리된 대상을 판단하는 것이 가장 쉽기 때문이다. 정확하다거나 부정확하다거나, 사용자 친화적이거나 번거롭다 등으로 평가할 수 있다. 적어도 이 물체들이 당신에게 낯선 물건일 때는 그렇게 할 수 있다. 반면 한동안 기기를 사용해 왔다면 그것은 이미 '나의 일부'가 되었기 때문에 더 어려워진다. 자신의 일부가 된 것을 마치 멀리서 바라보듯이 판단하기는 쉽지 않다. 자기의 삶에 관하여 판단하는 것은 더더욱 어렵다. 의료 서비스 연구자들은 우리에게 다음과 같이 요청한다. "질문지에 1~5점 만점으로 체크 표시하시면 됩니다. 0(전혀 그렇지 않음), 3(조금), 5(많이) 중에서 당뇨병이 얼마나 신경 쓰이시나요?" 그 숫자들은 합산되고, 숫자를 합산한 총합이 '삶의 질'을 나타낸다. 돌봄의 논리에서 사람의 삶에 관하여 판단하는 것은 말이 되지 않는다. 당신은 당신의 삶 안에 있고, 당신은 그것을 살아간다. 그 삶에서 벗어나 멀리서 그 삶의 질을 판단할 수는 없다. 만약 환자가 진료실에서 "의사 선생님, 제 삶의 질은 낮아요."라고 말한다면, 의사의 반응은 환자의 파일에 이것을 사실로 기록하는 것이 아닐 것이다. 그보다 의사는 그것에 대해 어떻게 하는 게 좋을지 물을 것이다. "말씀해 보세요, 정확히 무엇이 잘못되어 있는 거지요?" 또는 "어떻게 도와드릴까요?"라고 물을 것이다. 돌봄의 논리에서 삶은 사실이 아니라 과제로 받아들여진다. 만약 당신이 친구들에게 당신의 '삶의 질'이 나쁘다고 말한다면, 친구들은 뭐라고 말할까? 그들은 공감할 수도 있지만, "글쎄, 그럼 어떻게 할 거야?"라고 묻지 않을까? 그들은 당신을 인생의 구경꾼으로 여기기보다는, 당신이 당신의 인생에서 주도적인 역할을 하기를 기대한다. 그러므로 돌봄의 논리에서 중요한 것은 판단 대상인 '삶'이라는 명사가 아니라, 우리가 주체가 되는 활동인 '살다'라는 동사이다.

선택의 논리에서 행위자들은 해방된다. [의사라는] 가부장적 통치자들로부터 자신들을 해방시킨 것이다. 이것에 뒤따르는 자유에 대한 미화는 능동적인 환자들의 활동이 어떤 것인지 인식하기 어렵게 만든다. 돌봄의 논리가 다루는 환자들은 자유롭지 못하다. 그렇다고 해서 의사와 간호사에게 전적으로 의존하지도 않는다(의사들과 간호사들이 가부장적이든 아니든 말이다). 당뇨병을 앓는 사람들은 무엇보다 인슐린에 의존한다. 인슐린은 그들의 생명줄이다. 그들이 먹는 음식도 마찬가지다. 그리고 저혈당이 심해지면 다른 사람들이 대신 주사해 주는 글루카곤도 그렇다. 독립은 좋지만, 죽음을 초래할 정도가 되어서는 안 된다. 동시에 그들의 동료, 파트너, 연로한 부모, 어린 자녀들이 환자에게 항상 의존하고 있다. 환자를 돌보는 의료진 역시 마찬가지이다. 환자들이 수동적으로 변하면 전문가들 또한 아무것도 할 수 없다. 다른 사람들을 지배하거나 그들을 위해 선택을 하는 것은 가능할지 모르지만, 스스로 돌보지 않는 사람들을 돌보는 것은 불가능하다. 그것은 누구도 할 수 없다. 만약 환자들이 용감하게 도움을 구하지 않는다면, 아무도 그들에게 도움을 줄 수 없다. 집에 있는 환자가 인슐린 주사를 중단하면 의사와 간호사는 알지 못할 것이다. 따라서 환자가 아무리 의존적이라 할지라도, 치료는 우선 환자 자신의 활동에 달려 있다. 당뇨병을 앓는 사람들은 심지어 이전에 전문가들이 수행했던 많은 일을 직접 하기도 한다. 의료 서비스의 다른 분야에서 근육 주사를 놓는 사람은 간호사들이지만 당뇨병을 앓는 사람들은 이 작업을 스스로 한다. 실험실에서는 기술자들이 관련된 혈액 수치를 측정하는데, 당뇨병을 앓는 사람들은 이 작업을 자신이 한다. 약물 복용량을 조절하는 것은 전통적으로 의사가 하는 일이지만 상당수의 능동적인 환자들은 이 작업을 스스로 수행한다. 그들은 규칙적인 생활이 깨지면, 필요에 따라 주사를 몇 단위 더 놓거나 더 적게 놓는다.

이 모든 활동에도 불구하고, 환자는 세상을 통제할 수 없다. 세상은 순종적이지 않다. 혈당 수치, 눈, 다른 사람들, 음식, 기계 등 당신이 가진 모든 것들이 예측할 수 없게 움직인다. 삶의 다양한 측면을 아무리 길들이려고 노력해도,

결국 그것들은 돌이킬 수 없을 정도로 거칠어진다. 성공할 수도 있고 실패할 수도 있지만, 어느 쪽이든 감수해야 한다. 따라서 능동적인 환자는 적극적이면서도 내려놓을 수 있어야 한다. 자신의 치료에 적극적으로 임하면서도 길들일 수 없는 것은, 그것이 무엇이든 놓아줄 필요가 있다. 그래서 돌봄의 논리가 우리에게 요구하는 가장 어려운 것은 끈기와 적응력이다. 전문가들은 환자의 고통에 적극적으로 대응하는 동시에 자신들의 노력이 실패할 수도 있다는 것을 조용히 받아들일 수 있는 임상적 태도를 개발하는 데 몇 년이 걸린다. 능동적인 환자들은 훨씬 더 어려운 과제를 안고 있다. 자신의 고통에 대해 체념할 뿐만 아니라 활기차게 지내야 한다.[8] 이 엄청난 감정적, 실천적인 노력을 과소평가해서는 안 된다. 그래도 그것은 세상을 통제할 수 있다는 환상보다는 더 나을 것이다. [고통을] 통제할 수 있다는 꿈은 당신을 행복하게 하는 것이 아니라 신경질적으로 만든다. 그리고 그 꿈은 어떤 식으로든 실망으로 끝이 난다.

언제 어디서나 돌봄의 논리가 선택의 논리보다 더 낫다거나 나쁜 것이 아니라는 일반적인 주장을 하고 싶지는 않다. 하지만 돌봄의 논리는 병들고 예측할 수 없는 신체를 가지고 살아가는 데 확실히 더 적합하다는 정도는 단언할 수 있다. 그러므로 환자 운동은 이 논리를 너무 가볍게 무시하지 않는 것이 현명할 것이다. 대신에 그것을 검토하고 적용하고, 만지작거리고, 밀고 당기고, 수정하고, 옳다고 생각되는 곳에 적용해야 한다. 여기서 언급되는 돌봄의 논리는 확고한 것도 고정된 것도 아니다. 전혀 그렇지 않다! 그것은 유동적이고 적응적이다. [돌봄의 논리는] 건강한 부분만을 다루는 것이 아니라, 질병과 모든 것을 있는 그대로 진지하게 받아들이기 때문에 시작하기에 좋다. 그것은 우리의 몸에 영양을 공급하고, 우리가 속해 있는 집단을 존중하며, 우리의 실패에 관대하게 반응하고, 일이 계속 잘못되더라도 개선을 위해 고집스럽게 노력한다. 비록 (불)확실성이라는 한계를 넘어서는 것은 아니지만 결국에는 내려놓게 될 것이다. 비록 임상적으로 자신의 고통을 공감받는 것은 어렵더라도, 능동성과 수용성을 결합하는 법을 배우는 것은 우리의 돌봄 능력을 강화하는 것 이상의 역할을 한다. 능동적으로 내려놓는 능력은 고통을 견디기 쉽게 만들 뿐만 아니라 또한 즐거움을 경험하기 위한 전제 조건이기도 하다.[9]

의료 서비스 개선하기

선택의 논리와 돌봄의 논리가 근본적으로 다르다는 점은 이 두 가지 사고방식과 행동의 방식이 실제 삶에서 그러하듯 서로 뒤섞이면 무슨 일이 벌어지는지를 질문하게 만든다. 많이 혼란스러울 수 있다. 실제로, 환자 선택권이 의료 서비스에 도입된 곳에서 일어난 일들은 매우 다양하다. 서로 다른 현장과 상황에 대한 상세한 경험적 연구만이 다양한 종류의 혼란에 대해 통찰력을 제공할 수 있다. 나는 그중 일부가 내가 어수선한 병원 실천으로부터 증류해 낸 '순수한' 형태보다 놀랍도록 창의적이고, 생활에 더 나은 것으로 판명될 것임을 의심하지 않는다. 그럼에도 불구하고 나는 돌봄의 논리를 강화하기 위해 희석되지 않은 형태로 그것을 명확하게 표현하려고 노력했다. 환자 선택권의 경이로움을 아무리 크게 찬양하더라도, 나는 그것에 대해 그리 낙관적으로 보지 않는다. 나의 걱정은, 환자 선택권이 도입되면 다른 많은 것들도 고쳐져야 한다는 것이다. 말하자면, 우리가 선택하는 상황, 우리가 선택할 수 있는 대안 즉 우리가 선택할 수도 있고, 선택하지 않을 수도 있는 '케어 제품'의 경계 등과 같은 것들 말이다. 이 모든 것을 고치는 것은 돌봄과 관련된 다양한 변수를 서로 조정하는 것을 훨씬 어렵게 만들기 때문에 의사 노릇이 좌절될 수 있다. 게다가, '선택'에는 능동 대 수동, 건강 대 질병, 사고 대 행동, 의지 대 운명, 정신 대 육체 등 '돌봄'과는 다른 많은 위계적 이분법이 존재한다. 이러한 이분법을 도입하는 것은 질병에 걸린 사람들의 삶을 개선하지 못할 것이다. 왜냐하면, 그들은 몇 번이고 계속해서 잘못된 편에 서게 되기 때문이다.

그러나 '좋은 돌봄'이 무엇인지 설명할 수 있고, 돌봄의 논리를 명확하게 표현할 수 있다고 해서 현재 행해지는 대부분의 의료 서비스 실천이 좋다는 것을 의미하지는 않는다. 상당수는 그렇지 않거나 충분하지 않다. 사실 좋은 돌봄의 요건은 충족하기가 매우 어렵다. 그리고 실제로 좋은 돌봄의 실천에 방해가 되는 요소들(과학적 유행, 관리자의 야망, 경제적 견인과 추진, 그리고 부주의한 전문가들)이 많이 있다. 그러므로 '좋은 돌봄'을 명확하게 표현한다는 것은 사실을 묘사하고 세상을 있는 그대로 말하는 방식이 아니다. 돌봄 실천에 대한 [적절한] 평가나 (긍정적인) 판단도 아니다. 대신, 그것은 개입하는 것이다. 돌봄의 논리를 명확하게 기술하는 것은 돌봄 자체의 용어들로, 그 자체의 언어로 의료 서비스를 개선하는 데 기여하려는 시도이다. 그 언어는 자율성과 환자 자신이 결정할 권리에 중점을 둔 언어가 아니라, 일상적인 실천과 더 살기 좋게 만들기 위한 창의적인 의사 노릇에 강조점을 둔 언어이다. 돌봄에 특화된 용어로 말하자면, 돌봄은 사람들이 방치되고 있을 때 좋지 않은 것이 된다. 경청할 시간이 부족할 때, 환자의 일상생활이 고려되지 않고 물리적 매개변수가 환자의 상황과 격리된 경우에, 환자가 자신의 장비를 혼자 처리해야 하는데 여러 명의 상이한 전문가가 제공하는 다양한 지침을 결합하기에는 너무 복잡하거나 불가능한 작업에 직면했을 때, 돌봄은 나쁜 것이 된다. 전문가들이 신중하게 실험을 수행하지 않고 서둘러 프로토콜을 따를 때도 좋지 않지만, 더 나쁜 것은 오래된 습관에 안이하게 의존할 때이다. 돌봄에 특화된 용어로 말하자면, 몇 가지 개별적인 매개변수의 측정이 고통스럽고 항상 복잡하게 얽혀 있으며 그날그날 꾸려가는 이쁜 삶으로부터 주의를 분산시키는 것이 될 때, 돌봄은 좋은 것이라 하기 어렵다.

인터뷰나 혹은 다른 곳에서 환자들이 불량한 의료 서비스에 대해 불평할 때, 그들은 그들에게 선택권이 주어지지 않았다고 언급하기도 하지만, 그들이 방치된 것에 대해 더 자주 이야기한다. 그들은 그들의 특정한 이야기나 개인적인 경험이 어떻게 관심을 받지 못했는지를 묘사한다. 그들은 더 많은 상호작용과 더 많은 지원을 원했을 것이다. 또한, 자신들이 할 수 있는 것은 아무것도 없었고 그들을 위해 충분한 조치가 이루어지지 않았다고 말한다. 이러한 소외감은 흐라두스 씨Mr. Gradus의 인슐린 펌프가 작동을 멈췄을 때 일어난 이야기에서 구체적으로 드러난다. 그는 최근에 이사를 왔고 새로운 의사는 그의 특정 펌프에 익숙하지 않았기에 흐라두스 씨는 전에 다니던 병원에 전화했다. 그는 여러 사람과 차례대로 통화해야 했다. 그러나 아무도 그에게 조언해 줄 수 없었다. 그러다가 마침내 그는 인슐린 펌프 제조업자에게 연락해 보라고 제안한 사람과 연결되었다. 그러는 동안 그는 혈당 수치에 대해 걱정하게 되었다. 그는 어떻게 해야 할까? 시간이 꽤 늦었는데, 지금 무언가를 먹어야 할까? 그는 저혈당 상태를 원하지 않았지만 식사할 때 혈당 수치가 치솟는다면 어떻게 될까? 그는 무엇을 해야 할지 알지 못했다. 그는 주사기와 인슐린을 모두 소모했다. 그는 펜도 없었다. 마침내 그 제조업자와 연락이 닿았을 때, 그는 그의 펌프가 구형이라는 말을 들었다. 예비 부품이나 교체용 펌프를 더 이상 구할 수 없는 것이다. 어떻게 해야 할까? 그는 이제 누구에게 의지해야 할까? 결국 자신이 버려졌다는 그 황량한 느낌이 그의 마음에 남게 되었고, 그는 몇 년이 지난 지금도 그것에 대해 이야기한다. 요점은 다른 사람들이 당신에게 명령하는 것이 문제가 아니라, 아무도 신경 쓰지 않는 것이 문제라는 것이다. [환자들은] 어떤 구멍이 하나 뚫리면 그 구멍으로 바로 떨어질까 봐 두려워하게 된다.

전체적으로 구멍이 너무 많다. 갈 곳이 있는 사람들조차도 그들의 말을 제대로 들어주고 그들이 해야 할 말을 고려해 주는 사람이 별로 없음을 알게 되기도 한다. 불확실성, 두려움, 수치심, 외로움, 그리고 자기 자신을 돌봐야 한다는 끝없는 압박감에 시달리는 이들의 경험에 관심을 가져주는 사람이 별로 없다는 것이다. 불안정한 혈당 수치 등 신체적인 문제에 관한 그들의 경험에 대해서조차 실제로는 관심을 기울여 주지 않는다는 것이다. 내가 현장 조사를 했던 병원에서 언젠가 의사 중 한 명이 당뇨병 외래진료실의 모든 환자에게 지난 몇 주 동안 겪었던 '저혈당 사고'에 대한 짧은 설문지를 작성해 달라고 요청했다. 실험실에서는 저혈당 상태를 소급하여 측정할 수 없다. 저혈당은 혈액에 감지할 수 있는 흔적을 남기지 않기 때문이다. 그러나 환자들은 끔찍했던 저혈당 상태 대부분의 경험을 생생하게 기억했다. 설문지에 답하면서, 환자들은 의사들의 예상보다 훨씬 더 많은 '사고'를 보고했다. 분명히 이 의사들은 진료실에서 환자들에게 저혈당 상태에 대해 일상적으로 묻지 않았다. 의사들은 엄격한 통제가 장기적인 합병증을 예방하는 데 도움이 된다는 임상시험 결과를 읽었지만, 환자들의 일상생활에서 엄격한 통제가 저혈당 상태로 자주 이어진다는 사실을 관찰하지 못했다. 이것이 가시화되기 위해서는 탐구적인 연구자, 설문지, 그리고 기꺼이 설문을 작성해 준 많은 환자가 필요했다. 연구자의 결론은, 환자 개개인의 특수성에 대한 세밀한 조정과 세심한 주의가 시급하다는 것이었다. 이것은 저혈당으로 인해 일상생활에 지장을 받는 사람들의 신체에 도움이 될 수 있을 것이다. 저혈당 상태는 뇌 손상을 야기한다. 문제의 연구자는 자신의 연구 결과를 발표했지만, 이런 연구 결과는 누가 듣게 되었을까? 그리고 질병과 그 치료에 관한 다른 일상적 경험들 중에서 어떤 것들이 아직 검토되지 않은 채로 남아있을까?

돌봄의 논리는 전문가들이 임상시험 결과를 맹목적으로 적용하기보다는 신중하게 해석하여 적용하기를 바란다. 그것이 바로 의사 노릇이다. 잠재적으로 도움이 되는 기술도 현장에서 미세 조정되어야 한다. 이를 위해서는 의사 노릇이 공유되어야 한다. 환자의 경험을 주의 깊게 살펴야만 치료법을 적절하게 조정할 수 있기 때문이다. 방금 사용된 용어들은 모두 규범적이다. 돌봄의 논리는 일들이 그렇게 되기를 바라기에, 그렇게 되어야 한다고, 그렇게 해야 한다고 주장한다. 그러나 실제로 일이 항상 이런 식으로 진행되지는 않는다. 돌봄이 언제나 돌봄의 논리에 내포된 좋은 돌봄의 기준을 충족하는 것은 아니다. 그렇게 하도록 노력하는 것이 그 자체로 돌봄을 개선하는 것이다. 이것은 무엇보다도 전문 임상에서 해야 할 작업이며, 진료실에서 이루어지는 것과 관련이 있다. 이와 더불어 이는 진료실을 어떤 특정한 방식으로만 구성하게 하는 조직적 조건과도 관련이 있다. 여기서는 이러한 조직적인 맥락에 대해서는 다루지 않고, 진료실에서 일하는 데 필요한 또 다른 전제 조건으로 넘어가겠다. 생생하게 살아있는 현실 또한 과학 연구에 더 잘 포함될 필요가 있다. 결국 여기에서 새로운 개입이 개발되고 평가된다.[10] 과학 연구는 질병으로 그리고 질병에 대해 무엇을 하고, 우리의 삶에서 무엇을 하는가? 환자의 의견을 (정치적으로) 대변하는 데는 많은 대중의 관심이 집중되는 반면에, 환자의 신체와 환자의 삶을 (과학적으로) 대변하는 데는 관심이 거의 기울여지지 않는다는 것은 매우 놀라운 일이다. 마치 우리가 원하는 것이 우리가 수집한 사실에 크게 의존하지 않는 것처럼 말이다. 실제로 이러한 사실들은 상당히 자주, 대량으로 측정된 매개 변수들 간의 상관관계 형태로 나타난다. 연구 프로젝트가 환자의 일상생활과 가장 관련성이 높은 매개변수를 측정하는 것은 이상적이다. 그러나 이러한 이상은 좀처럼 충족되지 않는다. 실제로는 측정하기 쉽다는 이유로, 또는 문헌에서 가장 자주 언급되는 매개변수라는 이유로 측정하는 경우가 많다. 잘 선택된 매개변수조차도 불가피하게 연구 과정의 매우 이른 단계에 선택된다. 개입의 작동 여부를 알아보고자 하는 연구자들은 '작동'에 대한 기준을 정의하는 것으로부터 시작해야 한다. 그러나 예상하지 못한 개입의 효과는 나중에야 표면화되기 시작한다. 이 효과는 누군가가 주목해야만 발견될 수 있다.

현재 의료 현장에서 가장 두드러진 과학적 전통인 임상 역학은 예상치 못한 개입의 효과를 다루기 위해 설계되지 않았다. 이 효과를 추적하려면 놀라움에 열려 있어야 한다. 예상하지 못한 사건들은 예측할 수 없고, 확인되지 않은 변수들은 계산될 수 없으므로 이에 대해 더 많이 알기 위해서는 다른 연구 방법들이 필요하다. 이들 중 유망한 방법으로 임상 인터뷰와 사례보고서가 있다. 좋은 임상 인터뷰에서는 환자들이 놀랍다고 느끼는 것, 어렵거나 중요하다고 생각하는 것을 이야기할 수 있는 시간과 공간이 환자들에게 주어진다. 다양하고 놀라운 그들의 경험은 세심하게 다루어진다. 다음으로, 사례보고서는 주목할 만한 사건에 관한 이야기이다. 사례보고서를 통해 이 사건들은 전달 가능한 것이 되고, 그리하여 다른 사람들이 그것으로부터 배울 수 있게 된다. 사례보고서는 합리주의적인 경향과 맞지 않는데, 지난 수십 년 동안 그 형식은 거의 변하지 않았다. 이제는 개선되어야 한다. 전통적으로 사례 기록은 의사들에 의해 작성되었는데, 개별 환자들에게 일어난 사건들을 동료 의사들이 보도록 작성되었다. 우리가 '의사 노릇의 공유'shared doctoring를 향해 나아감에 따라, 이러한 각각의 요소들은 조절될 수 있다. 의사 다음으로, 다른 (의료) 전문가, 환자, 관조觀照자와 같은 다른 사람들도 사례 기록을 작성할 수 있어야 한다. 인류학자들과 언론인들은 그들만의 다른 방식으로 다양한 사람들의 경험을 모아서 여러 목소리로 이야기를 들려주는 실험을 할 수 있다.

질병을 앓고 있는 개인뿐만 아니라 더 큰 집단도 사례 기록으로 주제화될 수 있다. 대상 독자층도 동료 의료진에서 우리 모두로 확대될 수 있다. 나아가 혈중 수치와 두려움, 통증 수용체 및 작업량 사이에서 자유롭게 이동하던 사례 기록에 보험 계약, 식품 산업, 지역 수영장의 접근성 등과 같은 더 많은 행위자(요인)(f)actor를 포함하도록 만들 수 있다. 돌보기가 힘들지만 사랑을 받고 있는 치매 파트너, 좋은 운동화와 양말과 같은 행위자(요인) 또한 마찬가지이다. 관련된 특정성을 추적하고 그에 맞도록 조정하는 기술art이 필요하다.

하지만 돌봄 실천을 개선하기 위해서는 풍부한 이야기를 공개적으로 전달하는 것만으로는 충분하지 않다. 새로운 방식으로 행동할 수 있는 공간, 즉 실험적인 공간도 필요하다. 임상시험은 제약업계의 혁신적인 연구에 대응하여 개발되었다. 업계에서 개발한 약을 시험하기 위해 고안된 것이다. 이 약들을 시장에 출시하는 것은 안전한 일일까? 그것들은 집단적인 보험금을 지출할 가치가 있는 일인가?[11] 그러나 돌봄 과정과 판매 대상 중 무엇을 분리해야 하는지 명확하지 않은 상태에서는 정확히 무엇을 측정해야 할지 명확하지 않다. 더욱이 누가 혁신가의 역할을 맡아야 하는가? 산업계는 손을 대신할 수 있는 약물과 기구를 개발할 수 있다. 그런데 판매 가능한 상품을 중심에 두지 않은 돌봄 개입들을 누가 기꺼이 개발하려 하겠는가? 하지만 여기에 개선의 여지가 있다. 창의적 실무자(의사, 간호사, 영양사, 물리치료사, 환자 그리고 환자 그룹)는 일상적인 돌봄 실천을 위한 혁신을 실험하기 위해 시간·돈·공간이 필요하다. 한 지역에서 좋은 결과가 나오면 다른 지역으로 전파해야 한다. 말 그대로 기반 시설이 거의 없는 상황에서도 당뇨병과 함께하는 일상생활을 개선하기 위한 현장의 발명품들이 만들어지고 있다. 그것들은 전파될 가치가 있는데, 어떻게 전파될 수 있을까? 어떻게 하면 사람들이 질병과 함께 잘 살 수 있도록 도와주는 방안을 또 다른 상이한 장소들과 상황들 속에 있는 환자들에게 가장 잘 전달할 수 있을까?

잘 작동하는 좋은 사례에서만 배울 것이 많은 것이 아니다. 실패한 사례에서도 배울 것이 많다. 기존의 사례 기록은 종종 실패한 사례를 다루었는데, 이는 기적적인 회복만큼이나 실패가 그것을 보고한 의사를 놀라게 했기 때문이다. 게다가 다른 사람들이 이러한 사례에 대해 듣고 같은 실수를 피할 수 있을 것이다. 이러한 관점에서 볼 때 현재의 책임 감수 실천이 전문가에게 자신이 잘하고 있음을 증명하도록 요구한다는 것은 놀라운 일이다. 이 경우 전문가들은 끊임없이 자신을 칭찬해야만 한다. "여기 평가 양식들이 있습니다. 당신이 해온 일들이 무엇인지 설명해 주세요!" 여기에는 의심이나 자기비판, 난감한 질문이 들어갈 여지가 없다. 그러나 개선이란 무엇인가 개선되어야 한다는 인식에서 시작된다. 모든 것이 제대로 작동하고 있지는 않다는 의식에서 말이다. 마찰과 문제에 주의를 기울이는 것은 돌봄의 논리와 일치한다. 어떤 것들은 아무리 좋은 의도를 가지더라도 제대로 작동하지 않을 수 있다는 것을 인정하는 것. 이는 전혀 다른 책임의 실천 방식을 제안한다. 자신이 얼마나 훌륭한 사람인지 모든 사람에게 말해야 하는 것이 아니라, 자신의 업무에서 무엇이 잘못되었는지, 왜 잘못된 것인지를 검토할 수 있을 만큼 충분히 안전한 [책임의] 실천 말이다. 이는 같은 전문 지식을 공유하는 사람들, 교수에서 청소노동자에 이르기까지 같은 병동에서 일하는 사람들, 병원, 이웃 또는 국가의 수준에서, 전문가들 사이에서, 환자들 사이에서, (전문가든 환자든) 같은 질병을 돌보는 모든 사람 등 다양한 집단에서 이루어질 수 있다. 방어적인 태도를 취하지만 않는다면 비판적인 외부인이, 신선하고 예리한 시각을 가진 그런 이들이 치료 기관에 들어오는 것도 가능하다. 그들은 범죄를 발견하고 처벌하려는 게 아니라 배우기 위해 마찰과 문제를 찾게 될 것이다. 여기서 제시한 이상적인 돌봄의 논리에 따르자면, 전문가와 환자는 진료실에서 환자의 일상생활에서 잘 작동하지 않는 부분을 개선하는 데 필요한 의사 노릇의 공유에 참여한다. 이와 유사한 일이 다른 현장과 상황에서, 끊임없이 변화하는 다양한 집단에서 일어날 수 있다. 그리하여 우리는 의료 서비스 실천의 개선도 공유할 수 있다.

이 모든 과정에서 좋은 돌봄과 나쁜 돌봄을 구별하는 기준은 사전에 주어지지 않는다. 개선이 무엇인지 정의하는 것은 개선 활동의 필수적인 부분이다. 필요한 성찰은 이를 실제로 확립하려는 시도와 분리될 수 없다. 이러한 기준을 만드는 데 있어 유동성에는 분명히 한계가 있다. 대부분의 경우 죽음은 당뇨병 돌봄의 배경에서 느껴지는 존재이며, 대개 그것은 '나쁜' 것으로 인식된다. 그것은 피해야 할 어떤 것이다. 죽음은 참여하고자 하는 실험에 한계를 설정하고, 반대편 한계인 건강은 제공하지 않는다. 당뇨병은 완치될 수 없다. 이 두 가지 선택지 사이에서 일상을 어떻게 개선할 것인가, 혹은 어떻게 사는 것이 최선인가 하는 문제는 계속 고민할 가치가 있을 만큼 다면적이고 복잡하다. 더 오래 살 것인가, 아니면 더 치열하게 살 것인가? 이 중 무엇이 좋은 것일까. 운전을 계속하는 것이 더 좋을까, 아니면 직장을 그만두는 것이 더 좋을까? 미식가로서의 정체성을 고수할 것인가, 아니면 만족감을 미루는 법을 배워야 할 것인가? 완벽한 것은 없을 것이다. 하지만 계속 노력해야 한다. 그러면 그렇게 하는 동안 죽음조차도 항상 피해야 할 나쁜 것으로 남아있지 않게 된다. 어느 순간, 죽음은 안도감으로 다가올 수도 있다. 조만간, 죽음은 불가피하다. 그렇다면 우리는 무엇 때문에 죽게 될까?

어려운 선택을 피할 수 없는 고립된 순간에 이 모든 질문과 개별적으로 씨름하기보다는 그것들을 집단적으로 해결하는 것이 더 나을 수 있다. 진료실 내부뿐만 아니라 진료실 밖에서도 큰 소리로 말이다. 우리 자신이 의사가 되어 조심스럽게 자기의 삶을 실험해 보자. 그리고 사례 기록들에 대해 서로 이야기를 나누자. 공적인 삶은 개인적인 사건들에 대한 풍부한 이야기들로 채워질 가치가 있다. 사적인 사건들이 자유로워지려는 욕망 뒤에 숨겨져 있어서는 안 된다. 사실, 내가 옹호하는 스토리텔링은 이미 일어나고 있다. 언론인들, 환자 운동가들, 사회과학자들 그리고 그 밖의 다른 사람들 또한 질병과 함께 사는 것에 대해 많은 이야기를 우리에게 선사한다. 나는 여기서 새로운 것을 제안하기보다는 '스토리텔링'의 위상을 높이고자 한다. 이야기하는 것은 사적인 경험을 '단순히' 공유하는 문제라기보다는 일종의 공적인 협력의 한 형태이다. 그것은 우리 자신과 서로를 통치하는 방법의 일부분이다. 삶과 죽음에 대한 질문을 끈질기게 큰 소리로 제기해야만, 우리가 원하든 원하지 않든 불가피하게 공유해야 하는 기술·의약품·의료 기관들에 최선의 답이 반영될 수 있기 때문이다.[12]

번역

이 책의 목적은 판단을 내리는 것이 아니다. 의료 서비스 전반을 비판하려는 것도 아니고 또한 의료 서비스를 칭찬하고 싶지도 않다. 요점은 의료 서비스의 개선에 기여하려는 것이다. 하지만 어떻게? 사람들이 손가락을 찌르지 않고도 혈당 수치를 정확하게 측정할 수 있는, 많은 사람이 그토록 원하는 혈당 측정기를 내가 개발한 것도 아니다. 새로운 진료소를 설립하는 데 내가 도움을 준 것도 아니다. 새로운 대화 기술을 발명한 것도 아니다. 나는 당뇨병과 함께 사는 최선의 방법에 대한 창의적인 아이디어를 모은 것도 아니다. 그리고 나는 다른 사람들이 자신들의 기술, 능력, 혹은 삶을 어떻게 활용해야 하고 활용하지 말아야 하는지에 대한 윤리적 규칙을 정할 생각은 전혀 없다. 이 책의 작업을 가능하게 해 준 연구비는 향후 시행될 수도 있는 정책 권고안으로 이어질 연구를 위한 것이었지만, 나는 그러한 권고안을 제시하는 것 또한 조심스럽게 삼가고 있다. 이 책에서 말한 이야기들조차도 내가 지지하고자 하는, 질병을 가진 삶에 대한 생생하고 지속적인 공적 대화에 진지하게 기여하기에는 너무 적고 단편적이다. 그 대신 나는 다른 방식으로 기여하고자 했다. 이 책에서는 좋은 돌봄에 포함되어 있는 (잘 드러나지 않는) 논리를 분명하게 표현했다. 나는 그것이 사적인 진료실로부터 공적인 토론장으로 이전되는 데 도움이 될 수 있는 말로 표현하려고 노력했다. 해결책이 아니라 언어를 제공하려 한 것이다. 따라서 이 책이 하고자 하는 기여는 이론적인 것이다.

돌봄의 논리 자체는 무엇보다도 실천적이다. 그것은 삶을 적극적으로 개선하는 것과 관련이 있다. 최근까지 돌봄의 논리는 이렇게까지 많은 말로 자신을 방어하거나 방어할 필요가 없었다. 불과 얼마 전까지만 해도, 의료 서비스와 그에 깃든 논리는 의심할 여지 없이 선한 것으로 여겨졌기 때문이다. 하지만 이것이 1960년대와 1970년대에 사회 과학자들과 철학자들이 의료 서비스에 대해 문제를 제기하기 시작한 이유이다. 그들은 선한 의도가 초래할 수 있는 나쁜 영향을 비판적으로 탐구했다. 그들은 의료 권력에 의문을 제기했고 '건강'이라는 것이 문제가 있는 이상임을 드러내었다. 나는 그 노력의 가치를 부정하지 않는다. 그것은 상황을 뒤흔들었고 아주 많은 의료 전문가들의 오만함에 브레이크를 걸었다. 그러나 비판이 계속되면 기계적인 것으로 변하게 된다. 그것이 사실이든 아니든, 그것은 더 이상 흥미를 끌지 못하고 우리에게 새로운 것을 말해 주지 않는다. 새로운 방식으로 상황을 다시 변화시키려면 이제 다른 전략이 필요하다. 하지만 어떤 전략이 필요하고, 그것은 어디서 찾을 수 있을까? 우리의 이론적 틀은 '비판'이라는 과제에 너무 배타적으로 적응해 있는 것 같다. 비판은 사변을 빗긴다. 비판은 이상을 탐구하거나 구축하는 것이 아니라 그것들을 약화시키는 경향이 있다. 그리하여 '좋은 돌봄'이 무엇인지에 관한 질문은 '효과'와 '효율성'을 갖는 재화를 추구하는 합리주의자들에게 맡겨졌다. 하지만 어떤 것이 환자들에게 좋을 수 있을까? 어떤 방식이면 병을 가지고 사는 것이 그들의 대안보다 더 나을까? 이러한 질문들을 집단적으로 다룰 언어가 없었기 때문에 그것들에 대답하는 것은 모든 사람에게 개별적으로 맡겨졌다. "사람들이 스스로 선택하도록 하세요." 사회과학과 철학이 '좋은 돌봄'의 어떠한 버전에 대해서도 찬사를 보내려 하지 않았다는 것이 공백을 만들었다. 원래는 상당히 다른 맥락에서 형성된 이상인 '자율적 선택'이 의료계를 빠르게 정복한 것도 이러한 공백 때문이다.

그러나 최근에는 흐름이 바뀌고 있는 것 같다. 선택은 의심의 대상이 되고 있는 반면, 돌봄은 긍정적인 관심을 받고 있다.[13] 이 책은 그 변화의 일부이며 나는 그 변화에 기여하고자 한다. 여기에 제시된 돌봄의 논리가 어디까지 도달할 수 있을지는 말할 수 없을지라도, 그 출발점은 쉽게 지적할 수 있다. 이전 연구(나의 연구와 내가 읽은 다른 연구)에서 배운 많은 것들이 이 프로젝트에 스며들었다. 구체적이고 정확하게 설명하기 위해 단 하나의 특정 사례를 중심으로 설명하려고 했다. 여기서 말하는 '돌봄'은 21세기 초 네덜란드에서 당뇨병을 앓는 사람들을 위한, 그리고 당뇨병을 앓는 사람들에 의한 돌봄이다. 그것조차도 너무 포괄적으로 표현되었고, 많은 변형을 건너뛰었다. 이 연구는 설문 조사나 개요와 결코 유사하지 않다. 만약 다른 사례를 연구한다면 '돌봄'을 다루는 방식도 달라질 수 있을 것이다. 예를 들어, 당뇨병이 있는 사람들은 자기 관리에 상당한 노력을 기울이지만, 치매가 있는 사람들은 그렇지 않다. 사실 환자가 자신을 돌보는 능력을 점차 상실해 간다는 것이 치매라는 질병의 핵심이다. 그래서 환자의 경험과 마찬가지로 두 질병의 간병 사례에서도 가족, 친구 및 전문가에 대한 요구는 상당히 다르다. 또 하나 대조적인 사례를 들자면, 당뇨병과 함께하는 삶에는 끝없는 의사 노릇이 필요한 반면, 암에 걸린 삶에서는 좀 더 명백하고 돌이킬 수 없는 분기점이 만들어진다. 치료의 고통스러운 부작용을 받아들이는 것이 나을지, 아니면 포기하고 죽는 것이 더 나을지마저 고려해야 하는 지점들이 있다는 것이다. 이런 식으로 짜여진 선택들은 피할 수 없고 손댈 수도 없는 딜레마이다. 따라서 돌봄의 논리는 단일한 구성물이 아니다. 이 책에서 제시된 것은 그 구성물의 한 가지 버전일 뿐이다. 진단, 전문성, 병원, 금융 시스템, 종교, 규칙 및 규정, 고용 기회, 언어, 사회적 관계 등을 바꾼다면(가능성은 무궁무진하다) 이 '돌봄의 논리' 버전 중 일부 측면은 여전히 관련성을 유지하겠지만 다른 측면은 그렇지 않을 것이다.

그래도 이런 책을 쓴 것은 독자들이 수동적으로 흡수하지 않고 적극적으로 활용하기를 바라는 마음에서다. 그러니 독자 여러분이 해야 할 일이 남아 있는 셈이다. 여기에 명시된 돌봄의 논리에서 당신이 처한 상황과 일치하는 요소는 무엇이고, 일치하지 않은 요소는 무엇인가? 무엇이 그대로 유지되고 무엇이 변하는가? 무엇이 가치가 있고 무엇이 가치가 없는가? 이에 대한 답을 이 책은 제공하지 않는다. 당신이 그 질문들에 대해 스스로 생각해야 한다. 행운을 빈다.

돌봄의 논리를 다른 현장과 상황으로 옮겨놓을 때, 여기에 명시된 돌봄의 논리는 번역되어야 할 것이다. 많은 번역이 가능하지만 모든 번역을 예상하는 것은 불가능하다. 하지만 마지막으로 한 가지 주장하고 싶은 것은 돌봄의 논리가 의료 서비스와만 관련된 것이 아니라는 것이다. 그것이 갖는 의미와 관련성은 훨씬 더 광범위하다. 그렇게 말할 수 있는 첫 번째 이유는 돌봄의 논리의 존재 자체가 '서구' 자유주의 사회 이론이 선호하는 틀에서 어긋난 것들을 환기시키기 때문이다. 그러한 이론들은 복종과 자유를 대립시킨다. 그들은 합리성을 인간의 영광스러운 특성, 더 나아가 계몽주의의 성취로 간주한다. 그들은 '서구'의 사회가 사적으로는 가정과 시장에서, 공적으로는 국가라는 맥락에서 합리적인 선택을 하는 자유로운 개인들로 구성되어 있다고 가정한다. 이것이 고객과 시민들에게 실제로 해당되는지 여부는 일단 괄호로 묶어두자. 하지만 환자들의 경우에는 확실히 그렇지 않다. 이는 환자들이 자신들을 지배하는 다른 사람들에게 복종하기 때문이 아니라, 돌봄을 받으며 자기 자신을 돌보기 때문이다. 다양한 방식으로 공유되는 돌봄 활동은 사적인 것과 공적인 것의 경계를 넘나든다. 의사 노릇은 연약한 신체와 예측할 수 없는 기계를 다루기 때문에, 통제라는 합리적인 환상과 거리를 둔다. 이러한 전복적인 특성은 돌봄의 실천이 서구 철학에 대한 헤테로토피아*에 해당한다는 것을 암시하는데, 헤테로토피아는 타자적인 장소이다. 그것은 오래된 문제들을 새로운 눈으로 볼 수 있게 해 주고, 자신을 대변하는 것처럼 보이는 것을 낯선 귀로 들을 수 있게 해 준다.[14] 그러나 이 특별

---

* heterotopia. 헤테로토피아는 미셸 푸코가 제시한 개념으로, 기존 사회 질서와 규범에서 벗어난 '타자적' 또는 '이질적' 공간을 의미한다. 이러한 공간은 사회 내부의 다양한 기능과 의미를 재구성하며, 때로는 기존 질서에 도전하거나 반영하는 역할을 한다. Michel Foucault, "Of Other Spaces", *Diacritics*, Vol. 16, No. 1 (Spring, 1986), pp. 22~27 [미셸 푸코, 『헤테로토피아』, 이상길 옮김, 문학과지성사, 2014] 참조.

한 헤테로토피아, 즉 돌봄의 헤테로토피아는 다른 곳에 있는 것이 아니라, 바로 내부에 있다. 그것은 '선택'을 더 잘 이해할 수 있도록 도와주는 대조들을 제공하는 동시에, '선택'이 한계에 부딪히는 지점도 드러내 준다.

선택의 논리는 확실히 많은 실천에 영향을 미치지만 '서구'에서 일어나는 모든 것을 설명해 주지는 못한다. 당뇨병과 함께하는 삶은 그것에서 벗어나 있다. 그러나 당뇨병이 있는 삶만이 그런 것은 아닐 것이다. 선택의 논리를 뛰어넘는 것은 또 무엇이 있을까? 교육, 농사, 항해, 작곡, 전투, 건축, 촬영, 육아, 텔레비전 프로그램 프로듀싱, 과학 연구 참여, 사랑, 요리, 청소, 글쓰기 등은 모두 자신만의 스타일을 가지고 있거나, 또는 오히려 다양한 스타일을 가지고 있다고 말할 수 있다. 수많은 논리가 탐구되기를 기다리고 있다.[15] 이것이 나의 주장이다. 이 책에서, 세계를 지배했던 [서구라는] 지역은 (다시) 작은 구석으로 되돌아갔다. 이제 '서구'는 합리성에 기반한, 어디에서나 유효한 보편적인 통찰력을 가지고 있지 않다. 계몽주의의 승리에 도취되어 있지도 않다. 만약 '서구'가 어떤 것일 수 있다면, 그것은 매우 다양한 사고와 행동 방식의 융합체일 것이다. 이질적인 관습이 뒤섞여 있어 서로 환원할 수 없는 언어가 공존하는

이질적인 논리의 집합체, 모순의 복합체이다.[16]

  우리의 실천에 영향을 미치는 다양한 논리는 서로 충돌하기도 하지만, 상호 의존적이기도 하다. 농부들이 없다면 소비자들은 먹을 수 없다. 돌봄이 없다면 시민들은 끔찍한 질병에 걸려 죽는다. 집이 없으면 작가들은 잠을 잘 수 없다. 그리고 각각의 논리는 특정한 장소와 상황에서 발생하지만, 그것들은 모두 이동한다. 그것들은 한 장소에서 다른 장소로 간다. 선택의 논리는 의료 분야로 옮겨오면서 사전 동의서, 소송, 환자를 겨냥한 광고, 그리고 "당신의 선택이다"라는 슬로건을 가져왔다. 나의 요점은 논리가 이동하는 것이 불가능하다거나 일반적으로 나쁘다는 것이 아니다. 오히려, 나는 [선택의 논리가 의료 분야로 이동한] 이 특정한 경우에 그것이 바람직한지 묻는 것이다. 선택의 논리는 질병을 가지고 사는 삶과는 잘 맞지 않는다는 것이 나의 주장이다. 그러나 [어떤] 논리가 반드시 태어난 곳에 머물러 있을 필요는 없다. 마치 태어난 장소만이 그 논리가 속할 수 있는 유일한 곳인 것처럼 말이다. 돌봄의 논리도 그렇다. 이 책으로 나는 이 논리를 강화하고 활성화하는 데 도움을 주고 싶다. 그런데 내가 의료 서비스가 자체적으로 개선되어야 한다고 주장한다고 해서 이 용어들이 의료 서비스 내부에서만 의미가 있다는 것은 아니다. 이 용어들은 다른 분야에도 적용될 수 있다.[17] 그런데 어디에 적용될 수 있을까? 그리고 만약 돌봄의 논리가 정말로 다른 장소와 상황으로 이동한다면 어떤 일이 일어날까?

그것은 명백하지 않다. 많은 상황에서 좋은 돌봄이 필요한 만큼, 엄격하게 구체화하는 것은 어려울 수 있다. 그리고 일반적인 규칙(예를 들어 법으로 선호되는 규칙)은 특정 상황에 부합할 만큼 충분히 구체적이지는 않지만, 부당한 대우를 받았다고 느끼는 사람들이 쉽게 사용할 수 있다는 장점이 있다. 돌봄의 논리에서 고정된 변수가 없다는 것은 그것이 유동적으로 적응할 가능성을 열어주지만 동시에 고정된 것이 없음을 의미하기도 한다. 돌봄의 논리에서는 실패란 피할 수 없는 삶의 일부로 여겨지기 때문에, 어떤 한계에 도달한 것인지, 아니면 더 나아가 그 한계를 넘어서 분노해도 되는 상황인지 판단하기가 어렵게 된다. 돌봄의 논리 안에 '비판'의 여지가 남아 있을까? 끈질기게 하되 강박적이지는 말고, 열정적으로 하되 과도하지는 않게 계속해 나가라고 사람들에게 요구하는 것은 충분히 타당한 일이다. 하지만 이러한 것들은 어디에서 필요한 용기와 에너지를 찾아야 할까? 의사 노릇을 행하는 것은 매우 까다롭고, 특히 자신이 고통으로 위태로울 때는 더욱 그렇다. 게다가 의료 분야에는 (다양한 형태의) 의사 노릇을 전문으로 하는 유료 전문가들의 전통이 있다. 그들은 집단적으로 지식과 직업 정신을 육성한다. 그들은 일반인들의 돌봄 업무를 지원해달라는 요청을 받을 수도 있다. 사회생활의 다른 많은 분야에는 그러한 전문가들이 없다. 더 일반적으로 말해서, 돌봄이 발전하기 위해서는 어떤 종류의 제도적 조건이 필요한지 질문해 볼 수 있다.

돌봄의 논리를 다른 영역으로 옮기는 것에는 심각한 한계나 심지어 반대 의견이 있다. 하지만 적어도 돌봄의 논리 안에는 다른 곳의 실천에도 영감을 줄 수 있는 꽤 인상적인 요소들의 목록이 있다. 예를 들어서 실패와 불행을 날것 그대로 솔직하게 받아들이는 것이 있다. 돌봄은 질병, 죽음, 고통, 문제 같은 것들을 마주하는 것으로 시작된다. 돌봄의 논리는 이러한 사안들을 단순한 소음으로 치부하거나 어떤 대가를 치르더라도 피해야 할 위험으로 간주하지 않는다. 환자들은 소외되지도 않는다. 대신에 그들은 이야기의 주제가 되고 여기저기 손질을 받고, 주목받으며 의사 노릇[의 돌봄]을 받는다. 이 과정에서 유사pseudo 확실성은 호출되지 않는다. 그럴 필요가 없기 때문이다. 돌봄

6장 실천 속의 선 **253**

의 논리에서는 의심이 행동을 배제하지 않는다. [확실성이 없어도] 무엇이 개선에 도움이 되고 무엇이 도움이 되지 않는지 모색하면서 세상과 상호작용하는 실험적인 태도를 취한다. 이는 물 부족, 식량 부족, 깨끗한 공기 부족, 공간 부족 등의 많은 상황에서 도움이 될 수 있다. 위태로운 인간의 삶이든 동물, 식물 또는 생태계의 삶이든 상관없다.[18] 시도하고 또 시도해야 한다. 실망으로 끝날 수밖에 없는 지나친 낙관주의는 불필요하지만, 숙명이라는 핑계도 필요없다. 완벽함이나 통제에 대한 꿈은 포기하되 계속 시도해야 한다. 그렇다면 누가 언급되고, 누가 계속 노력해야 하며, 누가 행동해야 할까? 정답은 '모든 사람, 모든 것'이다. 왜냐하면 돌봄의 논리에서는 행위자들이 고정된 역할을 가지지 않기 때문이다. 행동하는 '우리'는 변화시킬 수 있다. 누가, 이 일 또는 저 일을 할 수 있는지, 또는 해야 하는지를 정하기 위해 과학적, 상업적, 정치적, 기타 (집단적) 행위자를 구분할 필요가 없다. 돌봄의 논리에서는 행위자보다 행동이 더 중요하다. 그것은 공유될 수 있고 주변으로 이동될 수도 있다. 게다가 사실을 수집하고, 제품을 판매하고, 법안을 통과시키며, 인슐린 주사를 놓는 것과 같은 매우 다양한 활동은 원칙적으로 다른 것인 양 분리되지 않는다. 이 모든 것은 문제를 해결하려고 노력하는 동시에 문제를 만들어내기도 한다. 그것들이 삶을 형성해 간다.[19]

이제 의료 서비스 이외의 분야에서 돌봄의 논리가 동원되어야 할 곳이 어디인지 살펴보자. 시장 창출로 인해 고통이 야기되는 곳에서는 돌봄의 도입이 고통을 완화하는 데 도움을 줄 수 있다. 정치가 국가에 국한되지 않고 확장된다면 새로운 스타일과 형식도 필요한데 여기에 돌봄이 영감을 줄 수도 있다. 물론 조정과 수정이 필요하고 상황에 따른 다양한 변형도 필요하다. 하지만 시도해 볼 만한 가치가 있다. 행위자들에게 [주어진 상황에서 벗어난] 외부자의 입장에서 판단하도록 자주 요구하는 도덕적 활동은 더 이상 적절하지 않다. 그리고 기술이 가치 있는 목적에 순종적인 수단이 될 것이라는 기대는, 이러한 기술이 예상치 못한, 원치 않는 효과를 가져올 때 우리 모두를 몇 번이고 놀라게 한다. 따라서 우리가 외부자라는 꿈을 꾸기보다는 우리가 내부에서 행동하고 개선하려고 노력해야 한다는 사실을 깨닫는 것이 더 나을 수 있다. 인내심을 가지고 조정하고, 우리의 기계와 우리의 습관, 그리고 우리 자신을 서로에게 맞춰 나가는 것이 더 나을 수도 있다. '우리 인간'이 세상을 지배한다는 환상을 버리자. 능력 있는 사람과 그렇지 않은 사람을 끝없이 구분하는 것을 자제하자. [그렇지 않으면] 통제하고자 하는 우리의 시도가 실패할 때마다 우리는 준비되지 않은 채로 거기에 사로잡히기 때문이다. 그러니 대신, 돌보자. 돌봄의 논리가 우리에게 상기시켜 주듯이 세상은 우리가 외부에서 바라보고 판단할 수 있는 대상이 아니다. [외부에서] 판단하기보다 몸과 마음을 다해 사로잡혀서 그 속에 참여해야 한다. 만성적으로, 우리가 죽는 날까지.

:: 감사의 말

2005년 봄에 저는 미국 시애틀, 산타크루즈, 클레어몬트에서 학계 청중을 대상으로 이 책의 초기 버전을 몇 장 발표했습니다. 제가 방문하기 몇 주 전에 산타크루즈의 현지 주최 측에서 이메일을 보내 해설자 역할을 해 줄 사람을 위해 제 프레젠테이션의 서면 버전을 보내줄 수 있는지 문의해 왔습니다. 물론 저는 답장을 보냈고, 그 해설자가 네덜란드어를 읽을 수 있다면 발표문을 보내겠다고 답했습니다. 당시 이 책은 거친 네덜란드어 초고로만 존재했고, 저는 영어 원어민들이 이 책을 읽지 못한다고 놀리면서 내 모국어의 번역 불가능성에 대한 좌절감을 달래고 싶었습니다. 이 비대칭성에 대해 그들이 느끼는 수치심(저는 그들이 언어를 읽고 씁니다!)은 적이도 어느 정도는 위안이 됩니다. 하지만 이번에는 제가 당했습니다. 다음 날 우편함을 열어보니 당시 산타크루즈의 박사였던 데이비드 마클레트가 보낸 메시지가 있었습니다. 네덜란드어로 말입니다. 몇 가지 오류가 있었지만 쉽게 이해할 수 없는 것은 없었습니다. 그는 이렇게 썼습니다. "네, 보내주세요, 제가 해 볼게요." 그리고 그는 그렇게 했습니다.

그래서 데이비드 마클레트를 위해서는 이 책을 영어로 번역할 필요가 없었을 것입니다. 그는 3장 초안에 대해 좋은 의견을 주었고(고마워요, 데이브!) 나머지 부분도 네덜란드어로 읽을 수 있었을 것입니다. 하지만 다른 분들의 관심에 힘입어 저도 그분들에게 다가가려고 노력했습니다. 초대와 중재를 해 주신 자넬 테일러, 낸시 첸, 메리엔 더 리트에게 감사의 말을 전하고 싶습니다. 그리고 1년 후 스토니브룩과 뉴욕의 관중으로부터 질문과 의견을 받을 기회를 주신 리사 디드리히, 레베카 영, 레이나 렙에게도 감사드립니다. 그리고 베를린 근처의 작은 성에서 영감을 주는 국제 워크숍을 열어준 미치 넥트와 스테판 벡, 그리고 당시 초대된 다른 사람들에게도 감사의 인사를 전합니다.

저는 영국 밀턴 케인즈에 있는 오픈 유니버시티에서 열린 모임에서, 여기에 제시된 논거에 대한 개요를 발표했습니다. 이 모임을 주최한 스티브 힌클리프와 닉 빙엄을 비롯해 참석자 모두가 정말 유익한 답변을 해 주었습니다. 초기 영어 초안에 대한 비판과 격려를 아끼지 않은 니콜라 도디에, 아서 프랭크, 데이비드 힐리, 티아고 모레이라, 잉윤

모세르, 비키 싱글튼, 스티브 울거에게도 감사를 표합니다. 사이먼 콘은 끝에서 두 번째 버전에 대해 친절하게 의견을 제시해 주었습니다. 번역 프로젝트에서 제기된 많은 질문 중 가장 중요한 것은 (여기서 우리는 동사와 과정을 다루고 있다는 점을 강조하기 위해) 네덜란드어 표현인 'logica van het zorgen'을 '돌보기의 논리'logic of caring로 번역할 것인지, 아니면 '선택의 논리'logic of choice와 더 잘 대비되는 '돌봄의 논리'logic of care로 번역할 것인지를 결정하는 것이었습니다. 이 결정을 내려준 닉 빙엄에게 감사드립니다. 그는 그뿐만 아니라 이 책의 나머지 부분에 대해서 의미와 문장에도 세심한 주의를 기울여 주었습니다.

전체 텍스트의 첫 번째 번역은 픽-랭귀지 서비스Peek Lan-guage Services의 론 픽Ron Peek이 맡았습니다. 믿을 수 없을 정도로 짧은 시간에 훌륭한 작업을 수행해 준 것에 대해서 정말 감사하게 생각합니다. 하지만 이런 텍스트는 글의 세심한 디테일에 따라 달라집니다. 번역이 잘되지 않는 표현들이 얼마나 많은지 보는 것은 흥미로웠습니다. 용어들을 변형해야 했습니다. 그 과정에서 네덜란드 문헌에 대한 많은 각주를 잘라내고 '국제적인' 독자에게 적합한 다른 각주를 삽입했습니다. 그 과정에서 이 책은 네덜란드의 공적 토론에 개입하는 것에서 점차 그 지역적 기원을 부정하지 않으면서도 널리 퍼질 수 있는 텍스트로 바뀌었습니다. 그렇게 되기를 바랍니다.

이 모든 과정에서 존 로John Law가 저의 가장 큰 지원자였습니다. 그는 원고를 여러 번 검토하며 영어를 교정해 주었습니다. 그렇게 '제국주의 언어의 의무'를 다하면서 그는 실수와 격차를 지적하기도 했습니다. 그는 제가 계속 노력할 수 있도록 격려해 주었습니다. 그리고 제가 돌봄에 관한 글을 여전히 네덜란드어로 쓰고 있을 때에도 그는 제 이야기에 귀 기울여 주었고 어려운 문제가 생기면 저와 함께 논의했습니다.

그 초기 단계에서도 많은 사람이 도움을 주었습니다. 이 책을 쓸 수 있도록 연구비를 지원해 준 네덜란드 보건 연구 및 개발 기구 ZON/Mw와 '윤리, 연구 및 정책' 프로그램을 통해 이 책에 흔적을 남긴 초기 프로젝트와 '좋은 음식, 좋은 정보'라는 제목의 현재 연구를 지원해 준 네덜란드 과학 연구 기구 NWO에 감사를 표합니다. 〈소크라테스 재단〉은 제가 일주일에 하루씩 '소크라테스 체어' 정치 철학 교수로 활동할 수 있도록 지원합니다: 재단의 신뢰에 감사드립니다. 트벤테의 철학자들, 특히 한스 아흐터후이스에게 학문적 보금자리를 제공해 준 것에 대해서 감사하고 싶습니다. Z병원에서 저는 무엇보다도 에이디트 테르 브라크, 해롤트 더 팔크, 헤이 륏턴, 이본느 더 라 바이에게서 많은 것을 배웠습니다. 클라르 파를러플리트와 에판너 더 보크는 좋은 인터뷰를 진행했고 제가 분석하는 데 도움을 주었습니다. 물론 당뇨병을 앓고 있는 자신의 삶에 대해 통찰할 수 있게 해 준 모든 환자에게 가장 감사하고 있습니다. 그들의 정체는 이 책에서 가명으로 숨겨져 있지만, 그들이 이 글을 접한다면 제가 그들의 이야기에서 단편들을 사용한 방식에 만족하기를 바랍니다.

그리고 "하지만 진짜 저널(의학 저널)에는 언제 출판할 건가요?"라는 질문을 수시로 던지면서도 저를 자신의 영역으로 끌어들여 그곳에서 일어난 일에 대해 글을 쓰도록 격려해 준 내과 교수 빌럼 에르컬런스에게 감사의 말을 전하고 싶었습니다. 안타깝게도 그는 이 프로젝트가 완성되기 전에 세상을 떠났습니다. 이 책이 네덜란드어로 출간된 이후, 모범적인 지성인이자 엄격하지만 지지적인 사회철학 스승이었던 롤러 나우타도 세상을 떠났습니다. 제 어머니도 마찬가지였습니다. 돌봄의 논리가 최근의 현장 연구에 기반을 두고 있기는 하지만, 수십 년 전 제 친구 요란다 크레

머는 질병을 안고 살다가 질병으로 죽는다는 것이 무엇인지에 대해 저에게 가장 많은 것을 가르쳐 주었다고 생각합니다.

그래도 다행히도 함께 그리고 각자 '좋은 돌봄'이란 무엇인지 고민하며 긴밀히 협력했던 분들께는 여전히 감사의 인사를 전할 수 있습니다. 그들은 딕 빌렘스, 리타 스트뤼캄프, 촬링 스비어르스트라, 그리고 무엇보다도 자넷 폴스입니다. 그리고 저와 함께 돌봄에 대해 이야기하거나 이 글의 이전 버전에 논평을 해 준 다른 친구 및 동료들도 있습니다: 미커 에르츠, 마리안너 판 덴 보멘, 이레네 코스테라 마이여르, 한스 하르버르스, 미르얌 코히노어, 베르나르트 크라위토프, 헤이르처 막, 아마데 음샤렉, 닌커 에위니컨 페네마 등이 있습니다. 또한 잉그리트 바르트, 코니 벨레마르커르스, 욜란 코스터-드레이서, 힐더 더 용, 브렌다 디어하르더, 앨리스 스톨마이어르, 에벨린 통컨스, 피터 페켈하링으로부터 중요한 격려와 저항을 받기도 했습니다. 그리고 슈테판 히르샤우어에게도 감사를 표합니다. 그는 아직 이 텍스트를 네덜란드어나 영어로 읽지 않았기 때문에 여기에 적합하지는 않습니다. 그러나 그가 읽을 것이라는 생각은 나를 날카롭게 만듭니다.

아주 일찍 아버지는 임상적 태도가 무엇을 수반하는지 가르쳐 주셨고, 어머니는 지리적 시선, 물질적, 사회적 시선을 동시에 불어넣어 주셨습니다. 마지막으로, 저의 현재 가족은 매우 소중합니다. 페이터 판 리스하우트 Peter van Lieshout는 이 책의 초안에 대해 유용한 의견을 제시해 주었습니다. 하지만 더 중요한 것은, 그는 독특한 철학자가 되려는 저의 고집스러운 시도를 끈질기게 지지해 주고 있다는 점입니다. 우리 아이들, 엘리자베스와 요하네스는 일상을 가치 있게 만드는 데 가장 열정적으로 기여하고 있습니다. 그들에게 이 책을 바칩니다.

:: 옮긴이 후기

아네마리 몰Annemarie Mol, 1958-은 네덜란드 출신의 철학자, 인류학자, 과학기술학STS 연구자이다. 위트레흐트 대학교에서 철학과 의학으로 석사학위를 받았고, 흐로닝언 대학교에서 철학 박사학위를 취득했다. 1996년부터 트벤테 대학교에서 정치철학 소크라테스 교수로 재직했으며, 2010년부터 현재까지 암스테르담 대학교에서 몸인류학anthropology of the body 교수로 활동하고 있다.

몰의 주요 저서로는 『의료에서의 차이들』(*Differences in Medicine : Unraveling Practices, Techniques, and Bodies*, 1998, 마르크 베르흐와 공저), 『복잡성들』(*Complexities : Social Studies of Knowledge Practices*, 2002, 존 로와 공저), 『바디 멀티플』(*The Body Multiple : Ontology in Medical Practice*, 2002 [2022], 단독 저서) 등이 있다. 『돌봄의 논리』(2008 [2025])는 그녀가 트벤테 대학교에 재직 중이던 2006년, 네덜란드어로 *De logica van het zorgen : Actieve patiënten en de grenzen van het kiezen*이라는 제목으로 먼저 출간되었고, 이후 영어로

번역된 것이다. 이번에 번역한 책은 영어판을 한국어로 옮긴 것이다.

네덜란드어 초판의 부제는 "Actieve patiënten en de grenzen van het kiezen"로, 이를 직역하면 "능동적인 환자와 선택의 한계"라는 의미가 된다. 그러나 영어 번역 과정에서 "건강 그리고 환자 선택권의 문제"Health and the Problem of Patient Choice라는 보다 추상적이고 보편적인 표현으로 바뀌었다. 몰은 영어판을 한국어로 번역하는 과정에서 동적인 의미가 사라질 것을 우려했는데, 실제로 영어판에서도 동명사(예: doctoring)를 적극적으로 활용하여 돌봄의 실천적 측면을 강조하고 있다. 이에 따라 본서의 한국어 번역에서는 가능한 한 네덜란드어판의 동적인 의미를 살리는 방향을 고려했다.

이 책은 사회학자, 인류학자, 의료 서비스 전문가뿐만 아니라 돌봄에 관심이 있는 누구나 쉽게 읽을 수 있도록 쓰였다. 몰은 모든 주석을 후주로 처리하여 독자가 흐름을 따라가기 쉽게 배려했으며, 본문만으로도 충분히 이해할 수 있도록 구성했다. 그러나 그녀의 논의는 결코 단순하거나 가볍지 않다. 후주에는 의료 현장에서의 실천을 '논리'라고 부를 수 있는 수준으로 끌어올리기 위해 그녀가 학습하고 참조한 다양한 학자들과 철학적 배경이 담겨 있다. 본문을 편안하게 읽되, 더 깊이 알고 싶은 독자는 후주를 참고하면 좋을 것이다.

몰의 연구는 철학, 과학기술학STS, 의료 인류학을 아우르며, 다양한 사상가들의 영향을 받았다. 마르틴 하이데거, 미셸 푸코, 브뤼노 라투르, 도나 해러웨이, 존 듀이, 존 로 등의 사유가 그녀의 연구에 중요한 토대가 되었다. 예를 들어, 하이데거의 존재론적 사고는 몰의 '존재론적 다원성'ontological multiplicity 개념에 영향을 주었으며, 푸코의 권력-지식 분석은 의료 실천을 비판적으로 검토하는 데 중요한 틀을 제공했다. 또한, 라투르의 행위자-네트워크 이론ANT은 몰의 연구 방법론에 깊이 반영되었으며, 해러웨이의 '상황적 지식'situated knowledge 개념도 그녀의 실천 중심적 연구와 맞닿아 있다.

몰은 『돌봄의 논리』에서 서구 계몽주의 철학의 산물인 환자의 '선택권' 개념을 비판적으로 검토한다. 의료 시스템에서 선택권이 강조될 때, 돌봄의 복잡성과 윤리적 책임이 간과될 위험이 있으며, 환자가 단순한 소비자가 아니라 의료진, 환경, 기술 등과 상호작용하며 돌봄을 실천하는 존재임을 강조한다. 특히 당뇨병 환자에 대한 명칭 변화에 주목하는데, 과거에는 당뇨병에 걸린 사람을 '당뇨병 환자'diabetics라고 불렀으나, 이후 '당뇨병을 앓는 사람'people with diabetes이라는 표현으로 변화한 점을 분석하며, 이러한 변화가 환자 운동의 성취라고 평가한다.

몰의 연구는 페미니스트 과학기술학FSTS에도 중요한 기여를 했다. 그녀는 과학기술과 젠더의 관계를 실천과 존재론적 전환이라는 관점에서 재구성하며, 페미니즘과 과학기술학의 새로운 방향을 제시했다. 『바디 멀티플』에서 주장한 '다중적 실재'multiple realities 개념은 도나 해러웨이의 '상황적 지식' 개념과 연결되며, 과학기술이 젠더와 상호작용하며 구성된다는 점을 강조한다. 또한, 신유물론과도 접점을 가지며, 물질성과 실천의 중요성을 부각한다.

최근 몰은 돌봄을 넘어 '먹기'eating라는 행위를 중심으로 인간과 환경, 지식, 존재의 관계를 재고찰하는 연구를 진행하고 있다. 『이론에서의 먹기』(*Eating in Theory*, 2021)는 먹기를 단순한 생물학적 과정이 아니라 존재론적·인식론적·윤리적 행위로 재해석하며, 서구 철학 전통이 사고thinking와 말하기speaking를 먹기보다 우월한 것으로 여겨온 점을 비판한다. 『Eating은 영어 단어이다』(*Eating is an English Word*, 2024)에서는 'eating'이라는 개념이 서구 언어,

특히 영어에서 특정한 방식으로 정의되어 있으며, 이러한 언어적 맥락이 철학적·사회적·과학적 논의에 영향을 미친다고 분석한다. 몰은 '먹기'를 통해 인간과 환경, 생태계의 상호연결성을 탐구해야 한다고 주장하며, 기존 철학이 '추상적 사고'와 '언어적 담론' 중심으로 발전하면서 실재 세계에서 벌어지는 환경 문제, 먹이 사슬, 돌봄과 같은 요소를 간과해 왔다고 비판한다. 그녀는 '먹기'를 철학적 사유의 중심으로 가져오며, 인간을 '고립된 이성적 존재'가 아니라 '다른 존재들과 얽힌 물질적 존재'로 바라볼 필요성을 강조한다. 이러한 관점은 생태 위기, 환경윤리, 지속가능한 삶을 고민하는 현대 철학과 사회적 담론에 중요한 기여를 하고 있다.

몰의 연구는 따뜻하면서도 치열하다. 그녀의 글을 번역하는 과정에서 저자의 의미를 왜곡하지 않기 위해 노력했지만, 미숙한 번역으로 인해 부족한 부분이 있다면 모두 옮긴이의 책임이다.

이 책의 번역을 제안해 주신 최유미 선생님, 초고를 꼼꼼히 교정해 주신 이진경 선생님, 번역하다시피 감수해 주신 임소연 선생님, 그리고 번역 과정에서 적절한 표현을 찾지 못해 메일을 보낼 때마다 기꺼이 답변해 주신 아네마리 몰 선생님께 깊이 감사드린다.

2025년 5월

옮긴이 김로라

:: 후주

1장 두 개의 논리

1. 이 책의 끝에는 주석들이 있다. 대부분 학술 문헌을 참조한 것이다. 이 책 『돌봄의 논리』는 무언가를 증명하기 위해 문헌을 언급하는 그런 장르의 책이 아니다. 대신, 그것들은 공명, 주변, 대조 지점, 관련된 통찰 및 질문을 제공한다. 연구자는 자신이 특정한 통찰을 어디에서 얻었는지, 또는 어떤 용어를 다른 용어 대신 사용하게 된 이유가 무엇인지를 정확히 깨닫지 못하는 경우가 많다. 그러나 텍스트와 문헌 사이의 관계를 (적어도 일부라도) 명확히 하려는 노력은 학문적 글쓰기의 기술에 속한다. 주석이 하는 일이 바로 그것이다. 즉 책의 논지를 따라가기 위해 주석을 읽을 필요는 없다는 뜻이다. 그러나 이 주장을 가능하게 한 학문적 전통 안에서 이 주장을 더 잘 파악하고 싶다면 주석들이 도움이 될 수 있다.

2. 의료 서비스의 다른 현장과 상황에 대한 연구는 분명히 이 책의 주장에 [대하여] 여러 가지 방식으로 정보를 제공한다. 많은 연구가 수행되었고, 그중 일부만 주석에 언급할 수 있을 뿐이다. 하지만 나의 연구와 나란히 수행되었기에 중요한 두 연구를 언급하는 것으로 시작하겠다. 하나는 노인 및 만성 환자를 위한 정신과 기관에서 좋은 돌봄을 연구한 자넷 폴스(Jeannette Pols)의 작업이다. 폴스는 내가 여기서 생략한 부분, 즉 어떤 현장 및 상황에서도 서로 충돌하고 간섭하는 좋은 돌봄의 다양한 버전들 사이의 관계에 초점을 맞췄다(Pols 2003, 2005, 2006a, 2006b). 다른 하나는 다발성 경화증 환자와 척수 병변을 가진 사람들을 위한 병동 재활센터에서 현장 작업을 수행한 리타 스트뤼캄프의 연구이다(Struhkamp 2004, 2005a, 2005b). 나는 그들의 사례와 나의 사례를 지속적으로 비교하면서 많은 것을 배웠다.

3. '개인'과 '집단'을 구분하는 것 자체가 글로벌하게 의미가 있는 것은 아니다. 예를 들면, 도린 콘도는 일본에서의 현장 작업에는 다른 분류가 필요하다고 말한다(Kondo 1990). 정보 제공자의 말과 행동을 기성 구조를 인정하는 계기로 삼는 것이 아니라 새로운 이론화를 위한 영감으로 삼는 대부분의 인류학도 마찬가지이다. '타자'를 자신의 용어로 받아들일 뿐만 아니라 이러한 용어를 서양인, 더 구체적으로는 영국인을 연구하는 이론적 도구로 사용하는 메릴린 스트래선의 모범적인 연구를 참조하라(예를 들어 Strathern 1988 및 1992). 그러면 '서구적 자아'를 더 나은 버전의 인간으로 만들기 위해 어떤 '타자'의 이미지를 그리는 대신 (우리가 Saïd 1991 [1991]에서 배운 광범위한 인식 스타일) '서구' 자체가 객관화되고 새로운 방식으로 열릴 것이다.
4. 이와 관련된 참고 문헌은 책장 하나를 가득 채울 만큼 많다. 하지만 내가 가장 좋아하는 책, 카리브해의 노예들이 재배한 설탕과 달콤한 차를 마시는 영국의 공장 노동자들 사이의 연관성을 설명한 책으로 한정하겠다. 이 설탕과 영국의 공장 노동자들은 함께 산업 혁명을 촉진하고 자본주의를 처음부터 글로벌하게 만들었다(Mintz 1985, 후속작인 Mintz 1996 참조).
5. 이 예는 '아프리카 철학'을 '문화적 탐구'로 분석한 한 책에서 가져온 것이다(Shaw 2000). 모든 철학은 특정 (문화적) 관행과 관련이 있지만 '유럽 철학'은 이런 방식으로 연구되는 경우가 거의 없다. 몇 가지 훌륭한 예외를 보려면, 이 책과 높은 연관성을 가지며, 17세기, 18세기, 19세기에 다양한 유럽 과학자 및/또는 철학자들이 어떻게 일상적인 현실을 살았는지를 풀어낸 글들(Lawrence & Shapin 1998에 수록)을 참조하라.
6. 다시 말해, 나는 민속지적 방법을 사용하여 유럽을 내부로부터 '타자화'함으로써 '유럽을 지방화'(Chakrabarty 2000)하는 작업에 기여하고 싶다. 이러한 측면에서 대표적인 사례는 노벨상 수상자의 과학 실험실에 대한 브뤼노 라투르의 민속지적 연구로, 그는 거기서 코트디부아르(Ivory Coast)의 학교에서 어린이들을 연구하면서 습득한 기법을 사용했다(Latour & Woolgar 1979 [2009]). (실험실이 캘리포니아에 있었고 부분적으

로 사회학적인 글이었지만 말이다.)

7. 주민들 간의 '상호 의존의 사슬'이라는 관점에서 복지국가의 역사를 보려면 de Swaan 1988을 참조하라. 선택하는 데 소비되는 과도한 에너지와 그에 따른 다른 실망에 대해서는 Schwarz 2004를 참조하라. 선택의 약속으로 자유주의가 자유를 바라는 사람들을 해방하기보다는 제약한다는 주장에 대해서는 Santoro 2004를 참조하라.

8. 다른 사람을 돌보는 데 관여할 수 있는 공감에 대한 독창적인 신학적 성찰은 Hoesset 2003을 참조하라. 교환과는 다른, 선물에 대한 고전적인 견해는 Mauss 1990[2016]을 참조하라. 내가 돌봄에 대해 주장하는 것처럼, '근대성'의 출현과 함께 선물이 사라진 것도 아니라는 주장에 대해서는 Ssorin-Chaikov 2006을 참조하라. 사람들이 아가페의 형태로 돌봄에 투자하는 방식에 대해서는 Boltanski 1990을 참조하라. 돌봄의 윤리에 대해서는 Tronto 1993의 획기적인 연구와 더 최근의 연구인 Hamington & Miller 2006를 참조하라. 이러한 문헌 중 돌봄 윤리와 페미니스트 정치 이론은 본 연구에 대부분 흔적을 남겼다. 그러나 이 책은 오랜 페미니즘 전통에 서 있지만, '돌봄'의 젠더적 측면을 정면으로 탐구하지는 않을 것이다. 그것은 별도의 관심을 가질 만한 가치가 있는 주제이다. 분명히 '돌봄'은 여성과 연관되어 있지만, 이는 이 책에서 살펴보는 돌봄 실천과는 직접적인 관련이 없다. '간호사'는 주부/어머니를 모델로 삼았지만, '의사'는 잘 연구되지 않은 남성 간병인의 모습을 화신으로 삼았다. 이 인물에는 '그의' 가족을 돌보는 남성 생계부양자와 (부상을 당했으며, 수심에 잠긴) 전우를 돌보는 군인도 포함된다. 내가 여기서 다루는 페미니즘은 돌봄 제공자의 성별을 제쳐두고 '돌봄' 자체에 집중함으로써 '여성'을 지지하기보다는 우리의 (사회적) 이해의 범주에 개입하려는 것이다.

9. 지난 몇 년 동안, 많은 책과 기사는 의료 서비스에서 친절이 충분하지 않은 경우가 너무 많다는 것을 보여주었다. 동시에 '친절한' 전문가들도 환자와 함께 쉽게 너무 많은 고통을 겪게 된다는 것을 알게 된다(Hahn 1985 참조). 외과 의사 교육에 대한 고전적인 연구에서 보스크는 소위 '기술적' 실패는 용서받을 수 있지만 '도덕적' 실패, 즉 솔직하지 못하고 품

위가 없는 것은 용서받지 못한다는 사실을 발견했다(Bosk 1979 참조). 최근의 좋은 분석, 그리고 환자뿐만 아니라 전문가들의 관대함에 주목하는, 그 관대함에 대한 간청을 보려면 Frank 2004를 참조하라.

10. 기술의 타자로서 '마음씀'(Sorge)를 상정하는 하이데거주의자의 맥락에서, 의료 기술을 다루는 글은 대부분 돌봄과 기술을 '자연스러운 반대편'으로 간주해 왔다. 연구된 사례들은 종종 이러한 접근 방식을 고수해야 할 충분한 이유를 제시한다(예를 들어 Reiser 1978 및 Reiser & Anbar 1984 참조). 이와는 다른 관점으로, 의료 기술이 '임상'에서의 직접적인 수작업과 대립되는 것이 아니라 오히려 그것에 의존하고 있다는 주장이 제기되어 왔다. 이에 대해서는 Canguilhem 1991 [2010] 및 1994를 참조하라. 캉길렘의 접근 방식에 따르면, 인간이 참여하는 실천은 그것이 생성할 수 있는 (표상적) 지식보다 우선한다. 그의 말처럼, 물리학자가 질병을 설명할 수 있다고 해도 그 질병으로 사망할 수 있다. 이 책에서 설명하는 돌봄은 캉길렘의 '임상'의 한 버전이다(차이점은 Mol 1998 참조, 이와 관련된 것의 이해를 위해 그리고 '임상'을 행정적 접근법과 대조해 보기 위해서는 Dodier 1993 및 1998를 참조).

11. 이 짧은 단락은 장애학이라는 풍부한 학문 분야의 문을 열어준다. 이 분야에서는 '질병'이 아닌 '장애'가 이론화되어, 예를 들자면, 암 환자보다는 휠체어를 탄 사람에 초점을 맞춘 연구가 이루어졌다(예: Barnes et al., 2002; Shakespeare 2006 참조). 이러한 장애학의 전통적 흐름에 따라 이 책은 고립된 신체보다는 환경 내에서의 신체적 일상생활 실천에 초점을 맞추고 있다. 그러나 나는 돌봄, 즉 치료와 일상생활 사이의 간섭에 집중할 것이며, 학교·시장·주택·교통 시설과 같은, 미친가지로 중요한 문제들에 대해서는 거의 말하지 않을 것이다.

12. 오늘날의 인지 심리학자들은 사람들이 선택하는 방식에 '합리성'이 결여되어 있다고 강조한다. 이런 연구들에 대한 입문으로는 Schwartz 2004 [2005]를 참조하라. 윤리학은 사람들이 그러한 선택을 할 수밖에 없는 조건에, 즉 사회적 조건의 문제에 관심을 가져야 한다는 생각은 Nussbaum & Sen 1993의 글에서 흥미로운 방식으로 제시되었다.

13. 간호과학의 전통에서 '돌봄'을 다층적 현상으로 이론화하려는 시도는 이 용어가 (페미니스트) 윤리와 정치 이론으로 전환되기 훨씬 이전부터 시작되었다. 이러한 맥락에서 '돌보기'는 인간의 특성, 도덕적 의무, 감응, 개인 간 상호작용, 개입 등 여러 층위의 돌보기로 구분되었다(Morse et al. 1992 참조). 그러한 전통에서 접근한다면, 이 책은 그 모든 층위를 다루지 않기 때문에 실망스러울 수 있을 것이다. 이 책에서 돌봄은 주로 개입(또는 오히려 개입의 스타일)과 상호작용(사람 사이뿐만 아니라 사람과 물질, 즉 기술과 신체 사이)으로 연구된다.

14. 철학적 규율인 '논리'는 합리적인 인식의 규칙, 즉 초기 전제에서 연역적으로 정당화된 결론을 도출하기 위한 규칙을 공식화하고자 한다. 여기서는 이 용어를 다른 방식으로 사용하려 하는데, 이는 합리주의 논리의 보편주의적 주장을 설득력 있게 약화시킨 저술들(가령, 페미니스트적 방식으로는, Nye 1990 참조)을 통해 더 쉽게 이해할 수 있다. '논리'라는 용어를 사용하면서도 실천을 다루는 인류학 분야의 좋은 작업도 있다 (예를 들어 Goody 1986). 이처럼 우리는 현재의 목적에 맞게 그 용어를 더 쉽게 확장할 수 있다.

15. '담론'(discourse)이라는 용어에 대해서는 Foucault 1974[2003]를 참조하라. 영어 문헌에서 '담론'이라는 용어는 학자들이 특정 분야와 그 분야의 언어를 분석할 때 사용했다. 이 용어는 이전에 '이데올로기'라고 불리던 것에서 맑스주의적 색채를 뺀 것과 비슷해졌다(예를 들어, Howarth et al. 2000 참조). 그러나 푸코의 작업에서 더 흥미로운 측면 중 하나는 그가 언어와 물질을 함께 연구하고, 예를 들면, 증상과 기호, 표면과 깊이 같은 개념과 연결된 신체적 실천으로서의 시체 절단에 대한 글을 썼다는 것이다(Foucault 1976[1993] 참조). 존 로는 동시에 다양한 방식으로 질서화되는(ordering) 것처럼 보이는 현대 조직을 설명하기 위해 '질서화의 양식들'이라는 표현을 이론적 도구로 사용했는데, 이는 그것이 결코 완성된 것이 아니라 항상 질서화되는 과정 속에 있음을 강조하려는 것이다. 그래서 그는 과정뿐만 아니라 다양성을 추가하는 동시에 거기에 내포된 물질성에 초점을 맞추었다. Law 1994 참조.

16. '세계'가 언어와 함께 철학에 들어온다는 사실에 확신이 필요한 분들은 Lakoff & Johnson 1981[2006]에서 은유가 가져다주는 것에 대해 읽어보는 것이 좋다. 이에 대해 확신을 갖게 된 후에는 이미지, 구조, 및 질문이 프레임·단어·이야기·이미지 등을 통해 순환하는 방식을 해명함으로써 철학이 '경험적인 것'으로부터 자기 자신을 정화하는 데 결코 성공하지 못함을 보여주는 미셸 세르의 저작을 읽어봐도 좋다(Serres 1997 및 2007).
17. 철학자들은 때때로 자연과학만이 아니라 사회과학 또한 철학으로부터 분리되었다는 것을 잊어버리는 것 같다. 따라서 그들은 자연과학의 관할권에 속하는 '사실의 문제'에 대해서는 존중하는 경향을 보이는 반면, '사회적 사실'에 대해서는 자신들만의 버전으로 부주의하게 상상하는 경우가 많다. 마치 사회과학에서 축적된 모든 방법론적 지혜를 고의로 무시할 수 있는 위치에 있는 것처럼 말이다. 사회과학적 방법을 우리가 사는 세상의 복잡성에 더 잘 맞추면서 실험하는 것에 대해 논란이 많지만(Law 2004 참조), 이것이 잘못 만들어진 사실을 자유롭게 '예시'로 사용할 이유가 되지는 못한다. 그렇게 하는 것은 방법의 가장 중요한 규칙, 즉 놀라움을 스스로에게 허용하기를 무시한다는 것을 의미한다. Stengers 1998 참조.
18. 이 연구의 지리적 경계는 일정하지 않다. 각기 다른 장소에서 다른 자료가 도출된다. 나는 네덜란드의 한 중소 도시에 있는 대학병원인 Z병원 한 곳에서만 관찰을 수행했다. 하지만 다른 병원 및 일차 진료 환경의 전문가들과도 이야기를 나눴다. 인터뷰에 응한 당뇨병을 앓고 있는 사람들 중 일부는 Z병원이 위치한 도시에서 왔다. 다른 사람들은 당시 나의 연구 소교였던 클리르 파를쁠리트(Claar Parlevliet)의 개인적인 인맥을 통해 네덜란드 중부 지방에 위치한 작은 시골 마을에서 왔다. 그리고 나는 여러 자료를 두루두루 읽으면서 많은 것을 배웠다. 인터뷰들과 내가 분석한 대부분의 웹사이트는 네덜란드어로 되어 있었지만, 내가 읽은 대부분의 사회과학 문헌은 프랑스어 또는 영어로 작성된 '국제적' 문헌이었다. 이 책의 몇 군데에서 나는 작은 지리적 여행을 할 것이다(특히 5장에서). 내가 그렇게 하는 곳에서는 이 점을 명확히 표시했다. 강조

해야 할 점은 여기에 소개된 '네덜란드인' 환자에 대해서는 구체적인 정보를 거의 드러내지 않았다는 것이다. 잠재적으로 관련성이 있을 수 있는 차이점(연령, 교육 수준, 직업, 문해력, 모국어 등)은 몇 차례 간접적으로만 다루고 있다. 돌봄의 논리와 다양한 환자(그룹)들의 희망, 기대, 기술 사이의 개입은 더 많은 연구가 필요하다.

19. 이 연구의 대상은 환자나 의사가 아니라 의료 서비스의 실천이며, 심지어 '실제 존재하는' 의료 서비스의 실천이 아니라 그들에게 영감을 주는 이상이라는 점을 강조하고 싶다. 따라서 내가 인터뷰를 진행했지만, 나의 이야기에는 장애 및/또는 질병을 앓는 사람들의 '자기 민족지'(auto-ethnography)라는 장르의 풍요로움이 담겨 있지 않다. 예를 들어, Murphy 1990 그리고 Frank 1991 [2017] 참조. 환자로서 살아가는 삶이나 전문적인 돌봄 업무에 종사하는 것과 얽혀 있는 감정에 대해서는 나는 할 수 있는 이야기가 거의 없다. 의심할 여지 없이 이것은 손실이지만 의사 노릇의 실제에 대해 더 명확한 통찰력을 얻는 데는 도움이 되었다.

20. 주의: 당뇨병을 앓는 사람에게는 다른 질병도 있을 수 있다. 당뇨병을 앓는 사람의 삶은 질병 그 이상의 것들로 구성되어 있다. 따라서 내가 이야기하는 '당뇨병과 함께하는 삶'은 많은 단순화에 의존한다. 당뇨병을 앓고 있는 사람들의 실제 일상생활에 주로 관심이 있는 독자는 Roney 2000처럼 당뇨병을 다루는 책을 읽는 것이 더 나을 것이다.

21. 의료사회학에서 '당뇨병과 함께하는 삶'을 연구하는 것은 수년 동안 '현대적 환자 특성'(modern patienthood)에 대한 연구와 연결되어 왔다. 클로딘 에를리히와 자농 피에레는 이미 1980년대 초에 이러한 연결고리를 만들었다(Herzlich & Pierret 1984 참조). 이 시기는 현재 당뇨병 자기 관리에 매우 중요한 역할을 하는 소형 혈당 측정기가 도입되기 전이었다. 에를리히와 피에레는 넓은 역사적 관점에서, 열을 유발하고 전염성이 있으며 익명의 많은 사람을 동시에 공격하고, 위로부터의 사회적 조치가 필요했던 과거의 전염병과 당뇨병을 대조한다. 에를리히와 피에레가 지적하는 오래된 '체제'와의 많은 흥미로운 차이점 중 하나는, 당뇨병에서는 돌봄을 받는 사람도 항상 그리고 반드시 자신을 돌본다는 것

이다. 이것은 환자 단체 내에서 다른 환자들과의 긍정적인 동일시와 함께 '현대적 환자 특성'을 나타낸다고 그들은 주장한다. 대략 같은 시기에, 다른 사회학자들은 환자들(그리고 환자들과 가까운 사람들)이 해야 하는 일의 양을 지적하며 이러한 활동들을 '일'로 이야기하기 시작했다. Strauss et al. 1985 참조.
22. 인슐린 분리의 역사와 외부에서 인슐린을 주입하는 초기 실험에 대해서는 Bliss 1982를 참조하라. 이렇게 질병과 함께 살게 된 역사에 대해서는 Freudtner 2003을 참조하라.

2장 고객인가, 환자인가?

1. 물론 시장도 다양한 형태와 크기로 존재한다. 여기서 말하는 (단순화된!) 시장은 신고전주의 경제 이론에 의해 설명되고 동시에 형성되는 시장을 의미한다. 시장을 연구하는 사회학 중에서 신고전주의 경제학이 자신의 대상을 설명하기보다는 그것을 형성한다고 보는 관점으로는 Callon 1998을 참조하라. 시장을 연구하는 사회학에서 신고전주의 경제학을 연구의 대상으로 설명하는 틀이 아니라, 연구를 보완하고 참고하는 자료로 활용하려면 Callon 1998을 참조하라. 한편, 시장 언어의 도입이 '경제화'의 유일한 형태는 아니다. 효율적으로 일하는 것과 같은 여러 가지 다른 이상들도 있는데, 이들은 약간씩 다른 뉘앙스를 가지고 있다. Ashmore et al. 1989.
2. 나의 연구 분야에서 혈당 농도에 일반적으로 사용되는 단위는 mmol/l이며, 이 책에서도 이 단위를 따른다. 다른 분야에서는 mg/dL을 사용한다. 한 단위에서 다른 단위로 빠르게 계산하는 데 어려움이 있다면, 당뇨병을 앓고 있는 사람이 하나의 전통이 있는 나라에서 다른 전통이 있는 나라로 여행하는 경우 어떻게 될지 상상해 보라. 혈당 수치뿐만 아니라 인슐린 단위도 보편적인 방식으로 표현되지 않고 국가마다 표준이 달라서 더욱 어려워진다.
3. 분명히 돈은 의료 서비스 실천에서 중요한 요소이다. 이를 괄호로 묶는 것은 상당한 개입이다. 이것은 복잡한 실천에서 풀기 어려운 돌봄의 논리

를 파악하는 데 도움이 되는 또 하나의 단순화이다. 모든 것이 돈으로 귀결된다는 환원주의적인 주장을 하지 않으면서도 이 논리를 어떻게 다시 끌어들일 수 있을지는 어려운 과제이다. 제약 업계에서 일하는 사람들이 돈과 도덕성을 어떻게 다루는지를 분석하려는 흥미로운 시도는 Martin 2006을 참조하라.

4. 자본주의에서 고객으로서 우리의 위치는 노동자로서의 위치보다는 훨씬 나은 것처럼 보인다. 노동자는 자신이 사용하는 생산 수단을 소유하지 않지만, 고객은 선택할 수 있고 따라서 자신이 책임자라고 믿기 때문이다. 이는 서구 국가들에서 노동자 정체성이 고객 정체성을 대신하는 심오한 변화로 이어진다. Lury 1996 참조.

5. 시장에서 주고받는 제품이 시작과 끝이 있고 주변 환경과 고립될 수 있다는 것은 관련 대상의 자연스러운 특징이 아니다. 그것은 제품이 어떻게 형성되었는지에 따른 효과이다. 자본주의의 초기 단계로 거슬러 올라가는 다양한 연구는 이것이 얼마나 많은 노고를 필요로 했는지 알려준다. Appadurai 1986와 Thomas 1991의 수록 글들을 참조하라. 이 연구에 비추어 볼 때 의료 서비스를 시장으로 전환하는 것이 불가능하다고 말하는 것은 순진한 생각일 것이다. 가능한 일이다. 하지만 그 과정에서 많은 것을 잃게 될 것이라고 나는 주장한다. (물론 〔다른〕 '제품들'에 대한 기존 시장의 흥미로운 대안을 〔여전히, 다시〕 생각해 볼 수 있을지 의문이 들지만, 이는 본 연구의 범위를 벗어난다.) 예를 들어 북미와 같은 많은 지역에서 시장화는 네덜란드보다 훨씬 더 많이 진행되었다. 북미의 여러 저자들은 그 과정에서 그들이 실제로 무엇을 잃고 있는지 설명하려고 노력한다(예 : Callahan & Wasunna 2006 참조). 이 점은 네덜란드의 현장 연구를 더욱 관련성 있고 흥미롭게 만들 수 있다!

6. '케어랜드의 고객' 콘퍼런스는 본 프로젝트에 재정 지원을 제공한 네덜란드의 의료 서비스 연구 기관인 ZON/Mw의 지부에서 주최했다. 나는 이 콘퍼런스의 연사로 초청받아, 콘퍼런스와 병행된 워크숍 세션 중 하나에서 환자들이 '케어랜드의 고객'으로 불리면 왜 혜택을 받지 못하는지 설명했다. 청중의 일부는 나의 강연에 안도감을 표하며, 드디어 그동안 생

각했던 바를 말하는 사람이 생겼다는 반응을 보였다. 그러나 다른 사람들은 '고객 중심 치료'와 같은 제목으로 진행되는 (종종 좋은) 구상에 적극적으로 참여하고 있었다. 그들은 나의 '회의론'에 짜증을 냈다. 내가 왜 고객의 입장에서 개선하려고 하지 않았을까? 이런 일은 실무 중심의 환경에서 이론적인 성찰을 할 때 벌어진다. 그러한 환경에서 용어들은 논의의 대상이기보다는 사람들의 능력을 최대한 발휘하는 데에 사용된다.

7. 이 글의 이전 버전을 읽은 몇몇 사람들은 내가 아프다는 언급을 빼라고 권유했다. 공교롭게도 나는 이 책을 작업하는 대부분의 기간에 아팠지만, 이것이 독자와 무슨 관련이 있다는 말인가? 또 다른 우려는 왜 내가 그것을 언급함으로써 나 자신을 취약하게 만들까 하는 것이었다. 보시다시피 나는 내가 아프다는 언급을 빼지 않았다. 첫째, 자기 자신을 약하게 만드는 것에 관해서는, 우리 모두 취약하며 이 책의 목표 중 하나는 이를 강조하여 기회로 삼고자 하는 것이다. 둘째, 물론 저자의 건강 상태는 독자와 특별히 관련이 없다. 중요한 것은 결과물이 흥미로운지 여부이다. 하지만 다시 말하자면 연구자의 특수성은 연구에 방해가 된다. 만약 내가 지금보다 더 많이 아팠다면 연구하거나 글을 쓸 수 없었을 것이다. 하지만 동시에 병이 있었기 때문에 정상으로 추정되지 않는 것에 대한 민감도가 높아졌을 수도 있다. 학계에서는 학자의 '건강'을 당연하게 여기는 경향이 있어 대개 이를 분석하지 않는다. 흥미로운 예외로는, 학문을 연구하던 저자가 나중에 실명하게 되었을 때 학문적 지리학자로서의 직업적 실천에서 무엇을 바꿔야 했는지를 명시적으로 설명하는 Golledge 1997을 참조하라. 이 책에서 나는 나의 개인적인 특성과 내 작업 사이의 간섭을 심각하게 분석하지는 않았다. 그러나 선 4에 대한 내 열정과 다른 사람들의 기대('당신과 나')에 부합하지 않는다는 것이 주는 교훈을 활용하여, 지식과 이론화가 항상 위치 지어져 있다는 것을 부수적으로 상기시켰다. '자기'(auto)와 '민족지'(ethnography)의 교차점과 관련된 질문은 자서전에 대해 이야기하는 Okely & Callaway 1992와 그들이 성찰하는 '자기'를 사적인 것이 아니라, 학문적 삶으로 받아들이는 Menely & Young 2005를 참조하라.

8. 20세기 후반에 환자가 점차 의료진의 일원으로 바뀌는 방식은 한동안

소수의 의학사회학자에 의해 주목받고 회의적으로 탐구되어 왔다. 그들은 이를 의료 권력에 대한 환자의 저항 가능성을 잠재우기 위한 의료화의 한 형태로 받아들였다. 그들이 말하는 환자-주체는 선택의 주체와 돌봄의 주체가 혼합된 것으로, 이 책에서 나는 이 둘을 신중하게 구분하려고 노력했다. 서로 다르지만 똑같이 설득력이 있는 두 개의 연구로는 Armstrong 1983과 Arney & Bergen 1984를 참조하라. 두 책 모두 환자가 돌봄 및/또는 선택의 주체가 될 때 '자유'를 얻는다는 믿음에 대한 매우 좋은 해독제이다. 하지만 이 책들은 오히려 이런 일들이 복종의 한 형태임을 시사하기 때문에 내가 여기서 벗어나고자 하는 자율성-타율성 이분법에 여전히 갇혀 있다.

9. '걷는 것 자체'는 분명히 자연적이거나 역사적인 범주가 아니라 최근의, 그리고 문화적으로 매우 구체적인 발명품이다. Solnit 2006을 참조.

10. 광고에서 누가 환자인지, 누가 아닌지 어떻게 알 수 있을까? 첫째, 당뇨병은 눈에 보이지 않는다. 둘째, 이 이미지는 네덜란드 시장을 겨냥한 것일 수도 있지만, 광고용 사진을 전문적으로 제작하고 판매하는 미국 에이전시에서 제공한 것이라고 나의 제보자는 말했다. 에이전시가 모델에게 건강 상태를 물어볼 가능성은 거의 없으므로 모델은 모든 종류의 질병이 있거나 전혀 없을 수 있다. 따라서 혈당 측정기의 잠재적 구매자는 활기차고 건강해 보이는 모델을 통해 제품을 구매하도록 유혹받게 된다. 이는 마치 17세 소녀가 "우리의 멋진 제품 덕분에" 매끄럽고 젊은 피부를 유지할 수 있다는 것을 보여주는 데 사용되는 방식과 매우 유사하다. 이에 대해, 그리고 더 일반적으로 광고를 '읽는 법'을 배우려면 Coward 1996을 참조.

11. 부재/존재라는 용어는 Law 2002를 참조하라. 로는 기술을 형성하는 데 관여하는 요소 중 상당수가 반드시 지금 당장 눈에 보이는 것은 아니라는 것을 보여준다. 그는 전투기의 설계를 추적하면서 적군 러시아, 베이스캠프까지의 비행 거리, 조종사가 너무 격렬하게 움직이면 병에 걸리기 쉬운 경향 등의 요소들이 간접적인 방식으로라도 설계에 '존재'하는 방식을 보여준다. 첫 번째 단계에서는 이러한 요소들이 '부재'한다.

12. '아님'을 판매하기란 불가능하다. 의료 서비스를 시장으로 조직화하는 것이 대안적인 조직 양식, 특히 할 수 있는 것의 한계를 존중하면서도 '필요'가 다루어지는 조직 양식보다 더 저렴하게 만들어진다고 생각한다면 어리석은 일이다. 시장과 함께 의료 분야에서 '희망의 체제'가 빠르게 확장되고 있으며, 부분적으로 산업에 내재된 연구 실천과 민간 자금에 힘입어 재정적으로나 '건강 증진'의 측면에서나 투자 수익을 약속하는 '희망의 체제'가 확산되고 있다. Moreira & Palladino 2005 참조. 자세한 분석과 여기서 무슨 일이 일어나고 있는지에 대한 분석에 적합한 '기대의 사회학'의 틀을 짜려는 시도는 Brown & Michael 2003을 참조.
13. 비영웅적 돌봄은, 질병과 함께 살아가는 것이 질병이라는 적과 거세게 싸워 정복해야 하는 영웅적 노력이라고 더 이상 이야기되지 않는 환자의 서사와 함께 나타난다. 이는 운명론에 빠지는 것을 피하기 위한 것이다. 대안적 가능성에 대한 종합적인 분석은 Diedrich 2005를 참조. 그녀가 성찰한 서사 중 하나는 Stacey 1997을 참조.

3장 시민 그리고 신체

1. 이 장에서는 시민을 정의하는 이론들을 살펴본다. 환자법이 실제로 어떻게 작동하는지에 대한 연구의 예로는, 전문가들이 법의 문구를 준수한 정신병동과 그렇지 않은 정신병동을 비교한 자넷 폴스의 연구를 참조하라. 첫 번째 병동에서는 모든 서류에 서명한 후 (일시적으로) 격리될 수 있는 결정적인 순간까지 사람들은 자유 시민으로 존중받았다. 후자에서는 전문가들이 사람들을 조종한다는 사실을 공개적으로 인정했다. 하지만 아무리 광기에 사로잡힌 사람이라도 가뒤무시는 않았다, 그렇게 하면 그들과의 관계가 망가질 수 있기 때문이다(Pols 2003 참조). 내 접근 방식은 의료 서비스 내부에서 큰 차이를 만들지는 않지만 의료 서비스에서 배우려 한다. 20세기에 가장 창의적인 '일반' 사회 이론 중 일부가 의료 서비스를 본보기가 되는 분야로 삼은 연구에서 나왔다는 점은 흥미롭다. 특히 Parsons 1951과 Foucault 1967 [1984]을 참조.
2. 정치적 전략으로서 해방과 페미니즘은 이론적으로 충돌하지만, 실제 정

치 상황에서는 이러한 접근 방식이 서로를 약화시키기보다는 오히려 강점으로 작용하는 경우가 많다. 네덜란드의 경우 이러한 현상은 Aerts 1991에서 훌륭하게 분석되었지만 이러한 현상은 네덜란드에만 국한된 것은 아니다(Scott 1999 참조). '여성'과 '남성' 범주의 내용이 안정적이지 않고 빠르게 변화할 수 있다는 것은 Costera Meijer 1991에서 잘 드러났다. 여기서 흥미로운 점은 '구성주의'와 '페미니즘'이 여러 곳에서 긴장 관계를 가지고 있지만, 네덜란드에서는 1980년대 초부터 함께 생각되어 왔다는 것이다. Hirschauer & Mol 1995 참조. 이것은 '페이션티즘'의 틀을 짜는 데 도움이 되었을 수 있다. 남녀 간의 차이와 '건강한' 사람과 '건강하지 않은' 사람 간의 차이에 대한 혼선은 Moser 2006을 참조.
3. 건강을 '장기의 침묵'이라고 말하는 것은 캉길렘이 레리히(Lerich)에게서 가져왔다고 말한 것에 대한 언급이다. 이는 건강이 우리가 인식하지 못하는 무언가라는 것을 암시한다. 질병은 혼돈/소음을 유발하여 우리의 주의를 끌게 된다. 하지만 캉길렘은 질병이 혼돈이 아니라고 말한다. 유기체는 대체(代替)할 수 있는 질서를 다시 확립할 수 있을 때만 살아남을 수 있다. Canguilhem 1991 [2010] 참조. 이 이미지는 미셸 세르의 연구에서 다시 등장한다. 그는 신체가 항상 기생충과 함께 살듯이, 질서화하려는 모든 시도에는 '기생체'(한 가지 형태의 소음 또는 다른 형태의 소음)가 포함되기 때문에 청결이나 순수한 질서 같은 것은 존재하지 않는다고 주장한다. Serres 2007 참조.
4. 의학에 관한 많은 (신자유주의적) 이론은 전문가와 환자 사이의 관계를 봉건 영주와 농노의 관계뿐만 아니라 준 맑스주의적 방식으로 지배 계급과 프롤레타리아트 사이의 관계를 모델로 삼아 서로 영구적으로 반대되는 관계로 설정한다. 진정한 맑스주의자들은 항상 전문가와 일반인 사이의 관계를 분석할 때 계급 투쟁을 강화하거나 약화하는 것으로 분석하려고 했다. 이 점을 실제로 훌륭하게 해낸 스미스(Smith)의 1981년 논문이 있다. 이 논문에서는 광부를 지원하는 의사들과 광산업체를 지원하는 의사들을 구분하여 진폐증에 대해 각각 다른 정의를 고수하고 있는 것을 다루었다. 여기서 나는 '(사람들의) 계급 간의 긴장'이 아니라 '논리

간의 긴장'을 분석한다. 이것들이 어떻게 서로 간섭하는지는 현재 분석에서 제외된 또 다른 질문이다.
5. 여기서 소개하는 그리스 시민 배우와 그의 신체에 대한 분석은 정말 훌륭한 책인 Kuriyama 1999에서 가져온 것이다. 이 책은 중국과 그리스 의학을 대조적으로 비교하여 두 의학에 대한 통찰력을 얻게 한다. 여기서 나는 근육의 개념과 자율 의지의 개념이 서로 연결되어 있다는 쿠리야마의 제안을 인용할 뿐이다. 근육의 자율성이라는 개념은 정치 이론에서 살아남았다. 현대 의학도 근육을 다루고 있지만, 그 분야는 너무나 이질적인 실천과 통찰의 집합체이기 때문에, 나는 근육질의 그리스 시민과 당뇨병 치료에서 중요한 역할을 하는 대사적 행위자들을 대조해 보고자 한다. 쿠리야마는 다른 종류의 대조를 제시한다. 그는 근육을 보지는 못했지만 (맥박을 느낄 때) 맥(脈)을 감지한 중국 의사에 대해 이야기한다. 기(氣)나 식(息)의 흐름을 촉진하는 맥을 감지하는 것, 그리고 신체와 함께 살아가는 다른 많은 가능성은 나의 연구에서 분석되지 않았다. 그 특수성에서, 내가 여기서 설명하고자 하는 돌봄의 논리는 지역적이다. 그것은 서구의 작은 지방에서 비롯된 것이다.
6. 끊임없이 음식에 집착하는 폭식증이나 거식증 환자는 신경증으로 취급되는 반면, 당뇨병을 앓는 사람들에게는 음식에 대한 신경증적 집착을 제외한 모든 것이 부과된다. 그리고 영양사는 너무 뚱뚱한 사람들에게 체중계를 버리라고 조언하는 경향이 있지만, 당뇨병을 앓는 사람에게는 항상 탄수화물 섭취량을 계산하고 혈당을 측정하도록 권장한다. 인접한 실천 간의 이러한 현저한 차이는 잘 연구되지 않고 있다. 당뇨병과 다이어트에 관한 Cohn 1997을 참조.
7. 각종 정치 이론 내에서 열정과 관련된 다양한 이해에 대한 상세하고 미묘한 설명은 James 1999를 참조.
8. 매너(manners)의 역사는 Elias 2000 [2002]에 설명되어 있다. 그는 만약 에티켓에 관한 책에서 어떤 '나쁜 매너'를 경고하고 있다면, 이는 그러한 행동이 실제로 흔히 행해져 왔다는 것을 의미한다고 지적한다. 푸코는 나중에 하나의 전투체(fighting body)가 되기 위해 훈련받는 군인들의 신

체 규율과 교실에서 일렬로 똑바로 앉는 학생들의 신체 규율에 대해 언급했다. 이러한 실천은 그들을 푸코의 정치 이론을 구성하는 훈련된 시민으로 변화시켰다. Foucault 1991 [1994] 참조.
9. 푸코의 분석에 따르면 '정상화'는 우리에게 거칠게 들리는 반면, '양육'은 훨씬 더 친근하게 들린다. 즉각적으로 판단하려는 반사적인 태도를 자제하고, 대신 누가, 누구를 위해, 어떤 방식으로, 어떤 효과를 내며 무엇을 하고 있는지 탐구해 보는 것이 흥미로울 수 있다. 푸코는 후기 저작에서 이러한 방식으로 '자기 돌보기'의 오래된 전통을 분석했다(Foucault 1990 [1990]). 여기서 표현된 돌봄의 이상은 이후 타인뿐만 아니라 자신에 대한 돌봄 실천에도 흔적을 남겼다. 이는 전문적인 돌봄이 자기 돌봄에 부차적이라는 것을 시사한다. 예를 들어, 의학과 그 적용 사이에 중개자(즉, 전문 의사)를 필요로 하지 않고 자신의 과학을 자신에게 적용하고 친구들에게도 그렇게 하라고 조언한 데카르트의 의료 활동에 관한 연구에서도 이러한 사실이 드러난다(Shapin 2000).
10. 신체에서 벗어나고자 하는 꿈은 철학의 많은 부분을 차지한다. 그러나 신체는 철학적 전통에서 다양한 방식으로 반영되어 왔다. 예를 들어, Vallega-Neu 2005, 또는 철학에서 신체적 은유에 초점을 맞춘 Lakoff & Johnson 1999 [2002]을 참조하라. 어떤 이들은 칸트가 (다른 곳에서도 그렇듯이) 비판적인 사고를 하기 위해 신체로부터 벗어날 것을 요구하는 인물로 쉽게 해석되지만, 칸트를 인간의 육체화가 가지는 철학적 함의를 폭발시키는 인물로 완전히 다르게 읽을 수 있다고 주장한다(Svare 2006).
11. 의학과 생물학의 역사에서 신체를 결정론적이고 인과적으로 설명하는 방식은 그리 오래되지 않았다. 19세기에 실험실 연구와 함께 등장했다. 다른 대안과 더불어 등장한 흥미로운 역사에 대해서는 Pickstone 2000을 참조.
12. 따라서 여기서 내가 말하고자 하는 것은, 현상학처럼 우리가 가지고 있는 몸(밖으로 보이는)뿐만 아니라 우리가 존재(내부에서 경험하는)하는 몸에도 주의를 기울여야 한다는 것이 아니다. 나는, 진료실과 가장 관련

성이 높은 신체는 우리의 '행하는' 신체라는 다른 주장을 한다. 그것은 실천의 일부분이다. 이 주장에 대한 더 광범위한 버전은 Mol 2002a [2022] 및 2002b와 Mol & Law 2004를 참조하라. '신체'를 연구하는 인류학자들이 그 지배적인 정의를 받아들이지 말고 대상을 재정의해야 한다는 주장에 대해서는 Taylor 2005를 참조하라. 한편, 내가 아는 한, 돌봄 실천에서 신체가 어떻게 변할 수 있는지에 대한 가장 상세하고 매력적인 연구는 〈공유된 무능 연구 센터〉(Research Centre for Shared Incompetence)의 연구이다! 이 그룹은 자기 신체를 능동적으로 움직이기 어려운 사람들을 위한 클리닉에서 돌보는 몸과 돌봄을 받는 몸을 보여주는 돌봄 노동의 이미지를 모았다. 이 사진들은 2005년 칼스루에(Karlsruhe)의 ZKM에서 열린 '공공재 만들기' 전시회에서 320제곱미터 규모의 디스플레이에 전시되었다. 이에 대한 흔적은 Xperiment! 2005를 보라.

13. 다른 질병에 대한 기술 사용에도 경각심과 생동감이 필요하다. 집에서 투석을 하는 경우는 Wen-yuan Lin 2005, 흡입기와 최대 유량계로 생활하는 경우는 Willems 1998, 휠체어를 다루는 경우는 Winance 2006를 참조하라. 빌렘스는 기술을 통해 자신을 돌볼 수 있는 능력은 환자에게 자율성보다는 주체성을 제공한다고 주장한다(Willems 2002). 이것이 내가 여기서 약간 다른 방식으로 주장하고자 하는 것이다.

14. 신체가 '자연적으로 주어진' 현상이 아니라는 사실은 보고, 듣고, 느끼고, 냄새 맡고, 맛보는 감각 능력에 주목할 때 흥미롭게도 분명해진다. 이러한 현상은 보편적이지 않다. 이러한 감각은 역사가 있으며 문화마다 다르다. 개요는 Classen 1993을 참조하라. 특정 역사 및 문화 유적지에서는 그 형성이 반드시 널리 공유되는 것은 아니나, 실천에 따라 달라진다. 따라서 '사람'은 소리를 듣고 구별하는 법을 배우는 연습을 통해 점차 '음악의 아마추어'가 될 수 있다(Hennion 2001 참조). 다른 사람들은 와인을 구별하는 법을 배우면서 동시에 초보자가 맛볼 수 없는 미묘한 차이를 구별할 수 있는 광범위한 어휘를 습득한다(Teil 2004 참조). 에농과 테일에 따르면 신체는 '외부'에 있는 것을 수동적으로 경험하는 것이 아니라 점차적으로 "영향을 받는 법을 배운다"고 한다. 사회학에서

이 주장의 고전적인 버전은 Becker 1953을 참조.
15. 진단에 있어서 감각과 기술에는 각각 고유한 강점이 있다. 그래서 헤모글로빈 측정 장치를 사용하여 빈혈을 진단하는 것이 '표준'이고 '더 정확한' 접근 방식이지만, 눈꺼풀을 내리고 [눈 안쪽 점막의] 색을 평가하여 진단하는 것은 시간, 도구 그리고 기술자 수가 적게 필요하고 덜 위험하며 중증 빈혈 사례를 '포착'할 수 있을 만큼 정확하다. 대체로 멀리 떨어진 곳으로도 더 잘 전달된다(Mol & Law 1994 참조). 또는 뇌 수술 과정에서 마취의의 기구와 외과의의 손가락이 환자의 혈압에 대해 다른 결론을 내릴 수 있다. 하지만 실제로는 둘 중 어느 하나만을 신뢰하여 다른 하나를 희생시키지는 않는다. 그것들은 서로 의존하여 사용된다(Moreira 2006 참조).
16. 예외도 있다. 때때로 의학적 조언은 법적 구속력이 있다. 예를 들어, 방금 언급했듯이 많은 국가에서 의사는 당뇨병을 앓는 사람이 자동차를 운전할 수 있는지 여부를 명시하도록 법으로 규정하고 있다. 많은 의사는 돌봄의 논리에 반하기 때문에 이를 싫어한다. 그러나 이것은 환자 선택권에 대한 논의에서도 거의 언급되지 않는데, 환자가 아닌 의사가 갑자기 결정을 내려야 하므로 선택의 논리에도 어긋나기 때문이다. 그러나 현명하지 않게 운전을 선택한 환자는 다른 도로 이용자에게 위험을 초래할 수 있으므로 자유주의는 여기서 자기 자신을 변호할 수 있다. 한편, 환자 선택권에 대한 논의에서 사용되는 사례들은 '환자 선택권'을 내세우면 곧바로 한쪽으로 치우치는 경향이 있는데, 직업적 권력을 악용한 사례는 쉽게 찾을 수 있기 때문이다. (극단적인 예로 나치의 의사를 들 수 있다. 예를 들어, Lifton 1988 참조.) '해방을 좌절시키지 않고 그것 너머로 나아가는 것'에 수반되는 과제 중 하나는 적절한, 그러나 반드시 신자유주의적일 필요는 없는 레퍼토리로 권력 남용에 대처할 방법을 찾는 것이다.

4장 관리하기 대 의사 노릇하기
1. 임상 실천에서 지식과 기술이 일반적으로 제시되는 방식과는 매우 다른

방식으로 작동한다는 것을 알 수 있었던 것은 아래에 스케치한 대안적 이미지를 점진적으로 구축해 온 수많은 연구 덕분이다. 이러한 연구에는 다양한 배경이 있다. 먼저, 1980년대 초 의학의 역사는 급격한 변화를 겪었다. 새로운 지식을 '발견된 사실'의 문제로 설명하는 대신 '구성'에 대해 이야기하기 시작했다. 초기 연구인 Wright & Treacher 1982를 참조하라. 동시에 의료인류학자들은 더 이상 비서구 문화권의 '치유자'(healers)에 대한 연구에 자신들을 국한하지 않고, 부분적으로는 전문가들이 '이상한' 환자를 이해하는 데 도움을 주기 위해 서구 병원에서 현장 연구를 시작했다(예: Kleinman 1980 참조). 그러나 이 일을 시작하면서 그들은 그 자체로 흥미로운 '문화'인 전문가에 대해서도 연구하기 시작했다(예: Stein 1990 참조). 사회학자들과 겹치는 부분이 있었는데, 이들 중 일부는 현장 연구를 수행하면서 점차 사람들 간의 (권력) 관계에서 수행되는 작업의 내용으로 관심을 옮겼다(예를 들어 Prior 1989 참조). 한편, '과학기술학'이 등장했다. 이 분야에서 학자들은 과학 논문이 작성되고, 기술 도구가 개발되고, 새로운 재료가 조합되는 실험실과 기타 현장과 상황을 연구했다(Latour & Woolgar 1979[2009] 참조). 1990년대에는 이러한 다양한 유형의 탐구들이 서로 만나고 교차하기 시작했다. 예를 들어 Epstein 1996, Berg 1997, Berg & Mol 1998, Lock et al. 2000 참조.

2. '규범적 사실'이라는 용어는 의학 문헌에서 유래했다. 나는 '정상 헤모글로빈 수치'가 어떻게 확립되는지 조사할 때 처음 이 용어를 접했는데, 여기서 Hb는 '헤모글로빈 수치'를 의미하며 '정상 헤모글로빈 수치'는 빈혈 유무를 평가하는 표준으로 사용된다. 이 연구를 위해 분석한 일부 논문에서는 '정상 헤모글로빈 수치'를 명시적으로 '규범적 사실'이라고 불렀다. 철학자들은 종종 규범을 사실로부터 구분하기 위해 많은 노력을 기울였지만, 나는 그 용어에 바로 마음이 끌렸다(Mol & Berg 1994 참조). 여기서 주의해야 할 것은, 나의 분석이 '규범적 사실'을 복잡하게 만들더라도, 여기에서 내가 설명하는 내용은 여전히 단순화된 것이라는 점이다. 여기에서는 여러 실험실에서 설정한 표준 간의 차이, 관련된 측정의 부정확성, 다양한 기계의 정확도 변화, 단위로 mg/dL이 아닌 mmol/l을 사용했

을 때의 결과 등이 제외되어 있다.
3. Van Haeften 1995 : p. 142, 네덜란드어 원문.
4. Ter Braak 2000 : p. 188, 영어 원문.
5. 많은 진단 기술은 곧 일어날 듯한 치료 개입의 약속이 없으면 사용되지 않는다. 그리고 그것들이 사용되는 방식은 고려하고 있는 치료 선택지에 따라 다르다. 이에 대해서는 Mol & Elsman 1996을 참조하라. 수술의 수행과 같은 절차 과정에서 무엇을 해야 하는지, 무엇이 문제인지에 관한 질문은 정확한 수행을 형성하고 재구성하는 과정에서 서로에게 계속 정보를 제공할 수 있다(Moreira 2006 참조).
6. 리타 스트뤼캄프는 재활 치료에서 치료 목표를 설정하고 변화시키는 것에 대해 훨씬 더 자세한 분석을 제공한다. 그녀는, 치료에 목표를 설정하는 것은 치료에 일종의 방향을 제시하기 때문에 분명히 의미가 있다고 주장한다. 하지만 치료가 진행되는 과정에서 상황이 바뀌기 마련인데, 이는 치료 시작 전에 예상했던 것보다 치료가 진행되면서 마주치는 신체적 어려움이 있을 수 있고, 개인의 희망과 우선순위도 점차 달라지기 때문이다. 그러나 손댈 수 있는 가시적인 목표를 설정하고 동시에 그것을 치료를 평가하는 데 사용하면 문제가 발생한다. 그보다는 치료 과정에서 목표가 유동적이고 적응 가능하다는 점을 고려한 평가를 설계하는 것이 더 좋다. Struhkamp 2004 참조.
7. 브뤼노 라투르는 기술을 수단과 목적으로 구분하는 것에 반대하면서 그가 수단의 종말이라고 웅변적으로 부르는 것을 직시할 것을 제안했다. 그리고 우리는 그렇게 해야 한다. Latour 2002 참조.
8. 연구 전략으로서 무작위 임상시험 RCT(The Randomized Clinical Trial)의 강점과 한계에 관한 질문은 여기서 다루기에는 너무 방대하다. 하지만 이는 나의 주장과 관련이 있다. 초기에 성공할 수 있는 매개변수를 선택해야 하는 RCT 방식을 보자. 이는 예상치 못한 상황에 대한 통찰력을 차단할 뿐만 아니라 비교 대상 치료법 간에 매개변수가 중립적이지 않을 수 있다는 것을 의미한다. 예를 들어, 많은 재활 기술 시험에서 '근력'이 매개변수로 사용되었지만, 평가된 개입 중 하나는 주로 근육 경

련 예방에 관한 것이었다(Lettinga & Mol 1999 참조). 무엇을 무엇과 정확히 비교해야 하는지는 항상 분명하지 않다. 말하자면 보행 치료가 성공하기 위해서는 '말하기'가 필수적인데, 수술하는 외과의는 이를 치료의 일부가 아니라 '사회적 접착제에 불과한 것'으로 간주한다(Mol 2002b 참조). 소위 '대조군'과 '이중 맹검'이라는 요구 사항도 의도하지 않은 효과를 가져올 수 있다(Dehue 2005 참조). 또한 임상시험은 다른 곳에서 개발된 것을 테스트할 뿐 그 자체로 혁신적이지 않다. 더 나아가, 임상시험에는 너무 많은 돈이 걸려 있고 임상시험 결과가 [신약의 허가 여부나 실제 사용 여부에] 결정적이기 때문에, 임상시험은 종종 신약을 제대로 검증하기보다는 승인받기 위해 이용되는 경우가 많으며(Healy 2004 참조), 임상시험 자체가 연구만큼이나 마케팅 도구가 될 수도 있다(Pignarre 1997 참조).

9. 새로운 진단 기술이나 새로운 치료 가능성으로 인해 진단 또는 치료하고자 하는 질병의 정의가 바뀌는 경우가 종종 있다(예:Pasveer 1992 참조). 보다 일반적으로, 질병을 진단하고 치료하는 임상에서 질병이 무엇인지는 진단 및 치료하는 기술에 따라 달라진다. 이는 질병이 하나의 일관된 실체와는 거리가 멀다는 것을 의미한다. 많은 진단 및 치료 기술이 있으며, 각 기술은 상호작용하는 대상에 따라 조금씩 다른 버전을 구현한다. 이는 병원(연구자, 임상의, 환자)이 직면한 가장 인상적인 과제 중 하나가 '하나의 질병'에 대한 다양한 버전이 무너지지 않도록 조정하는 것임을 의미한다. 이에 대해서는 Mol 2002a[2022] 및 2002b를 참조.

10. 언뜻 보기에 '같은' 기술이나 기계처럼 보이는 것도 상황과 용도에 따라 전혀 다른 방식으로 사용할 수 있다. 마들렌 아크리시와 베르니키 파스페어르는 다양한 출산 방법에 대한 상세한 비교를 통해 유사점과 차이점이 매우 복잡한 방식으로 서로 겹쳐질 수 있음을 보여준다. 또한 '몸 자체'는 자연스러운 현상이 아니라 사용되는 기술에 따라, 그리고 출산 과정에 따라 출산 환경마다 다르다는 점에 주목한다. Akrich & Pasveer 2000 및 2004 참조.

11. 돌봄의 관점에서는 기술이 상황에 맞게 바뀌고 조정될 수 있기를 바라

지만, 현실에서 기술이 항상 그렇게 유연하거나 융통성 있게 만들어지는 것은 아니다. 일부 기술은 다른 기술보다 더 많은 적응성을 허용하는 방식으로 만들어진다. 의료 서비스에서 실험실 테크닉(테크놀로지와 구분된다)은 임상 테크닉보다 절차적·물질적 일관성이 더 요구되는 경우(반드시 항상 그렇지는 않다)가 종종 있으나, 임상 테크닉은 이를 동원하는 숙련된 전문가에 의해 더 쉽게 적용될 수 있다(Mol & Law 1994 참조). 그러나 기술이 놀랍도록 견고하고 튼튼해 보이더라도 변화에 적응하고 수용할 수 있는 방식으로 구축될 수도 있고 그렇지 않을 수도 있다. 모든 기술은 조만간 실패할 가능성도 높기 때문에 적응성과 수리 가능성이 '좋은 기술'의 더 중요한 요건 중 하나로 꼽힐 수 있다. 이 주장에 대해서는 de Laet & Mol 2000을 참조.

12. 전문성을 민주적 통제하에 두어야 한다는 주장의 다른 버전은 Rip et al. 1995를 참조하라. 의료 서비스의 맥락에서 전문가들이 서로를 어느 정도까지 통제할 수 있고 통제해야 하는지, 그리고 외부로부터 어느 정도까지 통제되어야 하는지에 대한 질문은 계속해서 제기되어 왔다(예: Freidson 2001 참조). '자기 통제'에 대한 주장 중 하나는, 전문직은 방대한 전문 지식에 접근할 수 있고 의료 기술을 다루는 데는 전문 기술이 필요하다는 것이다. 그러나 전문직 업무의 핵심이 의사 노릇이 팀워크로 전환되고 있다면 '자기 통제'도 팀워크가 되어야 한다고 제안하는 것이 합리적이다. 그것은 내부에서 일어나는 일이나 외부에서 일어나는 일이 아니라 경계의 모호함과 경계의 이동을 수반하는 일이다.

5장 개인 그리고 집단

1. 한 세대에서 다음 세대로 이동하는 유전자라는 유전적 이미지는 돈과 기타 소유물의 '상속'에 대한 오래된 이미지들을 흡수했다. 영국적 맥락에서 이에 대한 분석은 Strathern 1992를 참조하라. 과거에 사람들이 유전자와 자손에 대해 가지고 있던 오래된 생각이나 이미지는, 오늘날에도 여전히 사람들이 유전자와 자손에 대해 이야기할 때 자주 등장한다. 이런 옛날 생각들은 현대 과학이 유전자나 자손을 바꾸려는 새로운 시도

에 예상치 못한 방식으로 영향을 주거나 방해가 되기도 한다. 독일의 사례는 Duden 2002를 참조. 유전적 (자기)이해와 실천에 대한 더 많은 질문은 Goodman et al. 2003.

2. 사회 이론 내에서 다양한 방식으로 규정된 '개인'에 대한 분석은 Michael 2006을 참조하라. 20세기 의료 서비스에서 개인을 규정한 다양한 방식에 대한 인상적인 역사적 분석은 Armstrong 2002를 참조.

3. 환자 선택권을 지지하는 사람들은 종종 다른 사람에게 의존하는 것보다 기술에 의존하는 것이 더 쉽고(더 좋고, 덜 굴욕적이라고) 제안한다. 실제로는 반드시 그런 것은 아니다. 몇 가지 반론에 대해서는 Struhkamp 2004를 참조하라. 한편, 행동할 수 있는 능력을 타인에게 빚지고 있는 것은 환자뿐만이 아니다. 이것은 우리 모두에게 해당된다. 흥미롭게도, 이것은 대담한 의료 전문가들, 즉 뛰어난 행위성의 이미지를 구현하는 외과 의사의 사례에서 훌륭하게 나타났다. Hirschauer 1994 및 Moreira 2004 참조.

4. 한 이누이트 그룹은 인류학자에게 당뇨병 발병률이 높은 이유를 밝혀달라고 의뢰했다(Rock 2003 참조). 당뇨병의 유전자와 환경 문제에 대한 보다 광범위한 인류학적 분석은 Rock 2005를 참조. 이 문제에 관심을 갖고 기사를 보내준 멜라니 록(Melanie Rock)에게 감사드린다. 나는 이 장의 집필에 이 글들을 광범위하게 활용했다.

5. 여기서는 '집단'에 대한 세 가지 개념을 간략하게 설명한다. 이 정도면 나의 요점을 설명하는 데 충분할 것이다. 하지만 더 많은 '집단' 개념이 있다. 용의자가 '터키인'이었던 법정 사건을 풀어나갈 때 '터키인'이란 무엇일까? — 이미데 음샤렉은 '디기인'이 무엇인지에 대한 각기 다른 버전을 가진 여섯 가지 이상의 '집단' 개념이 토론 과정에서 번갈아 사용되었다는 사실을 발견했다. M'charek 2005 참조.

6. 유럽에서는 '인종'이라는 용어를 피하는 경향이 있다. 미국에서는 이 용어가 일반적이다. 미국의 반인종주의자들은 이 용어를 피하지 않고 사회학적으로 해석하려고 노력한다. 그들은 아프리카계 미국인의 건강이 좋지 않은 것은 피부색이 아니라 사회적 지위와 관련이 있으므로 '인종'은

생물학적 범주가 아니라 사회적 범주라고 주장한다(예: LaVeist 2002 참조). 그럼에도 불구하고 인종과 유전자에 대한 모든 이야기에는 우생학의 그림자가 드리워져 있다. 우생학은 20세기에 너무 강력했기 때문에 안전하게 무시할 수 없었다(Duster 2003 참조). '인종'이라는 용어의 실제 사용 여부와 관계없이 인종차별적 사고와 행동 방식이 고집스럽게 지속될 수 있다는 사실을 상기시키려면 Brah & Coombes 2000의 수록 글들을 읽어보라. 하지만 사회 이론에서 신체를 완전히 차단하는 것도 생산적이지 않다. 더 나은 전략은 신체를 잊지 않고 다시 생각하는 것 같다. 예를 들어 Haraway 1997 [2007] 및 Mol 1991을 참조.

7. 유전학 연구는 우리 모두를 똑같이 다루지 않는다. 그리고 유전자와 관련된 차이뿐만 아니라, 그 외의 차이들도 연구 과정에서 중요한 역할을 한다. 예를 들어, DNA 샘플을 실제로 어떻게 얻는지가 매우 중요하다. 이 때문에 '인간 게놈'이 연구될 때, DNA를 누구에게서 어떻게 얻느냐와 같은 현실적인 문제도 연구 결과에 큰 영향을 미친다. 이에 대해서는 M'charek 2005를 다시 참조하라. 현재로서는 연구하기 쉬운 집단에 대한 연구가 점점 더 많이 이루어지고 있다. 이들은 가난하지만, 연구의 일부를 수행할 수 있는 야심 찬 연구자와 의사가 주변에 있을 정도의, 부유한 국가의 가난한 사람들로 보인다. 프랑스의 한 회사가 프랑스가 아닌 아르헨티나에서 양극성 장애에 대한 약물을 테스트하려고 시도한 이유도 바로 이것이다(Lakoff 2006 참조). 동시에 인도에서는 산업 공장이 막 문을 닫은 지역이나 그 인근 지역이 임상 연구를 위한 소위 '지원자'를 쉽게 찾을 수 있기 때문에, 시험 장소로 바뀌고 있다. 벤처 자본주의와 생명공학이 현재 '바이오 자본주의'를 공동으로 형성하고 있는 방식에 대한 보다 일반적인 분석은 Sunder Rajan 2006을 참조.

8. 식품의 많은 문제 중 하나는 값싼 식품이 비싼 식품보다 칼로리(설탕과 지방의 형태)가 많고 비타민과 단백질이 적다는 것이다. 또한 많은 국가에서 산업계와 자문 기관 간의 유대가 너무 긴밀하여 공공 정책이 산업계의 이익과 충분히 분리되지 않는다. 이 논쟁에 대해서는 Nestle 2002를, 보다 광범위한 음식 문화에 관한 다양한 이슈에 대해서는 Watson &

Caldwell 2005를 참조하라. 영양유전체학은 음식이 건강에 미치는 영향을 유전적 측면에서 이해해야 하는지 아니면 문화적 측면에서 이해해야 하는지에 대한 논의를 불러일으키고 있지만, 최선의 방법은 상호작용하는 방식에 대해 훨씬 더 정교해지는 것일 수 있다. 영감을 주는 사례는 Nabhan 2006을 참조.

9. 의대생 시절 이 자료를 검토해 준 아리안느 더 라니츠에게 감사드린다.

10. 공중보건이 미생물을 중심으로 구조화되는 방식에 대해서는 Latour 1988[2024]을 참조하라. 공중보건 노력과 맞물려 '집단'을 묘사하고 계산하는 구체적인 방법, 즉 통계가 확립되었다. 19세기에 통계는 공중보건을 비롯한 많은 신흥 분야에 정보를 제공하게 되었다. 통계는 알려진 것과 알려지지 않은 것들 사이의 새로운 수치인 '가능성'을 만들어냈을 뿐만 아니라 사람에 대한 매우 구체적인 관점을 제공했다. 통계 계산에서 '사람'은 별도의 '변수'로 바뀐다. 이처럼 분리된 특성들이 이후 중요하게 여겨지고, 계산의 대상이 된다. Hacking 1990 및 Gigerenzer et al. 1989 참조.

11. 1960년대에는 치료가 필요하지만 치료받으러 오지 않는 사람들이 많다는 것이 큰 문제로 여겨졌다. '빙산 현상'이라는 용어가 만들어졌다. 배에 탄 사람들은 빙산의 꼭대기만 보고 나머지는 물 밑에 있는 것처럼, 의사도 자신을 찾아오는 소수의 환자만 보고 나머지는 시야에서 벗어난다는 뜻이다. 여전히 '용감한 사람들'이 많지만, 요즘은 '과잉 진료'에 대한 걱정으로 옮겨가고 있다. 정규 교육을 거의 받지 않은 리스 헨스트라가 빙산 현상에 대해 놀라울 정도로 명쾌하게 언급할 수 있었다는 점이 흥미롭다.

6장 실천 속의 선

1. 의료 윤리는 적어도 부분적으로는 삶과 죽음을 결정하는 강력한 의사의 이미지가, 윤리적 고려 사항을 생각하기에 매력적인 '도덕적 행위자'의 훌륭한 예를 제공했기 때문에 시작되었다. 이 주장에 대해서는 Toulmin 1998을 참조하라. 중요한 결정을 내려야 하는 경우 환자도 결정에 관련

된 도덕적 행위자였다는, 또는 그래야 한다는 생각은 서서히 발전했다. 한편, 사회과학자들은 초기 단계부터 의료 윤리와 복잡한 관계를 맺어 왔다. 그들 역시 중요하다고 믿었던 많은 규범적 이슈를 윤리학에서 다루었지만, 완전히 다른 방식으로 다루었다. 즉, '맥락'에 대한 관심은 거의 없이 개별 행위자가 결단력이 있는 것으로 취급되었다. 동시에 윤리는 광범위한 사회적 관심을 끌어내는 데 훨씬 더 성공적이었다(예: Weisz 1990 참조). 도덕적 문제를 어떻게 구성할 것인지에 대해 윤리와 경쟁할 것인지, 아니면 현재 의료 영역의 요소 중 하나로서 '윤리 실천' 그 자체를 대상으로 연구할 것인지에 관한 질문은 계속해서 시급한 문제로 제기되고 있다. 후자의 전략에 대한 흥미로운 예는 Hoeyer 2006을 참조.

2. 그래서 나는 우리가 행동에 대한 이유를 제시해야 할 때 발생하는 소위 '피할 수 없는 윤리적 질문'에 대해 돌봄에 특화된 답을 제공하는 일종의 '돌봄의 윤리'를 주장하지 않는다. 돌봄에서 선과 악은 이유가 아니라 행위 자체에 있다. 이 논증에 대해서는 치매 환자의 음식 거부 문제에 직면한 한 요양원의 위기에 관하여 이야기한 Harbers et al. 2002도 참조하라. 의사들은 이러한 거부를 치매의 증상으로 보았지만, 여러 윤리학자는 네덜란드 신문에서 사람들이 음식을 거부함으로써 비언어적으로 '죽고 싶다는 의지'를 표현하고 있다고 주장했다. 한편, 병동의 일상생활에서는 '본성'과 그 '원인'도, '의지'와 그 '이유'도 그다지 중요하지 않았다. 그보다 간호사와 돌봄 보조원들은 말없이 음식을 맛있게 먹이기 위해 실질적인 방법으로 노력했다. 그들은 음식을 으깨거나 으깨지 않고 숟가락으로 먹이거나 초콜릿 맛이 나는 음식을 제공했다. 그들은 **좋은 돌봄**을 주려고 노력했다.

3. 의료사회학 및 의료인류학에서는, 사람들이 질병, 치료 및 자신의 삶을 이야기하는 것에 관한 많은 연구가 이루어졌다. 이러한 이야기를 하는 것은 현실을 표현하는 방법일 뿐만 아니라 치료 효과도 있을 수 있다는 점이 강조되어 왔다. 이에 대한 사회학적 관점은 Frank 1995 [2013 ; 2024]와 Burry 2001을 참조하고, 환자 이야기가 의학 내에서 더 중요한 위치를 차지해야 한다는 주장은 Greenhalgh & Hurwitz 1998을 참조하라.

4. 이 역사에 대해서는 Bliss 1982를 참조.
5. 신체적 집단성에 관하여 이야기하는 데 적합한 용어는 무엇일까? 아드리아나 페트리나가 체르노빌 원자력 발전소 사고의 후유증을 분석하면서 만든 '생물학적 시민권'이라는 용어는 매우 다른 의미를 담고 있기 때문에 잘 어울리지 않는다. 페트리나의 관심사는 시민들이 자신의 '생물학'에 근거해 국가에 대해 가질 수 있는 권리에 관한 것이다(Petryna 2002). 그러나 여기서 내가 말하고자 하는 것은 사람들이 제기하는 주장에 관한 것이 아니라 그들이 도움을 주려고 적극적으로 참여하는 활동에 관한 것이다. 이러한 활동은 다른 유명한 용어인 '생명정치'로도 포착할 수 없다(예: Rabinow & Rose 2006 참조). '생명정치'는 개인이 '개인과 집단의 건강이라는 이름으로' 할 수 있는 모든 것을 포괄하려고 하지만, 이 용어는 다른 곳에서 비롯된 전략과 우리를 주체로 만드는 권력을 떠올리게 한다. 이와는 대조적으로 나는 돌봄의 논리를 표현할 때 우리를 자유롭거나 종속된 존재, 또는 둘 다라고 가정하지 않고 이러한 이분법을 피하는 용어를 찾고자 노력했다.
6. 의사가 자신이 전문적으로 다루는 질병을 앓고 있을 때, 의사는 '능동적인 환자'에 대한 논의에서 흥미로운 인물이다. 결국 의사는 공식적으로 과학적 전문가이면서 동시에 고통받는 사람이기도 하다. 예를 들어 Sacks 1984[2012]의 아름다운 분석을 참조하라. 의사가 환자가 될 때 수반되는 많은 변화에 대해서는 Ingstad & Christie 2001을 참조하라. 그리고 자기생성 이론의 생물학자인 프란시스코 바렐라가 간 이식 이후의 삶에 대해 쓴 에세이에서 몸 전문가인 사람이 서술하는 인상적인 '환자 서사'를 보라(Varela 2001).
7. '의사 결정'(making decisions)이 반드시 매력적인 활동은 아니라는 것은 의사 결정을 피하려는 사람을 만날 때 가장 분명해진다. 이에 대한 통찰력 있고 감동적인 사례는 Callon & Rabeharisoa 2004를 참조하라.
8. 행위자가 실제로 '하는 일'에 초점을 맞춘 연구에 따르면 '아무것도 하지 않는 것'조차 쉽지 않다. 노력이 필요하다. 엘리베이터와 같은 제한된 공간에서 사람을 마주칠 때 아무것도 하지 않기 위해, 특히 '만나지 않기

위해' 많은 일을 하는 사람들에 대한 슈테판 히르샤우어의 분석을 참조하라(Hirschauer 2005). 그리고 고통조차도 활동을 수반한다. 신체적 고통은 사람들이 겪는 것이 아니라 적극적으로 협상하고 손보는 것이다. 그리하여 리타 스트뤼캄프는 사람들이 특히 참석하고 싶어 하는 결혼식과 같은 특별한 행사를 위해 며칠 동안의 고통과 불행을 '지불해야 할 대가'로 받아들일 수 있다는 사실을 발견했다. 그리고 '고통을 겪는다는 것' 역시 다양한 종류가 있는데, 반격을 시도하거나, 놓아버리거나, 투쟁하거나, 항복할 수 있다. Struhkamp 2005b 참조.
9. '경험'이라는 보다 중립적인 개념과 마찬가지로 '즐거움'과 '쾌락' 역시 자연적으로 발생하는 사건이 아니다. 그것들은 노력이 필요하고 배워야 한다. 이 주제는 클래식 음악 아마추어와 마약 중독자의 '능동적 포기'에 대해 이야기하고 비교하는 기사에서 탐구된다. 그들은 많은 면에서 다르지만 개방적이고 수용적인 자세를 취하기 위해 비슷한 방식으로 준비하는 것으로 보인다. 그들은 자신의 열정에 적극적으로 참여한다. Gomart & Hennion 1999 참조.
10. 물론 환자도 다양한 방식으로 자신의 질병에 대한 연구에 기여할 수 있다. 예를 들어 공동 의사 결정자, 지식 보유자 및/또는 (자신의) 치료법을 실험하는 사람 등 다양한 역할을 할 수 있다. 환자들이 연구에서 적극적인 역할을 맡은 초기 경험은 HIV/AIDS의 맥락에서 얻어졌다. 미국의 경우 Epstein 1996에서 잘 문서화되고 분석되었으며, 프랑스의 경우 Bardbot 2002와 Dodier 2003을 참조하라. 이러한 맥락에서 근이영양증 환자를 위한 프랑스의 한 단체는 자체적으로 사회학자를 고용하여 전략을 연구하고 강화하는 데로까지 나아간 점도 흥미롭다(Rabeharisoa & Callon 1999 참조).
11. 이 역사에 대해서는 Marks 1997을 참조하라. 이 방법의 한계를 보여주기 위해 여기서 나는, 이 방법이 목표로 한다고 주장되는 것에 대해서는 잘 작동하지만 다른 많은 것에는 잘 작동하지 않는다고 가정한다. 그러나 좀 더 자세히 살펴보면 이 가정은 무너진다. 너무 많은 돈이 관련되어 있기 때문에 오랫동안 사용되어 온 방법이 여러 가지 방식으로 오용되

고 있는 것은 당연하다. 예를 들어, Pignarre 1997, Healy 2004 참조.
12. 기술 사용자에게 중요한 것을 기술에 통합하는 방법에 관한 질문은 광범위하게 연구되어 왔다. 첫 번째 단계는 기술에 통합된 '내재된 사용자'를 발견하는 것이었다(Woolgar 1991 참조). 두 번째 단계는 이 사용자에게서의 변이를 분석하는 것이었다(예: Oudshoorn & Pinch 2005 참조). 동시에 '내재된 사용자'가 어떻게 변화될 수 있는지에 대한 문제가 제기되었다. 이를 위한 모델 중 하나는 기술 설계를 논의하고 결정할 수 있는 민주적 모임을 요청하는 것이다. 또 다른 모델은 실험으로, 새로운 기술을 소규모로 도입하여 예상되는 다양한 효과와 예상치 못한 효과를 탐색하는 것이다. 개입의 효과와 효율성을 연구하는 임상시험은 예상되는 효과만을 다룰 수 있기 때문에 다른 질적 연구 방법이 필요하다. 이에 대해서는 De Vries & Horstman 2007을 참조.
13. 주목할 만한 예로 현재 영국 의료 서비스에서 무엇이 작동하지 않는지에 대한 줄리언 튜더 하트의 분석이 있다. 이 책은 비판적인 책이지만, 그 비판은 전문가를 향한 것이 아니라 전문가가 일하도록 만들어진 조건에 대한 것이다. 이러한 조건은 임상 작업 방식, 즉 이 책 『돌봄의 논리』에서 의사 노릇이라고 부르는 것을 제한한다. 돌봄에 대해서 Tudor Hart 2006를 참조하라.
14. 미셸 푸코는 우리가 꿈꾸는 다른 좋은 곳, 이상향인 '유토피아'에 대한 대안으로 '헤테로토피아'(heterotopia)라는 용어를 제안했다(Foucault 1986). 헤테로토피아는 다른 가치를 육성할 뿐만 아니라, 우리가 출발점으로 삼는 토포스(topos)와는 다른 평가 방식을 지니고 있다. 푸코는 자신이 속한 장소를 연구할 수 있는 유리한 관점으로 헤테로토피아 틀 찾으라고 조언했다. 역사를 통해 현재를 새롭게 조명할 수 있는 것처럼, 헤테로토피아를 통해 서구를 더 잘 이해할 수 있다. 인류학에서는 이러한 실험이 충분히 이루어졌다. 나는 이미 메릴린 스트래선의 연구를 언급했다(예: Strathern 1992). 철학에서 내가 아는 한 이 방향으로 가장 빠르게 시도된 것은 중국 철학을 헤테로토픽한 '다른 곳'으로 읽어내어, 그리스 철학을 매우 독창적인 방식으로 재해석한 프랑수아 줄리앙의 작

업이다(Julien 2000). 고전 중국 사상을 학문적으로 해체하는 작업과 네덜란드에서 당뇨병과 함께 살아가는 오늘날의 일상을 현장 조사하는 작업은 분명 여러 면에서 매우 다르지만, 철학에 개입하는 방식에서는 서로 관련이 있다.

15. 물론 수많은 '논리'가 밝혀지고 있다. 돌봄의 논리와 공명하는 흥미로운 예는 인간과 개 사이의 관계의 특수성을 동반자 관계의 측면에서 명확하게 설명하고자 하는 도나 해러웨이의 최근 연구이다(Haraway 2003). 동반자까지는 아니더라도, 인간과 동물이 맺는 비인간 우정이라는 개념을 발전시키려는 시도로는 Bingham 2006을 참조하라.

16. 복잡한 구성으로서의 서구라는 개념은 사회 이론에서 다양한 버전으로 논의되고 있다. 공존, 충돌, 간섭을 질서화의 양식들로 제시하며 이것들이 '현대 조직'을 공동으로 형성한다고 본 Law 1994를 참조하라. 또는 '관여 체제'(régimes d'engagement)를 연구할 것을 제안하는 Thévenot 2006을 참조(그는 그 방법도 보여준다). 이를 영어로 발췌한 내용은 Thévenot 2002를 참조.

17. 이 두 가지가 혼재할 수 있다는 점은 내가 여기서 제시하고자 하는 '논리'와 Walzer 1983이 제시하는 '정의의 영역' 사이의 가장 두드러진 차이점 중 하나이다. 정의의 영역은 지역과 마찬가지로 서로 인접해 있다. 논리가 간섭할 수 있다. 그렇게 할 수 있다는 사실은 그것들이 실천에 내재되어 있다는 사실과 관련이 있다. 헬런 베런은 영어(English)와 요루바어(Yoruba) 계수 체계에 관한 훌륭한 저서에서 이 계수 체계들이 두 개의 서로 다른 사고방식이라는 관점으로 접근하면 그 둘은 필연적으로 충돌하므로 어느 것이 더 나은지에 관한 질문은 상대주의에 의해서만 피할 수 있음을 보여주었다. 만약 우리가 그것들을 셈을 연습하는(practising) 방법의 일종으로 간주한다면, 많은 간섭, 분업, 교차 및 기타 조합이 가능해진다. 따라서 우리는 아직 함께 살 수 있다(Verran 2001).

18. 생태와 생태 문제는 돌봄 논리의 일부 변형이 즉각적으로 관련될 수 있는 명백한 지형처럼 보인다. 이에 대해서는 Hinchliffe 2007을 참조하라. 요점은, 보다 정치적인 접근을 희생하면서까지 따뜻한 어머니의 보

살핌을 찬양하거나 기술에 반대하는 것이 아니라, 정치와 기술 자체가 수반하는 것을 재구성하는 것이다. Latour & Weibel 2005, Barry 2001 참조.
19. 이러한 맥락에서 흥미로운 것은 '연구 참여' 실천을 마치 돌봄 실천인 것처럼, 또는 그래야만 하는 것처럼 이론화하려는 시도이다. 이는 연구가 '사실의 문제'를 규명하는 대신 '우려의 문제'를 다루어야 한다는 것을 암시할 수 있다(Latour 2004). 이는 임상 연구가 자연과학에 좋은 본보기가 될 수 있다는 슈탄베르거(Starnberger) 연구 그룹의 훨씬 오래된 희망과 공명한다. 의학이 '건강'을 지향하는 것처럼 자연과학도 명시적인 규범적 목표가 필요하다고 그들은 말했다(Böhme et al. 1978). 이러한 맥락에서 기술과 우리의 관계를 사랑의 관점에서 바라보자는 브뤼노 라투르의 주장을 떠올려보는 것도 흥미롭다(Latour 1997).

:: 참고문헌

Aerts, M. (1991) Just the Same or Just Different? a Feminist Dilemma, in J. Hermsen & A. van Lenning, eds, *Sharing the Difference: Feminist Debates in Holland*, London: Routledge, pp. 23~31.

Akrich, M. & B. Pasveer (2000) Multiplying Obstetrics: Techniques of Surveillance and Forms of Coordination, *Theoretical Medicine and Bioethics*, vol. 21, 63~83.

_____ (2004) Embodiment and Disembodiment in Childbirth Narratives, *Body & Society*, vol. 10, 63~84.

Appadurai, A. (1986) *The Social Life of Things: Commodities in Cultural Perspective*, Cambridge: Cambridge University Press.

Armstrong, D. (1983) *Political Anatomy of the Body: Medical Knowledge in Britain in the Twentieth Century*, Cambridge: Cambridge University Press.

_____ (2002) *A New History of Identity: A Sociology of Medical Knowledge*, Basingstoke: Palgrave.

Arney, W. & B. Bergen (1984) *Medicine and the Management of the Living: Taming the Last Great Beast*, Chicago, IL: University of Chicago Press.

Ashmore, M., M. Mulkay & T. Pinch (1989) *Health and Efficiency: A Sociology of Health Economics*, Milton Keynes: Open University Press.

Ashton, J. (1994) *The Epidemiological Imagination*, Milton Keynes: Open University Press.

Bardbot, J. (2002) *Les Malades en mouvements: La médecine et la science à l'épreuve dusida*, Paris: Balland.

Barnes, C., M. Oliver & L. Barton eds (2002) *Disability Studies Today*, Cambridge: Polity Press.

Barry, A. (2001) *Political Machines: Governing a Technological Society*, London: Athlone.

Becker, H. (1953) Becoming a Marihuana User, *American Journal of Sociology*, 59, 235~242.

Berg, M. (1997) *Rationalizing Medicine: Decision Support Techniques and Medical Practices*, Cambridge, MA: MIT Press.

Berg, M. & A. Mol eds (1998) *Differences in Medicine: Unraveling Practices, Techniques and Bodies*, Durham, NC: Duke University Press.

Bingham, N. (2006) Bees, Butterflies, and Bacteria: Biotechnology and the Politics of Nonhuman Friendship, Environment and Planning A 38 (3), 483~498.

Bliss, M. (1982) *The Discovery of Insulin*, Chicago, IL: University of Chicago Press.

Böhme, G., W. v.d. Daele, R. Hohlfield, W. Krohn & W. Schäfer (1978) *Starnberger Studien I: Die gesellschaftliche Orientierung des wissenschaftlichen Fortschritts*, Frankfurt: Edition Suhrkamp.

Boltanski, L. (1990) *L'Amour et la justice comme compétences*, Paris: Métalié.

Bosk, C. (1979) *Forgive and Remember: Managing Medical Failure*, Chicago, IL: University of Chicago Press.

Brah, A. & A. Coombes eds (2000) *Hybridity and Its Discontents: Politics, Science, Culture*, London: Routledge.

Brown, N. & M. Michael (2003) Sociology of Expectations: Retrospecting Prospects and Prospecting Retrospects, *Technology Analysis and Strategic Management*, vol. 15 (1), 3~8.

Burry, M. (2001) Illness Narratives: Fact or Fiction?, *Sociology of Health and Illness*, vol. 23, pp. 263~285.

Callahan, D. & A. Wasunna eds (2006) *Medicine and the Market: Equity V. Choice*, Baltimore, MD: Johns Hopkins University Press.

Callon, M. ed. (1998) *The Laws of the Market*, London: Blackwell.

Callon, M. & V. Rabeharisoa (2004) Gino's Lesson on Humanity: Genetics, Mutual Entanglements and the Sociologist's Role, *Economy and Society*, vol. 33 (1), 1~27.

Canguilhem, G. (1991) *The Normal and the Pathological*, New York: Zone Books [조르주 캉길렘, 『정상과 병리』, 조병훈 옮김, 아카넷, 2010].

_____ (1994) *A Vital Rationalist*, New York: Zone Books.

Chakrabarty, D. (2000) *Provincializing Europe: Postcolonial Thought and Historical Difference*, Princeton, NJ: Princeton University Press.

Classen, C. (1993) *Worlds of Sense. Exploring the Senses in History and across Cultures*, London: Routledge.

Cohn, S. (1997) Being Told What to Eat: Conversations in a Diabetes Day Centre, in P. Caplan ed., *Food, Health and Identity*, London: Routledge, pp. 193~212.

Costera Meijer, I. (1991) Which Difference Makes the Difference? On the Conceptualization of Sexual Difference, in J. Hermsen & A. van Lenning eds, *Sharing the Difference: Feminist Debates in Holland*, London: Routledge, pp. 32~45.

Coward, R. (1996) *Female Desire: Women's Sexuality Today*, London: HarperCollins.

De Swaan, A. (1988) *In Care of the State: Health Care, Education and Welfare in Europe* and America, Cambridge : Polity Press.

Dehue, T. (2005) History of the Control Group, in B. Everrit & D. Howel eds, *Encyclopedia of the Human Sciences*, vol. 2, 829~836.

Despret, V. (2004) The Body We Care for : Figures of Anthropo-zoo-genesis, in *Body & Society*, vol. 10 (2~3), 111~134.

Diedrich, L. (2005) A Bioethics of Failure : Anti-heroic Cancer Narratives, in M. Shildrick & R. Mykitiuk eds, *Ethics of the Body : Postconventional Challenges*, Cambridge, MA : MIT Press.

Dodier, N. (1993) *L'expertise médicale*, Paris : Métaillié.

――― (1998) Clinical Practice and Procedures in Occupational Medicine : A Study of the Framing of Individuals, in M. Berg & A. Mol eds, *Differences in Medicine : Unraveling Practices, Techniques and Bodies*, Durham, NC : Duke University Press, pp. 53~85.

――― (2003) *Leçons politiques de l'épidemie de sida*, Paris : Éditions de l'École des Hautes Études en Sciences Sociales.

Duden, B. (2002) *Die Gene im Kopf : Der Fötus im Bauch*, Hanover : Offizin Verlag.

Duster, T. (2003) *Backdoor to Eugenics*, New York : Routledge.

Elias, N. (2000) *The Civilizing Process*, Oxford : Blackwell [노르베르트 엘리아스, 『문명화과정』, 박미애 외 옮김, 한길사, 2002].

Epstein, S. (1996) *Impure Science : Aids, Activism and the Politics of Knowledge*, Berkeley : University of California Press.

Farmer, P. (2004) *Pathologies of Power : Health, Human Rights and the New War on the Poor*, Berkeley : University of California Press [폴 파머, 『권력의 병리학 : 왜 질병은 가난한 사람들에게 먼저 찾아오는가』, 김주연·리병도 옮김, 후마니타스, 2005].

Foucault, M. (1967) *Madness and Civilisation*, London : Tavistock [미셸 푸코, 『광기의 역사』, 이규현 옮김, 나남출판, 1984].

――― (1974) *The Order of Things : An Archeology of the Human Sciences*, London : Tavistock [미셸 푸코, 『말과 사물』, 이규현 옮김, 민음사, 2003].

――― (1976) *The Birth of the Clinic*, trans. A. Smith, London : Tavistock [미셸 푸코, 『임상의학의 탄생』, 홍성민 옮김, 인간사랑, 1993].

――― (1986) Of Other Spaces, *Diacritics*, vol. 6 (1), 22~27.

――― (1990) *Care of the Self : The History of Sexuality 3*, trans. R. Hurley, London : Penguin [미셸 푸코, 『성의 역사 3 : 자기 배려』, 이혜숙·이영목 옮김, 나남출판, 1990].

――― (1991) *Discipline and Punish*, trans. A. Sheridan, London : Penguin [미셸 푸코, 『감시와 처벌』, 오생근 옮김, 나남출판, 1994].

Frank, A. (1991) *At the Will of the Body*, Boston, MA : Houghton Mifflin Company [아서 프랭크, 『아픈 몸을 살다』, 메이 옮김, 봄날의책, 2017].

_____(1995) *The Wounded Storyteller: Body, Illness and Ethics*, Chicago, IL: University of Chicago Press [아서 W. 프랭크, 『몸의 증언: 상처입은 스토리텔러를 통해 생각하는 질병의 윤리학』, 최은경 옮김, 갈무리, 2013; 개정증보판: 『아픈 몸을 이야기하기: 육체, 질병, 윤리』, 최은경·윤자형 옮김, 갈무리, 2024].

_____(2004) *The Renewal of Generosity: Illness, Medicine and How to Live*, Chicago, IL: The University of Chicago Press.

Frankenberg, R. (1993) Risk: Anthropological and Epidemiological Narratives of Prevention, in S. Lindenbaum & M. Lock eds, *Knowledge, Power and Practice*, Berkeley: University of California Press, pp. 219~244.

Freidson, E. (2001) *Professionalism: The Third Logic*, London: Cambridge Polity Press.

Freudtner, C. (2003) *Bittersweet: Diabetes, Insulin and the Transformation of Illness*, University of North Carolina Press.

Gatens, M. (1996) *Imaginary Bodies: Ethics, Power and Corporeality*, London: Routledge.

Gigerenzer, G. et al. (1989) *The Empire of Chance: How Probability Changed Science and Everyday Life*, Cambridge: Cambridge University Press.

Golledge, R. (1997) On Reassembling One's Life: Overcoming Disability in the Academic Environment, *Environment and Planning D: Society and Space*, 15, 391~409.

Gomart, E. & A. Hennion (1999) A Sociology of Attachment: Music Amateurs, Drug Users, in J. Law & J. Hassard eds, *Actor Network Theory and After*, Oxford: Blackwell, pp. 220~247.

Goodman, A., D. Heath & M. Lindee (2003) *Genetic Nature/Culture*, Berkeley: University of California Press.

Goody, J. (1986) *The Logic of Writing and the Organization of Society*, Cambridge: Cambridge University Press.

Greenhalgh, T. & B. Hurwitz (1998) *Narrative-Based Medicine*, London: BMJ Books.

Hacking, I. (1990) *The Taming of Chance*, Cambridge: Cambridge University Press.

Haeften T. van (1995) Acute complicaties - hypoglykemische ontregeling, in E. van Ballegooie & R. Heine eds, *Diabetes Mellitus*, Utrecht: Wetenschappelijke Uitgeverij Bunge, pp. 142~150.

Hahn, R. (1985) A World of Internal Medicine: Portrait of an Internist, in R. Hahn & A. Gaines eds, *Physicians of Western Medicine: Anthropological Approaches to Theory and Practice*, Dordrecht: Reidel Publishing Group, pp. 51~111.

Hamington, M. & D. Miller eds (2006) *Socializing Care*, Oxford: Rowman & Littlefield.

Haraway, D. (1997) *Modest Witness*, London: Routledge [다나 J. 해러웨이, 『겸손한 목

격자』, 민경숙 옮김, 갈무리, 2007].

_____(2003) *The Companion Species Manifesto: Dogs, People and Significant Otherness*, Chicago, IL: Chicago University Press [도나 해러웨이, 『해러웨이 선언문』, 황희선 옮김, 책세상, 2019].

Harbers, H., A. Mol & A. Stollmeijer (2002) Food Matters. Arguments for an Ethnography of Daily Care, *Theory, Culture and Society*, vol. 19(5/6), 207~226.

Healy, D. (2004) *The Creation of Psychopharmacology*, Cambridge, MA: Harvard University Press.

Hennion, A. (2001) Music Lovers: Taste as Performance, *Theory, Culture and Society*, Vol. 18(5), 1~22.

Herzlich, C. & J. Pierret (1984) *Malades d'hier, malades d'aujourdhui*, Paris: Payot.

Hinchliffe, S. (2008) Reconstituting Nature Conservation: Towards a Careful Political Ecology, *Geoforum*, vol. 39(1), 88~97.

Hirschauer, S. (1994) The Manufacture of Bodies in Surgery, *Social Studies of Science*, vol. 21, 279~319.

_____(2005) On Doing Being a Stranger: The Practical Constitution of Civil Inattention, Journal for the Theory of Social Behaviour, 35(1), 41~67.

Hirschauer, H. & A. Mol (1995) Shifting Sexes, Moving Stories: Constructivist/Feminist Dialogues, *Science, Technology and Human Values*, vol. 20, 368~385.

Hoesset, E. (2003) *L'intelligence de la pitié*, Paris: Les Éditions du Cerf.

Hoeyer, K. (2006) The Power of Ethics: A Case Study from Sweden on the Social Life of Moral Concerns in Policy Processes, *Sociology of Health and Illness*, vol. 28, 785~801.

Howarth, D., A. Norval & Y. Stavrakakis eds (2000) *Discourse Theory and Political Analysis*, Manchester: Manchester University Press.

Howell, S. ed. (1997) *The Ethnography of Moralities*, London: Routledge.

Ingstad, B. & V. Christie (2001) Encounters with Illness: The Perspective of the Sick Doctor, *Anthropology and Medicine*, vol. 8, 201~210.

James, S. (1999) *Passion and Action: The Emotions in Seventeenth Century Philosophy*, Oxford: Oxford University Press.

Julien, F. (2001) *Detour and Access: Strategies of Meaning in China and Greece*, New York: Zone Books.

Kleinman, A. (1980) Patients and Healers in the Context of Culture, Berkeley: University of California Press.

Kleinman, A., V. Das & M. Lock eds (1997) *Social Suffering*, Berkeley: University of California Press.

Kondo, D. (1990) *Crafting Selves: Power, Gender, and Discourses of Identity in a Japanese*

Workplace, Chicago, IL : University of Chicago Press.

Kuriyama, S. (1999) *The Expressiveness of the Body : And the Divergence of Greek and Chinese Medicine*, New York : Zone Books.

Laet, M. de & A. Mol (2000) The Zimbabwe Bush Pump : Mechanics of a Fluid Technology, *Social Studies of Science*, vol. 30, pp. 225~263.

Lakoff, A. (2006) *Pharmaceutical Reason : Knowledge and Value in Global Psychiatry*, Cambridge : Cambridge University Press.

Lakoff, G. & M. Johnson (1981) *Metaphors We Live By*, Chicago, IL : University of Chicago Press [조지 레이코프, 『삶으로서 은유』, 노양진·나익주 옮김, 박이정, 2006].

_____ (1999) *Philosophy of in the Flesh : The Embodied Mind and Its Challenge to Western Thought*, New York : Basic Books [G. 레이코프, 『몸의 철학』, 임지룡 외 옮김, 박이정, 2002].

Latour, B. (1988) *The Pasteurization of France*, Cambridge, MA : Harvard University Press [브르노 라투르, 『프랑스의 파스퇴르화』, 이상원 옮김, 한울엠플러스, 2024].

_____ (1996) *Aramis or the Love of Technology*, Cambridge, MA : Harvard University Press.

_____ (2002) Morality and Technology : The End of the Means, *Theory, Culture & Society*, vol. 19(5/6), 247~260.

_____ (2004) Why Has Critique Run out of Steam? From Matters of Fact to Matters of Concern, *Critical Inquiry*, vol. 30, 225~248.

Latour, B. & P. Weibel eds (2005) *Making Things Public*, Cambridge, MA : MIT Press.

Latour, B. & S. Woolgar (1979) *Laboratory Life : The Social Construction of Scientific Facts*, London : Sage Publications [브루노 라투르. 스티브 울가, 『실험실 생활』, 김명진 옮김, 사이언스북스, 2009].

LaVeist, T. ed. (2002) *Race, Ethnicity, and Health : A Public Health Reader*, Hoboker, NJ : Jossey-Bass.

Law, J. (1994) *Organizing Modernity*, Oxford : Blackwell.

_____ (2002) *Aircraft Stories : Decentering the Object in Technoscience*, Durham, NC : Duke University Press.

_____ (2004) *After Method : Mess In Social Science Research*, London : Routledge.

Law, J. & A. Mol (2002) Local Entanglements or Utopian Moves : An Inquiry into Train Accidents, in M. Parker ed., *Utopia and Organization*, Oxford : Blackwell .

Sociological Review, pp. 82~105.

Lawrence, C. & S. Shapin eds (1998) *Science Incarnate : Historical Embodiments of Natural Knowledge*, Chicago, IL : University of Chicago Press.

Lettinga, L. & A. Mol (1999) Clinical Specificity and the Non-generalities of Science : On Innovation Strategies for Neurological Physical Therapy, *Theoretical*

Medicine and Bioethics, 1999, 517~535.

Lifton, R. (1988) *The Nazi Doctors: Medical Killing and the Psychology of Genocide*, New York: Basic Books.

Lin, W.-Y. (2005) *Bodies in Action: Multivalent Agency in Haemodialysis Practices*, Lancaster, PhD thesis.

Lock, M. (2002) *Twice Dead: Organ Transplants and the Reinvention of Death*, Berkeley: University of California Press.

Lock, M., A. Young & A. Cambriosio eds (2000) *Living and Working with The New Medical Technologies: Intersections of Inquiry*, Cambridge: Cambridge University Press.

Lury, C. (1996) *Consumer Culture*, London: Routledge.

Marks, H. (1997) *The Progress of Experiment: Science and Therapeutic Reform in the United States, 1900~1990*, Cambridge: Cambridge University Press.

Martin, E. (2006) Pharmaceutical Virtue, *Medicine, Culture and Society*, vol. 30 (2), 157~174.

Mauss, M. (1990) *The Gift*, trans. W. Halls, London: Routledge [마르셀 모스, 『증여론』, 류정아 옮김, 커뮤니케이션북스, 2016].

M'charek, A. (2005) *The Human Genome Diversity Project: An Ethnography of Scientific Practice*, Cambridge: Cambridge University Press.

Meneley, A. & D. Young eds (2005) *Auto-ethnographies: The Anthropology of Academic Practices*, Ontario: Broadview Press.

Michael, M. (2006) *Technoscience and Everyday Life*, Milton Keynes: Open University Press.

Mintz, S. (1985) *Sweetness and Power: The Place of Sugar in Modern History*, London: Penguin.

―――― (1996) *Tasting Food, Tasting Freedom: Excursions into Eating, Culture and the Past*, Boston, MA: Beacon Press.

Mol, A. (1991) Wombs, Pigmentation and Pyramids. Should Anti-racists and Feminists Try to Confine Biology to Its Proper Place?, in A. van Lenning & J. Hermsen eds, *Sharing the Difference: Feminist Debates in Holland*, London: Routledge, pp. 149~163.

―――― (1998) Lived Reality and the Multiplicity of Norms: A Critical Tribute to George Canguilhem, *Economy and Society*, vol. 27, 274~284.

―――― (1999) Ontological Politics: A Word and Some Questions, in J. Law and J. Hassard eds, *Actor Network Theory and After*, Oxford: Blackwell, pp. 74~89.

―――― (2002a) *The Body Multiple: Ontology in Medical Practice*, Durham, NC: Duke University Press [아네마리 몰, 『바디 멀티플: 의료실천에서의 존재론』, 송은주·임소

연 옮김, 그린비, 2022].

―――― (2002b) Cutting Surgeons, Walking Patients : Some Complexities Involved in Comparing, in J. Law and A. Mol eds, *Complexities*, Durham, NC : Duke University Press, pp. 218~257.

Mol, A. & M. Berg (1994) Principles and Practices of Medicine : The Co-existence of Various Anemias, *Culture, Medicine and Psychiatry*, vol. 18, 247~265.

Mol, A. & B. Elsman (1996) Detecting Disease and Designing Treatment : Duplex and the Diagnosis of Diseased Leg Vessels, *Sociology of Health and Illness*, vol. 18 (5), 609~631.

Mol, A. & J. Law (1994) Regions, Networks and Fluids : Anemia and Social Topology, *Social Studies of Science*, 24, 641~671.

―――― (2004) Embodied Action, Enacted Bodies : The Example of Hypoglycaemia, *Body & Society*, vol. 10 (2~3), 43~62.

Moreira, T. (2004) Self, Agency and the Surgical Collective, *Sociology of Health & Illness*, vol. 26 (1), 32~49.

―――― (2006) Heterogeneity and Coordination of Blood Pressure in Neurosurgery, *Social Studies of Science*, vol. 36 (1), 69~97.

Moreira, T. & P. Palladino (2005) Between Truth and Hope on Parkinson's Disease, Neurotransplantation and the Production of the Self, *History of the Human Sciences*, vol. 18 (3), 55~82.

Morse, J., I. Bottoff, W. Neander & S. Sorberg (1992) Comparative Analysis of Conceptualizations and Theories of Caring, in J. Morse ed., *Qualitative Health Research*, Newbury Park, CA : Sage, pp. 69~89.

Moser, I. (2006) Sociotechnical Practices and Differences : On the Interferences between Disability, Gender and Class, *Science, Technology and Human Values*, vol. 31 (5), 1~28.

Murphy, R. (1990) *The Body Silent*, New York : W.W. Norton.

Nabhan, P. (2006) *Why Some Like It Hot : Food, Genes and Cultural Diversity*, Washington, DC : Island Press.

Nestle, M. (2002) *Food Politics : How the Food Industry Influences Nutrition and Health*, Berkeley : University of California Press.

Nussbaum, M & A. Sen eds (1993) *The Quality of Life*, Oxford : Clarendon Press.

Nye, A. (1990) *Words of Power : A Feminist Reading of the History of Logic*, London : Routledge.

Okely, J. & H. Callaway (1992) *Anthropology and Autobiography*, London : Routledge.

Oudshoorn, N. & T. Pinch eds (2005) *How Users Matter : The Co-Construction of Users and Technology*, Cambridge, MA : MIT Press.

Parsons, T. (1951) *The Social System*, New York : Free Press.

Pasveer, B. (1992) *Shadows of Knowledge : Making a Representing Practice in Medicine : X- ray Pictures and Pulmonary Tuberculosis*, 1895~1930, Amsterdam : PhD thesis.

Petryna, A. (2002) *Life Exposed : Biological Citizens after Chernobyl*, Princeton, NJ : Princeton University Press.

Pickstone, J. (2000) *Ways of Knowing : A New History of Science, Technology and Medicine*, Manchester : Manchester University Press.

Pignarre, P. (1997) *Quest-ce qu'un médicament? Un objet étrange, entre science, marché et société*, Paris : Éditions le Découverte.

Pols, J. (2003) Enforcing Patient Rights of Improving Care? The Interference of Two Modes of Doing Good in Mental Health Care, *Sociology of Health and Illness*, vol. 25 (4), 320~347.

_____ (2005) Enacting Appreciations : Beyond the Patient Perspective, *Health Care Analysis*, vol. 13, 203~221.

_____ (2006a) Accounting and Washing, *Science, Technology & Human Values*, vol. 31 (4), 409~430.

_____ (2006b) Washing the Citizen : Washing, Cleanliness and Citizenship in Mental Health Care, *Culture, Medicine and Psychiatry*, vol. 30, 77~104.

Prior, L. (1989) *The Social Organization of Death : Medical Discourse and Social Practices in Belfast*, Houndsmills : Macmillan.

Rabeharisoa, V. & M. Callon (1999) *Le Pouvoir des malades*, Presse de l'École des Mines.

Rabinow, P. & N. Rose (2006) Biopower Today, *BioSocieties*, vol. 1, 195~217.

Reiser, S. (1978) *Medicine and the Reign of Technology*, Cambridge : Cambridge University Press.

Reiser, S. & M. Anbar eds (1984) *The Machine at the Bedside : Strategies of Using Technology in Patient Care*, Cambridge : Cambridge University Press.

Rip, A., T. Misa & J. Schot eds (1995) *Managing Technology in Society : The Approach of Constructive Technology Assessment*, London : Thomson Learning.

Robinson, F. (1998) *Globalising Care : Feminist Theory, Ethics and International Relations*, Boulder, CO : Westview Press.

Rock, M. (2003) Sweet Blood and Social Suffering : Rethinking Cause-Effect Relationships in Diabetes, Distress, and Duress, *Medical Anthropology*, vol. 22 (2), 131~174.

_____ (2005) Figuring Out Type 2 Diabetes through Genetic Research : Reckoning Kinship and the Origins of Sickness, *Anthropology & Medicine*, vol. 12 (2), 115~127.

Roney, L. (2000) *Sweet Invisible Body : Reflections on a Life with Diabetes*, New York : Owl Books

Sacks, O. (1984) *A Leg to Stand on*, London : Picador Books [올리버 색스, 『나는 침대에서 내 다리를 주웠다』, 김승욱 옮김, 알마, 2012].

Saïd, E. (1991) *Orientalism : Western Conceptions of the Orient*, London : Penguin [에드워드 사이드, 『오리엔탈리즘』, 박홍규 옮김, 교보문고, 1991].

Santoro, E. (2004) *Autonomy, Freedom and Rights : A Critique of Liberal Subjectivity*, Dordrecht : Kluwer

Schwartz, B. (2004) *The Paradox of Choice : Why More Is Less*, London : HarperCollins [배리 슈워츠, 『선택의 심리학』, 형선호 옮김, 웅진지식하우스, 2005]

Scott, J. (1999) *Gender and the Politics of History*, New York : Columbia University Press

Serres, M. (1997) *The Troubadour of Knowledge*, trans. S. Glaser & W. Paulson, Ann Arbor : University of Michigan Press

_____ (2007) *Parasite*, Minneapolis : University of Minnesota Press

Shakespeare, T. (2006) *Disability Rights and Wrongs*, London : Routledge

Shapin, S. (2000) Descartes the Doctor : Rationalism and its Therapies, *British Journal for the History of Science*, 33, 131~154

Shaw, R. (2000) Tok Af, Lef Af : A Political Economy of Temne Techniques of Secrecy and Self, in I. Karp & D.A. Masolo eds, *African Philosophy as Cultural Inquiry*, Bloomington : Indiana University Press, pp. 25~49

Smith, B. (1981) Black Lung : The Social Production of a Disease, *International Journal of Health Services*, 11, 343~359

Solnit, R. (2006) Wanderlust : *A History of Walking*, London : Verso

Ssorin-Chaikov (2006) On Heterochrony : Birthday Gifts to Stalin, 1949, *Journal of the Royal Anthropological Institute*, vol. 12, 355~375

Stacey, J. (1997) *Teratologies : A Cultural Study of Cancer*, London : Routledge

Stein, H. (1990) *American Medicine as Culture*. Boulder, CO : Westview Press

Stengers, I. (1998) *Power and Invention : Situating Science*, Minneapolis : University of Minnesota Press

Strathern, M. (1988) *The Gender of the Gift*, Berkeley : University of California Press

_____ (1992) *After Nature : English Kinship in the Late Twentieth Century*, Cambridge : Cambridge University Press

Strauss, A., S. Fagerhaugh, B. Suczek and C. Wiener (1985) *Social Organization of Medical Work*, Chicago, IL : University of Chicago Press

Struhkamp, R. (2004) Goals in Their Setting : A Normative Analysis of Goal Setting in Physical Rehabilitation, *Health Care Analysis*, vol. 12, 131~155

_____(2005a) Patient Autonomy: A View from the Kitchen, *Medicine, Health Care and Philosophy*, vol. 8, 105~114.

_____(2005b) Wordless Pain: Dealing with Suffering in Physical Rehabilitation, *Cultural Studies*, vol. 19, pp. 701~718.

Sunder Rajan, K. (2006) *Biocapital: The Constitution of Postgenomic Life*, Durham, NC: Duke University Press.

Svare, H. (2006) *Body and Practice in Kant*, Dordrecht: Kluwer Academic Publishers.

Taylor, J. (2005) Surfacing the Body Interior, *Annual Review of Anthropology*, 34, 741~756.

Teil, G. (2004) *De la coupe au lèvres: Pratiques de la perception et mise en marché de vins de qualité*, Paris: Octares.

Ter Braak, E. (2000) *Insulin Induced Hypoglycemia and Glucose Counterregulations: Clinical and Experimental Studies*, Thesis: Utrecht University.

Thévenot, L. (2002) Which Road to Follow? The Moral Complexity of an Equipped Humanity, in J. Law & A. Mol eds, *Complexities: Social Studies of Knowledge Practice*, Durham, NC: Duke University Press, pp. 35~87.

_____(2006) *L'action au pluriel: Sociologie des régimes d'engagement*, Paris: Éditions de la Découverte.

Thomas, N. (1991) *Entangled Objects: Exchange, Material Culture and Colonialism in the Pacific*, Cambridge, MA: Harvard University Press.

Thompson, C. (2005) *Making Parents: The Ontological Choreography of Reproductive Technologies*, Cambridge, MA: MIT Press.

Toulmin, S. (1998) How Medicine Saved the Life of Ethics, in J. DeMarco & R. Fox eds, *New Directions in Ethics: The Challenge of Applied Ethics*, London: Routledge and Kegan Paul, pp. 265~281.

Tronto, J. (1993) *Moral Boundaries: A Political Argument for an Ethic of Care*, New York/London: Routledge.

Tudor Hart, J. (2006) *The Political Economy of Health Care: A Clinical Perspective*, Bristol: Policy Press.

Vallega-Neu, D. (2005) *The Bodily Dimension in Thinking*, New York: State University of New York Press.

Varela, F. (2001) Intimate Distances: Fragments for a Phenomenology of Organ Transplantation, *Journal of Consciousness Studies*, vol. 8, 5~7.

Verran, H. (2001) *Science and an African Logic*, Chicago, IL: University of Chicago Press.

Vries, G. de & K. Horstman, eds (2007) *Genetics from Laboratory to Society*, Basingstoke: Palgrave Macmillan.

Walzer, M. (1983) *Spheres of Justice: A Defence of Pluralism and Equality*, Oxford: Blackwell.

Watson, J. & M. Caldwell eds (2005) *The Cultural Politics of Food and Eating*, Oxford: Blackwell.

Weisz, G. ed. (1990) *Social Science Perspectives on Medical Ethics*, Dordrecht: Kluwer Academic Publishers.

Willems, D. (1998) Inhaling Drugs and Making Worlds: The Proliferation of Lungs and Asthmas, in M. Berg & A. Mol eds, *Differences in Medicine: Unraveling Practices, Techniques and Bodies*, Durham, NC: Duke University Press.

_____ (2002) Managing One's Body Using Self-management Techniques: Practicing Autonomy, *Theoretical Medicine and Bioethics*, vol. 21 (1), 23~38.

Winance, M. (2006) Trying Out the Wheelchair: The Mutual Shaping of People and Devices through Adjustment, *Science, Technology & Human Values*, vol. 31 (1), 52~72.

Woolgar, S. (1991) Configuring the User: The Case of Usability Trials, in J. Law ed., *A Sociology of Monsters*, London: Routledge, pp. 57~102.

Wright, P. & A. Treacher eds (1982) *The Problem of Medical Knowledge: Examining the Social Construction of Medicine*, Edinburgh: Edinburgh University Press.

Xperiment! (2005) What Is a Body/a Person? Topography of the Possible, in B. Latour & P. Weibel eds, *Making Things Public*, Cambridge, MA: MIT Press, pp. 906~909.

:: 인명 찾아보기

ㄱ

고마흐, E. (Gomart, E.) 296
골리지, R. (Golledge, R.) 279
구디, J. (Goody, Jack) 274
굿먼, A. H. (Goodman, Alan H.) 291, 303
기게렌처, G. (Gigerenzer, G.) 293, 303

ㄴ

나반, P. (Nabhan, P.) 293, 307
넥트, M. (Knecht, M.) 258
누스바움, M. (Nussbaum, M.) 273, 307
니예, A. (Nye, A.) 274, 307

ㄷ

더 라니츠, A. (de Ranitz, A.) 293
더 라 바이, Y. (de la Bye, Y.) 261
더 라트, M. (de Laet, M.) 258, 290
더 보크, E. (de Bok, E.) 261
더 용, H. (de Jong, H.) 262
더 팔크, H. (de Valk, H.) 261
도디에, N. (Dodier, N.) 258, 273, 296, 302
두덴, B. (Duden, B.) 291, 302
듀헤, T. (Dehue, T.) 289, 302
디드리히, L. (Diedrich, L.) 258
디어하르더, B. (Diergaarde, B.) 262

ㄹ

라베하리소아, V. (Rabeharisoa, V.) 295, 296, 301
라비스트, T. (LaVeist, T.) 292, 305
라이저, S. (Reiser, S.) 273, 308
라이트, P. (Wright, P.) 287, 311
라투르, B. (Latour, B.) 266, 271, 287, 288, 293, 299, 305, 311
래비노우, P. (Rabinow, P.) 295
레리히, R. (Lerich, R.) 282
레이코프, A. (Lakoff, A.) 292
레이코프, G. (Lakoff, G.) 275, 284
레팅가, L. (Lettinga, L.) 289, 305
로, J. (Law, J.) 260, 264, 266, 274, 275, 280, 285, 286, 290, 298
로니, L. (Roney, L.) 276, 309
로렌스, C. (Lawrence, C.) 271, 305
로즈, N. (Rose, N.) 295, 308
록, M. (Lock, M.) 287
록, M. (Rock, M.) 291
루리, C. (Lury, C.) 278

ㅁ

마이클, M. (Michael, M.) 281, 291
마크스, H. (Marks, H.) 296, 306
마클레트, D. (Machledt, D.) 257, 258
마틴, E. (Martin, E.) 278
막, G. (Mak, G.) 262
모레이라, T. (Moreira, T.) 258, 281, 286, 288, 291, 307
모세르, I. (Moser, I.) 258, 282
모스, J. (Morse, J.) 274
몰, A. (Mol, A.) 264, 273, 282, 285~290, 292, 304
민츠, S. (Mintz, S) 271
밀러, D. (Miller, D.) 272

ㅂ

바렐라, F. (Varela, F.) 295
바르보, J. (Bardbot, J.) 296
바르트, I. (Baart, I.) 262
반스, C. (Barnes, C.) 273
베란, H. (Verran, H.) 298
베르겐, B. (Bergen, B.) 280
베르그, M. (Berg, M.) 287
베커, H. (Becker, H.) 286
벨레마르커르스, C. (Bellemarkers, C.) 262
보스크, C. (Bosk, C.) 272, 273
볼탕스키, L. (Boltanski, L.) 272
볼테르(Voltaire) 27
봐이벨, P. (Weibel, P.) 299
뵈메, G. (Böhme, G.) 299
브라, A. (Brah, A.) 292
브라운, N. (Brown, N.) 281
블리스, M. (Bliss, M.) 277, 295
빌렘스, 딕(Willems, D.) 262, 285
빙엄, N. (Bingham, N.) 258, 259, 298

ㅅ
사이드, E. (Saïd, E.) 271
산토로, E. (Santoro, E.) 272
샤핀, S. (Shapin, S.) 271, 284
세르, M. (Serres, M.) 275, 282
센, A. (Sen, A.) 273
셰익스피어, T. (Shakespeare, T.) 273
소린-차이코프(Ssorin-Chaikov) 272
솔닛, R. (Solnit, R.) 280
쇼, R. (Shaw, R.) 271
순데르 라잔, K. (Sunder Rajan, K.) 292, 310
스미스, B. (Smith, B.) 282
스바레, H. (Svare, H.) 284
스비어르스트라, T. (Swiertsra, T.) 262
스콧, J. (Scott, J.) 282
스탕거스, I. (Stengers, I.) 275
스테이시, J. (Stacey, J.) 281
스톨마이어르, A. (Stollmeijer, A.) 262

스트라우스, A. (Strauss, A.) 277
스트래선, M. (Strathern, M.) 271, 290, 297, 309
스트뤼캄프, R. (Struhkamp, R.) 262, 270, 288, 291, 296

ㅇ
아르니, W. (Arney, W.) 280
아우츠혼, N. (Oudshoorn, N.) 297
아크리시, M. (Akrich, M.) 289
아파두라이, A. (Appadurai, A.) 278
아흐터후이스, H. (Achterhuis, H.) 260
안바르, M. (Anbar, M.) 273
암스트롱, D. (Armstrong, D.) 280, 291
애쉬모어, M. (Ashmore, M.) 277, 300
에뇽, A. (Hennion, A.) 285, 296, 303, 304
에르츠, M. (Aerts, M.) 262, 282
에르컬런스, W. (Erkelens, W.) 261
에위니컨 페네마, N. (Uniken Venema, N.) 262
엘리아스, N. (Elias, N.) 283, 302
엘스만, B. (Elsman, B.) 288
엡스타인, S. (Epstein, S.) 287, 296
영, R. (Young, R.) 258, 279
와순나, A. (Wasunna, A.) 278
와이즈, G. (Weisz, G.) 294
왈저, M. (Walzer, M.) 298
왓슨, J. (Watson, J.) 292, 311
울거, S. (Woolgar, S.) 259, 271, 287, 297, 305, 311
웬 위안 린(Wen-yuan Lin) 205
위넌스, M. (Winance, M.) 285, 311
음샤렉, A. (M'charek, A.) 262, 291, 292
잉그스타드, B. (Ingstad, B.) 295, 304

ㅈ
제임스, S. (James, S.) 283
존슨, M. (Johnson, M.) 275
줄리앙, F. (Julien, F) 297, 298

인명 찾아보기 **313**

ㅊ
차크라바티, D. (Chakrabarty, D.) 271
첸, N. (Chen, N.) 258

ㅋ
칼드웰, M. (Caldwell, M.) 293
칼롱, M. (Callon, M.) 277, 295, 296
캉길렘, G. (Canguilhem, G.) 273, 282, 301, 306
캘러웨이, H. (Callaway, H.) 279, 307
캘러핸, D. (Callahan, D.) 278, 301
코스터-드레이서, Y. (Koster-Dreese, Y.) 262
코스테라 마이여르, I. (Costera Meijer, I.) 262, 282
코워드, R. (Coward, R.) 280, 301
코히노어, M. (Kohinor, M.) 262
콘, S. (Cohn, S.) 259, 283
콘도, D. (Kondo, D.) 271, 304
쿠리야마, S. (Kuriyama, S.) 283
쿰스, A. (Coombes, A.) 292
클라센, C. (Classen, C.) 285, 301
클라인먼, A. (Kleinman, A.) 287

ㅌ
테르 브라크, E. (Ter Braak, E.) 130, 131, 261, 288
테브노, L. (Thévenot, L.) 298, 310
테일, G. (Teil, G.) 285, 310
테일러, J. (Taylor, J.) 258, 285
토머스, N. (Thomas, N.) 278, 310
툴민, S. (Toulmin, S.) 293, 310
튜더 하트, J. (Tudor Hart, J.) 297
트론토, J. (Tronto, J.) 272
트리처, A. (Treacher, A.) 287

ㅍ
파를플리트, C. (Parlevliet, C.) 275
파스비어, B. (Pasveer, B.) 289
파슨스, T. (Parsons, T.) 281
판 하프튼, T. (van Haeften, T.) 130, 131, 288, 303
팔라디노, P. (Palladino, P.) 281
팔레가-노이, D. (Vallega-Neu, D.) 284, 310
페켈하링, P. (Pekelharing, P.) 262
페트리나, A. (Petryna, A.) 295
푸코, M. (Foucault, M.) 249, 266, 274, 281, 283, 284, 297, 302
프라이드슨, E. (Freidson, E.) 290
프랭크, A. (Frank, A.) 258, 273, 276, 294, 303
프로이트너, C. (Freudtner, C.) 277
피냐르, P. (Pignarre, P.) 289, 297
피에레, J. (Pierret, J.) 276
픽, R. (Peek, R.) 259
픽스톤, J. (Pickstone, J.) 284

ㅎ
하르버르스, H. (Harbers, H.) 262, 294
하워스, D. (Howarth, D.) 274
한, R. (Hahn, R.) 272
해러웨이, D. (Haraway, D.) 266, 267, 292, 298, 303, 304
해밍튼, M. (Hamington, M.) 272, 303
해킹, I. (Hacking, I.) 293, 303
헤르츨리히, C. (Herzlich, C.) 276, 304
호르스트만, K. (Horstman, K.) 297, 310
호셋, E. (Hoesset, E.) 272, 304
호이어, K. (Hoeyer, K.) 294, 304
히르샤우어, S. (Hirschauer, S.) 262, 282, 291, 296, 304
힐리, D. (Healy, D.) 258, 289, 297, 304

:: 용어 찾아보기

ㄱ

가능성(possibility) 6, 8, 12, 19, 23, 35, 49, 65, 79, 109, 115, 125, 127, 137, 147, 150, 158, 163, 164, 170, 181, 184, 185, 198, 208, 209, 216, 247, 252, 280, 281, 283, 289, 290, 293
가변적(variable) 153
가부장(patriarch) 14, 92~95, 97, 119, 167, 225
가치/값(value) 116, 121, 124~129, 131, 132, 134~137, 145, 147, 153, 154, 156, 159, 164, 203, 205~208, 214, 217, 238, 239, 242, 245, 248, 255, 263, 272, 297
간섭(interference) 140, 273, 279, 298
감염(infection) 190, 191
감지(appreciation) 118, 151
개별화(indivisualization) 28, 163
개선(improvement) 22, 24, 53, 68, 86, 102, 103, 192, 194, 211, 214, 228, 239~241, 243, 254
개인주의(individualism) 28
개입(intervention) 12, 23, 88, 115, 130, 136, 138, 141, 153, 157, 183, 191, 193, 195, 235, 236, 239, 274, 276, 277, 288, 297
개체화(individuation) 167, 170, 171
결정론(determinism) 112~114, 284
계급(hierarchy) 175, 176, 282
계몽주의(Enlightenment) 27, 29, 31, 203, 248, 250, 266
계약(contract) 30, 92~95, 238
고객(customer) 49, 56, 57, 59~64, 70, 72, 75, 77, 78, 86, 88, 92, 124, 145, 163, 169, 175, 205~207, 249, 278
고혈압(high blood pressure) 168
공개 토론(the public debate) 206
공동선(common good) 104
공복 혈당(fasting blood sugar level) 141, 142
공중보건(public health) 162~165, 175, 186~190, 192~196, 205, 293
과학(science) 112, 124, 126, 137, 235, 250, 260, 271, 284, 287, 290
규범성(being normative) 204
규범적(normative) 112, 129, 132, 164, 204, 205, 235, 287, 294, 299
균형(balance) 82, 83, 99, 103, 104, 108, 110, 124, 127, 133, 136, 139, 140, 152, 207, 215, 222
근대성(modernity) 272
글루카곤(glucagon) 81, 113, 129, 225
금욕주의(asceticism) 109
기술(technology) 6, 7, 12, 23, 26, 30, 32, 34, 37, 44, 46, 48, 51, 64, 76, 90, 111, 117, 118, 124~126, 136~138, 140, 143, 149, 151, 152, 155~157, 210, 213, 215, 235, 238, 243, 255, 266, 270, 273, 274, 276, 280, 285, 286, 288, 290, 291, 297, 299
기아의 겨울(starvation winter) 185

ㄴ

낙관주의(optimism) 254
낙태 논쟁(abortion debate) 14
난자 채취(egg-harvesting) 13
내부 식민화(internal colonization) 32, 33
내적 감지(intro-sensing) 118
노동 사회학(sociology of work) 30
논리(logic) 4~8, 12, 17~19, 38~41, 43~46, 48~53, 56, 61, 64, 67~69, 73~76, 79, 82, 83,

87~89, 92~94, 96, 97, 103, 108, 109, 114~117, 119, 124~128, 132, 134~138, 140, 143~145, 147, 148, 151~154, 156, 159, 162, 163, 165~167, 170, 171, 174~178, 183~187, 189, 191, 195, 196, 198, 202~207, 209, 210, 212, 213, 215~220, 222~225, 227, 229, 230, 234, 235, 240, 241, 244, 246, 247, 250~256, 259, 261, 265, 274, 276, 277, 282, 286, 289, 295, 298

농노(serf) 92, 93, 282

능동적(active) 34, 38, 39, 53, 60, 61, 89, 116, 117, 199, 202, 218, 220, 225~228, 265, 285, 295, 296

능동적 환자(active patient) 34, 39, 53, 89, 117, 199, 202, 218, 220, 225~227, 265, 295

ㄷ

다양성(multiplicity) 137, 274
다운증후군(Down's Syndrome) 17
다중적(multiple) 40, 267
단식(fast) 183
담론(discourse) 40, 268, 274
당뇨병(diabetes) 5~7, 23~26, 31, 34, 35, 38, 44, 46, 47, 49, 57, 60~66, 70, 75, 76, 78, 79, 81, 85, 86, 88, 89, 99~102, 108, 109, 113, 114, 117~121, 126~128, 129, 130, 132, 133, 136, 138, 139, 146, 149, 152, 155, 158, 162, 167~169, 171, 173, 174, 176~182, 183~185, 187, 191, 193~195, 197, 198, 202, 203, 208, 210, 212~214, 216, 223~226, 233, 239, 241, 243, 246, 247, 250, 261, 266, 267, 275~277, 280, 283, 286, 291, 298

당뇨병을 앓는 사람(people with diabetes) 35, 38, 46, 65, 66, 102, 108, 109, 119, 120, 129, 138~140, 176~178, 185, 187, 194, 210, 214, 216, 223, 225, 226, 246, 267, 276, 283, 286

대변(貸邊, credit side) 153
대사 균형(metabolic balance) 99
대사장애(metabolic disturbance) 118

대상 집단(target group) 70~73, 75, 76
대차대조표(balance sheet) 153
도구(instrument) 5, 51, 71, 85, 102, 136, 143, 144, 159, 164, 178, 185, 271, 274, 286, 287, 289
도덕화(moralizing) 109, 111, 148, 166
독점(monopoly) 159
동맥(artery) 81, 133, 147, 172, 177, 188
『디아베크』(*Diabc*) 57, 59, 60, 62
딜레마(dilemma) 16, 146, 196~198, 247

ㄹ

라이프스캔(LifeScan) 59, 63, 70
레퍼토리(repertoire) 24, 48, 97, 125, 286

ㅁ

마찰(friction) 110, 209, 210, 217, 240, 241
만성적(chronic) 23, 69, 121, 216, 256
만성 질환(chronic disease) 23, 47, 48, 68, 69, 82, 85, 86, 137
매개변수(parameter) 115, 137, 138, 141, 163, 164, 192, 195, 231, 236, 288
맥박(pulse) 118, 283
목푯값(target value) 126, 128, 133, 134
물질성(materiality) 40, 267, 274
미리-가정된(pre-given) 166
민감성(sensibility) 43, 99
민족지적(ethnographic) 44

ㅂ

반투과성(semi-permeable) 100
방치(neglect) 33, 45, 67
배란(ovulation) 13
번역(translation) 4, 130, 243, 248, 257, 259, 265, 268
범주화(categorizing) 76, 166, 177~179, 181, 185
병태 생리학(pathophysiology) 115
보호구역(reservation) 179

봉건 영주(feudal lord) 92, 119, 282
부르주아(bourgeois) 104, 105
불포화 지방산(unsaturated fatty acid) 188
비가역성(irreversibility) 184
비만(obesity) 183
비판(criticism) 60, 70, 245, 252, 258, 297

ㅅ

사기(士氣, morale) 218
사례보고서(case report) 237
사례 연구(case study) 43
사실(fact) 13, 29, 30, 35, 39, 42, 46, 48, 51, 61, 68, 73, 74, 84, 87, 93, 95, 99, 106, 113, 115, 116, 124~129, 132~135, 138, 144, 152, 154, 157, 159, 165, 179, 181, 186, 196, 198, 203, 213, 216, 217, 221, 224, 230, 234, 236, 242, 245, 247, 254, 255, 273, 275, 281, 284, 285, 287, 291, 292, 296, 298, 299
사실-값(가치)(fact-value) 129, 135, 154
상호성(reciprocity) 30
상호 의존의 사슬(chains of mutual dependency) 272
생의학(biomedicine) 12
생화학(biochemistry) 181, 184, 185
서구적 자아(Western Self) 271
서방형(slow-release) 134
선택권(choice) 14, 19, 22~24, 26, 27, 30, 33~38, 47, 51, 60, 217, 219, 229, 231, 265, 266, 286, 291
선형적(linear) 51, 132, 154, 155, 163, 190
성찰(reflection) 241, 272, 279
세균(microbe) 190
소송(litigation) 251
소수(minority) 18, 163, 280, 293
속방형(fast-release) 133, 139
수단(mean) 134, 136, 138, 141~143, 213, 214, 255, 278, 288
수동성(passivity) 38, 53, 219

수동적(passive) 34, 38, 60, 81, 88, 89, 116, 225, 248, 285
수리남(Surinam) 179
수요(demand) 56, 60, 77, 163
수용성(being receptive) 228
수의(隨意)적(voluntary) 99
수정(modifier) 134, 255
숙명(fatalism) 254
스토리텔링(story-telling) 242, 243
슬로건(slogan) 251
습관(habit) 18, 41, 49, 151, 152, 166, 169, 180~183, 231, 255
시민(citizen) 50, 92~98, 103~105, 107, 108, 111, 112, 119, 121, 124, 163, 175, 205~207, 249, 251, 281, 283, 284, 295
시민권(citizenship) 92, 95, 97, 113, 295
시장화(marketisation) 56, 60, 278
신경병(증)(neuropathy) 133, 147, 283
신고전주의 경제학(neo-classical economics) 77, 277
신식민주의(neo-colonialism) 28
신진대사/대사(metabolism) 99~103, 118, 177
실명(blindness) 81, 86, 87, 133
실재(reality) 30, 112, 267, 268
실천(practice) 5, 19, 22, 24, 25, 31, 37~42, 45, 47, 51, 52, 76, 83, 84, 97, 114~116, 125, 126, 131~133, 135, 150, 152, 158, 167, 176, 178, 179, 183~186, 191, 199, 202, 204, 207~210, 219, 229~231, 238~241, 249~251, 253, 265~267, 272~274, 276, 277, 279, 281, 283, 286, 291, 292, 294, 298
실체(entity) 116, 289
심리치료사(psychotherapist) 17

ㅇ

아고라(agora) 98, 100
양가적(ambivalent) 136
양수 검사(amniocentesis) 17, 18

억압(oppression) 94, 103, 204
여성운동(women's movement) 94
역설(paradox) 194
역조절(counter regulation) 131, 132
역학(epidemiology) 133, 136, 141, 164, 166, 196, 208, 236
열정(passion) 104, 105, 108, 279, 283, 296
영양실조(malnutrition) 181, 184
예방(prevention) 176, 177, 179, 182~184, 191, 194, 195, 289
오류(error) 45, 131, 217, 257
오르가논(Organon) 101
오스(Oss) 101
외부자(outsider) 255
욕망(desire) 78~85, 146, 150, 242
욕정(lust) 108
운반자(carrier) 168
월경(menstruation) 184, 188, 189
위계적(hierachical) 6, 230
유동성(fluidity) 144, 145, 151, 152, 241
유동적(mobile) 6, 30, 40, 151, 152, 220, 228, 252, 288, 289
유로플래시(EuroFlash) 57, 59, 60, 63, 72, 77, 78, 80, 84, 85
유전자(gene) 168, 169, 180~182, 191, 290~292
유전자 풀(gene pool) 168, 180, 191
유행병(epidemic) 189
윤리학자(ethicist) 14~16, 31, 294
의료 권력(medical power) 245, 280
의료 서비스(health care) 22, 24, 34, 39, 50, 53, 56, 60, 63, 76, 81, 92, 93, 111, 119, 162, 167, 197, 199, 219, 224, 226, 229~231, 241, 243, 244, 248, 251, 255, 265, 270, 272, 276~278, 281, 290, 291, 297
의료 서비스 실천(health-care practice) 76, 167, 199, 230, 241, 277
의료화(medicalisation) 46, 280
의료 활동가(the doctor) 26

의사 노릇(doctoring) 26, 51, 52, 154, 157~160, 202, 208, 230, 231, 235, 237, 241, 247, 249, 252, 253, 276, 290, 297
이누이트족(The Inuit) 179~184, 291
이데올로기(ideology) 28, 274
이분법(dichotomy) 230, 280, 295
이성(reason) 34, 104
인과사슬(causal chain) 113, 115
인과적(causal) 112~114, 116, 284
인구집단(population) 179~183, 186, 188, 192~195
인내(perseverance) 218
인류학(anthropology) 12, 31, 41, 264, 266, 271, 274, 291, 294, 297
인류학자(anthropologist) 30, 45, 51, 140, 237, 264, 265, 285, 287, 291
인슐린(insulin) 5~7, 35, 38, 46, 65~67, 79, 80, 88, 100~102, 110, 113, 115, 116, 118~120, 124, 128, 133, 134, 138, 139, 141, 145, 147, 174, 193, 210, 212, 214, 216, 217, 221~223, 225, 226, 232, 254, 277
임상시험(clinical trial) 136, 137, 141, 142, 188, 208, 234, 238, 288, 289, 297
임상 역학(clinical epidemiology) 133, 136, 141, 208, 236
임상 역학 시험(clinical epidemiological trial) 208
임상 환경(clinical setting) 113

ㅈ
자기 돌봄(self-care) 111, 149, 212, 284
자기 처벌(self-castigation) 111
자살(suicide) 214
자율(autonomy) 27, 283
자율적(autonomous) 27~29, 98, 100, 112, 118, 205, 246
저혈당(hypoglycemia) 106, 107, 110, 117, 118, 130~133, 139, 143, 145, 151, 152, 177, 185, 187,

221, 225, 232~234
적응력(adaptability) 99, 218, 227
적절성(relevance) 113
전염병(infectious disease) 13, 190, 276
절제(restrain) 82, 108, 109, 139
점성(viscosity) 152, 153
정상성(normality) 48, 50, 97
정욕(lust) 104
정체성(identity) 144, 178, 185, 203, 242, 278
제1형 당뇨병(type 1 diabetes) 5, 7, 46, 65, 76, 85, 120, 162, 177, 193, 194
제2형 당뇨병(type 2 diabetes) 65, 76, 162, 169, 177~185, 191, 194, 195, 198
조율(attuning) 103
조정(adjustment) 131, 139, 183, 207, 234, 255
죽상 동맥 경화증(atherosclerosis) 133
질서화의 양식들(modes of ordering) 40, 274, 298

ㅊ

차변(借邊)(debit side) 153
차이(difference) 12, 27, 61, 69, 79, 88, 134, 155, 166, 175, 176, 179, 187, 188, 194, 204, 281~283, 285, 287
차이화(differentiation) 167, 171, 177, 187
책임(responsibility) 19, 71, 119, 217, 220, 240, 266, 268
체외 수정(IVF : in vitro fertilization) 12, 13
추이적인 관계(transitive relation) 166
췌장(pancreas) 5, 101, 113, 135, 212, 215
취약성(fragility) 74
측정(measuring) 5, 25, 59, 61, 71, 107, 116, 128, 132, 137, 142, 147, 149, 150, 155, 158, 193, 210, 231, 286, 287
치료(cure) 5, 14, 16, 22, 23, 25, 39, 44, 46, 47, 51, 52, 65, 66, 69, 76, 93, 108~110, 115, 116, 124, 125, 128, 134, 136, 139, 142, 148, 150, 151, 154, 155, 157, 165, 166, 169, 177, 193, 202, 203, 205, 213, 214, 216~218, 221, 226, 227, 234, 241, 247, 273, 279, 283, 288, 289, 293, 294
치매(dementia) 173, 214, 238, 247, 294
치사량(lethal dose) 120
치유(healing) 23, 79

ㅋ

칸트파 철학자(Kantian philosopher) 112
콜레스테롤(cholesterol) 188, 189
클리셰(clichés) 25, 29, 34

ㅌ

타율(heteronomy) 27
타자(the Others) 27, 29, 33, 271, 273
통제(control) 50, 72, 83, 98, 99, 103, 119, 152, 218, 234, 249, 254, 290
특수화(specialization) 176
특정성(specificity) 5, 43, 78, 188, 189, 204, 238
특정화(specification) 166, 187~189

ㅍ

페미니스트(feminist) 12, 13, 267, 272, 274
페미니즘(feminism) 50, 94, 95, 267, 272, 281, 282
페이션티즘(patientism) 50, 95, 97, 121, 282
편향된(deviant) 128
평등(equality) 93, 94, 97, 204
폐경(menopausal) 184, 188
폐 실질(lung parenchyma) 100
폴리스(polis) 98
표준(standard) 94, 95, 129, 277, 286, 287
프로토콜(protocol) 231
피드백 시스템(feedback system) 65, 128, 216

ㅎ

합리성(rationality) 31, 32, 41, 248, 250, 273
합리주의(rationalism) 33, 83, 125, 237, 274
합병증(complication) 81, 82, 86, 87, 109, 127,

133, 142, 145, 147, 155, 198, 208, 209, 234
해방(emancipation) 27, 50, 93, 94, 96, 120, 281, 286
행동주의(activism) 88
행위자(actor) 43, 76, 88, 90, 94, 103, 220, 222, 223, 225, 238, 254, 255, 266, 283, 293~295
행위자성(actorship) 202
행위자(요인)((f)actor) 238
헤모글로빈(hemoglobin) 128, 286, 287
헤테로토피아(heterotopia) 249, 250, 297
혁신(innovation) 62, 213, 239
현장 연구(field work) 41, 44, 47, 261, 278, 287
혈당 수치(blood sugar level) 6, 25, 35, 38, 59, 65, 66, 68, 79~82, 84, 85, 86, 99, 106, 107, 109, 112, 113, 115, 117, 128~133, 139, 141~143, 145~147, 149, 151, 158, 176, 177, 208, 212, 217, 222, 226, 232, 233, 243, 277
혈당 측정기(blood sugar monitor) 25, 26, 49, 57, 59, 60, 62, 63, 71, 72, 74, 77, 80, 83~85, 88, 90, 117, 141~143, 149, 223, 243, 276, 280
혈액 값(blood values) 128
협력(coordination) 243
호르몬(hormone) 12, 135
호흡 장애(impaired breathing) 118
확실성(solidity) 72, 124, 145, 228, 253, 254
환자(patient) 5~7, 13~19, 22~24, 26, 33~36, 38, 39, 44, 47~51, 53, 56, 57, 59~62, 65, 67~69, 75, 76, 79, 81, 86~89, 92~97, 99~101, 105, 108~110, 115~121, 124~128, 130, 132~137, 140~142, 146~148, 150, 151, 156~159, 162, 164, 165, 167, 168, 171, 174, 176~178, 185, 186, 193~195, 197~199, 202, 208~210, 212~214, 218~221, 224~229, 231, 233~235, 237, 239~242, 245, 247, 249, 251, 253, 261, 265~267, 270, 272, 273, 276~279, 281~283, 285~287, 289, 291, 293~296
환자법(patient laws) 92, 93, 97, 281
환자 선택권(patient choice) 19, 22~24, 35, 51, 219, 229, 265, 286, 291
환자 운동(patient movement) 95, 228, 267
환자 운동가(patient activist) 178, 242
회계학(accountancy) 153
효과(effectiveness) 51, 56, 88, 114, 136~138, 140, 141, 144, 151, 152, 168, 192, 213, 236, 245, 255, 278, 284, 289, 294, 297
효율성(effectivity) 77, 136, 245, 297
훈육(discipline) 30, 31
힌두교(Hindu) 179~185